关学与理学

第一辑

林乐昌 主编

曹树明 李敬峰 执行主编

中国社会科学出版社

图书在版编目（CIP）数据

关学与理学. 第一辑 / 林乐昌主编. —北京：中国社会科学出版社，2022.12
ISBN 978-7-5227-1095-2

Ⅰ.①关… Ⅱ.①林… Ⅲ.①关学—文集 ②理学—文集 Ⅳ.①B244.05-53

中国版本图书馆 CIP 数据核字（2022）第 230786 号

出 版 人	赵剑英
责任编辑	孙　萍
责任校对	杨　林
责任印制	王　超

出　　版	中国社会科学出版社
社　　址	北京鼓楼西大街甲 158 号
邮　　编	100720
网　　址	http://www.csspw.cn
发 行 部	010-84083685
门 市 部	010-84029450
经　　销	新华书店及其他书店
印　　刷	北京明恒达印务有限公司
装　　订	廊坊市广阳区广增装订厂
版　　次	2022 年 12 月第 1 版
印　　次	2022 年 12 月第 1 次印刷
开　　本	710×1000　1/16
印　　张	23.25
插　　页	2
字　　数	335 千字
定　　价	128.00 元

凡购买中国社会科学出版社图书，如有质量问题请与本社营销中心联系调换
电话：010-84083683
版权所有　侵权必究

序　　言

秦岭以北，渭河两岸，沃野千里的关中大地，自古便号称天府之国，同时也是中华文明最重要的发祥地之一。西周时期，周公制礼作乐就发生于丰、镐古邑。西周礼乐文明的诞生，是儒学起源的重要标志。嗣后，西周礼乐文明东传至鲁国，经由孔子的创发和推动，以周、孔为代表的儒学成为先秦时期的显学。

两汉时期，关中思想文化的发展，一是依托于史学，二是体现于经学。就史学看，司马迁继承其父司马谈的太史令职志，呕心沥血地撰著完成了《史记》一百三十卷。《史记》不仅是中国的史学巨著，而且也是中国思想文化的经典。"究天人之际，通古今之变，成一家之言"，是司马迁学术追求的目标，其中的"究天人之际"，成为中国哲学思想的基本问题。司马迁明确声称，他撰著《史记》的宗旨就是"继《春秋》"，因而他不仅把布衣孔子写进《世家》，尊奉孔子为"至圣"，而且还撰写了《仲尼弟子列传》，高度评价了孔子儒学在中国思想文化史上的崇高地位，肯定了孔子的学说是他最早为社会制定的仁—礼道德伦理价值系统。就经学看，两汉进入中国哲学史的"经学时代"，当时活跃于关中的经学大师除了司马迁的老师孔安国、董仲舒之外，还有马融和郑玄师徒。汉武帝立五经博士，是经学正式确立的标志，经学遂成为官方的意识形态，从而使儒学成为中国思想文化的主流。

隋唐时期，长安是当时政治、经济和文化的国际交流中心，大批日本、朝鲜等国的留学生不远千里来到中国，学习中国的思想文化。

◎ 序言

源于印度的佛教传入中国之后,在这一时期陆续完成了中国化的进程,形成了中国佛教八大宗派,包括天台宗、律宗、净土宗、法相唯识宗、华严宗、禅宗、密宗、三论宗。这些中国化的佛教宗派,其祖庭大多分布于长安周围。经过儒学与佛教、道教这三教之间的思想交流,从激烈冲突到逐渐融合,是中国思想文化多元发展的崭新阶段,也为日后理学的产生积蓄了思想资源。

北宋"庆历之际,学统四起"(全祖望《宋元学案叙录》),极大地推动了宋代儒学的复兴。至北宋中期,关中以张载为代表的关学,与湖湘以周敦颐为代表的濂学、河南以程颢和程颐兄弟为代表的洛学,这三大学派及其学说共同成为理学起源的标志。肇始于北宋的理学,是回应佛、道的理论挑战,并进行思想创新而产生的儒学新形态。陈寅恪、邓广铭、傅斯年等史学大家认为,以理学为核心的宋学,是中国思想文化史上的高峰。陈寅恪把理学分为"产生期"的理学与"衍生期"的理学(《冯友兰〈中国哲学史〉下册审查报告》)。理学的产生期,也就是现在学术界所谓理学的创建期。创建期的理学最具原创性,是南宋以后理学衍生发展的源头活水。

作为北宋理学的共同创建者和关学宗师,张载提出的"为天地立心,为生民立命,为往圣继绝学,为万世开太平"四句名言,千百年来传续不绝。日本著名学者岛田虔次认为,这四句名言"代表了宋学规模宏大的根本精神"(《朱子学与阳明学》)。此外,张载还提出了一系列影响深远的思想理念,诸如"天人合一""事天爱民""民胞物与""尊礼贵德""变化气质""知礼成性",等等。这些思想理念,无不是中华传统思想文化的精髓。明清之际的大儒王夫之评价说:"张子之学,上承孔孟之志,下救来兹之失,如皎日丽天,无幽不烛,圣人复起,未有能易焉者也。"(《张子正蒙注·序论》)近代以来,张载的著作和学说还远播于东亚、欧美。总之,无论是在古代的儒学发展史上,还是在中华优秀传统文化的当代传承体系中,张载关学都享有崇高的地位,其思想遗产至今仍有其强大的生命力。

序 言

早在四十年前，我校以陈俊民先生为首的学者便为学术界开拓了张载关学研究这一新论域。1981年，我校成立了"关学研究室"，李绵老校长嘱托陈俊民先生把关学研究作为陕西师范大学的一项学术事业传承下去。2001年，我校将"关学研究室"升格为"关学研究中心"。在纪念张载千年诞辰前夕的2019年，我校成立了"关学研究院"，使张载关学和传统哲学思想的研究力量得到了有效整合。以上这些努力表明，我校三代学者经过四十年的不懈努力，使关学研究成为流传有序的学术传统，并迈入了一个新的发展阶段。截至目前，我校在张载关学研究方面已经积累了可观的学术成果，仅近十年出版的重量级著作就有《正蒙合校集释》（全二册）、《关学文库》（全四十七册）、《关学经典集成》（全十二册）、《张载文献整理与关学研究丛书》（全十一册）等，除入选"国家哲学社会科学成果文库"之外，还多次荣获教育部高等学校人文社科优秀成果二、三等奖。从1981年到2021年这40年，关学研究团队的学者在海内外刊物上发表学术论文400余篇，是我校文科各学科发布发表论文成果最多的学术团队之一。此外，关学研究院又是我校文科各学科承担国家或教育部社科基金项目最为密集的学术团队之一，所承担的国家或教育部社科基金重大招标项目就有四项；所承担的国家或教育部其他社科基金项目，从重点项目、一般项目到青年项目，也包括后期资助项目合计数十项，研究院学者人人都承担了国家或教育部的社科基金项目。

2020年，为了纪念关学宗师张载的千年诞，由陕西省委、省政府筹备组织，定于当年12月隆重举办纪念庆典和学术研讨大会。我校关学研究院的所有学者都全程参与了这一大型活动的周密准备和学术研讨等所有环节。与此同步，我校还积极支持"关学研究院"与眉县横渠书院联合举办了"纪念张载诞辰1000周年青年学者有奖征文"活动。有上百位来自国内外的青年学者踊跃参加了这次活动。这些学术活动的成功举办，不仅是对张载千年诞辰的纪念，同时也带动了一批青年学者参与张载关学研究。

◎ 序 言

　　最近，我校关学研究院的学者计划创办一份学术期刊，以"关学与理学"命名，希望借助这一学术平台，汇集国内外学术界的优秀研究成果，增进国内和国际的学术交流。为此，他们委托我撰写"发刊词"。我的专业是教育心理学，对关学研究的了解不是很多，只能借此机会谈谈我的希望。2016年5月17日，习近平总书记在哲学社会科学工作座谈会上的讲话中指出："自古以来，我国知识分子就有'为天地立心，为生民立命，为往圣继绝学，为万世开太平'的志向和传统。一切有理想、有抱负的哲学社会科学工作者都应该立时代之潮头、通古今之变化、发思想之先声，积极为党和人民述学立论、建言献策，担负起历史赋予的光荣使命。"在这里，习近平总书记特别提到张载的"四为句"，这让我感到十分亲切。我还注意到，习近平总书记在讲话中使用"创新"一词达三十多次。他说："创新是哲学社会科学发展的永恒主题，也是社会发展、实践深化、历史前进对哲学社会科学的必然要求。"这对我们办专刊和做研究都很有启发，启发我们一定要在创新方面下大功夫。记得史学大家陈寅恪说过："将来所止之境，今固未敢断论。惟可一言蔽之曰：宋代学术之复兴，或新宋学之建立是已。华夏民族之文化，历数千载之演进，造极于赵宋之世。后渐衰微，终必复振。"（陈寅恪《邓广铭〈宋史职官志考证〉序》）我由前辈学者所说的"新宋学"联想到，我们处在一个新时代，是不是需要把关学研究推向一个新阶段，将其发展为"新关学"？"新关学"，应当是现代研究者站在新的历史高度，运用新范式，包括新文献、新视角、新路径、新方法对张载关学进行综合研究的全新学术形态。我相信，通过我校关学研究院所有学者的努力，一定能够做到这一点，从而无愧于新时代！

　　这是我的期望，也愿以此与关学研究院的学者共勉！

陕西师范大学校长游旭群
2022年1月

目 录

张载研究

朱汉民	张载的义理经学及其关学学统	/ 3
吴震	张载道学论纲	/ 22
林乐昌	张载心学论纲	/ 39
丁为祥	张载对"形而上"的辨析及其天道本体的确立	/ 60
张茂泽	论张载的"中道"观	/ 86
朱承	张载的公共性思想述论	/ 117
田智忠	从"性又大于心"到"心能尽性"——论张载心性大小之辨及其价值	/ 139
张新国	张子仁论与美德伦理	/ 155
谷继明	张载与王夫之关于乾父坤母说的政治哲学差异	/ 175
江求流	万物本原与人生价值：论张载儒佛之辨的核心问题	/ 193
杨尚辉	张载思想中的天地之心解	/ 208

张载后学研究

常新	关学的原型、流变及其研究空间	/ 225

目录

曹树明	吕大临的《大学》诠释及其与张、程思想的关联	/ 246
李敬峰	吕柟对阳明心学的辩难及其思想史意义	/ 261
王文琦	晚明儒学的宗教化与世俗化转向 ——以李二曲为例	/ 280

历代关学诠释研究

许宁	关闽之间 ——朱熹对张载关学的诠释与建构	/ 301
米文科、闫亚萍	论清代关学的《小学》之教	/ 320

书评

林乐昌	关学经典校理与历史重构的集大成之作 ——陈俊民教授撰著和校编的 《关学经典集成》简评	/ 339

学人传

常新	陈俊民：尽横渠意蕴，续关学学脉	/ 347
	《关学与理学》稿约	/ 362

张载研究

张载的义理经学及其关学学统

朱汉民

摘　要：宋学学派之一的张载之学，主要是通过诠释经典而展开义理之学的建构。张载的义理经学分为两个部分：一是为达到"乐天安命"目的而建构内圣之道，主要是以《周易》和《四书》学为核心经典的义理之学；二是以经邦济世为目标而建构外王之道，主要是以三《礼》为核心经典的礼义学与礼制学。张载在关中地区讲学并创立的学派，是本义的关学；宋元明清陕西关中地域的儒学传统，是引申出来的广义关学。《关学篇》《关学续编》的"关学"是引申义的，作者基于历史编纂学目的，希望对关中地区乡邦文献人物做出全面整理。

关键词：张载　经学　义理之学　关学　学统

张载（1020—1077 年），字子厚，祖籍大梁（今河南开封），生于长安。因长期寓居陕西凤翔府眉县横渠镇讲学，故被学者称为横渠先生。《宋史》记载，张载年轻时期受到范仲淹的引导，通过学习《中庸》而入圣门，到后来出入释老，最后返归《六经》之旨而创建宋学的义理之学。可见，张载的学术历程均是通过阅读儒家经典、重

---

* 本文为国家社科基金重大项目"宋学源流"（19 ZDA028）的阶段性成果。
** 朱汉民，湖南大学岳麓书院国学院教授，博士生导师。

新诠释儒家经典而完成的。张载的学术地位很高,被称之为北宋"五子"之一,也是两宋时期关学学派的创始人。

张载的义理经学可以分成两个方面:一方面是为达到"乐天安命"目的的内圣之道,主要是以《周易》和《四书》学为核心经典的义理之学;另一方面是以经邦济世为目标的外王之道,其内容涉及以三《礼》为核心经典的礼学(包括礼义与礼制的学说)。张载的义理经学,奠定了宋学史上著名的关学学统。

一 《周易》与《四书》的义理会通

宋学首先是新经学思潮,张载创建的关学是宋学的著名学派之一,张载的所有学术活动、学术思想均是围绕经学展开的。王夫之认为张载之学涵盖了儒家诸经的内容:"张子之学,无非《易》也,即无非《诗》之志,《书》之事,《礼》之节,《乐》之和,《春秋》之大法也,《论》、《孟》之要归也。"① 张载之学是通过诠释儒家经典而建构起来的,而且,张载在《经学理窟》一书中,明确标榜自己的经学是一种"义理之学"的形态,他说:

> 义理之学,亦须深沉方有造,非浅易轻浮之可得也。盖惟深则能通天下之志,只欲说得便似圣人,若次则是释氏之所谓祖师之类也。②

张载强调的儒家经学是一种"义理之学",一方面要区别于汉唐经师"浅易轻浮"的章句训诂之学,另一方面也要警惕空谈明心见性而不能够"通天下之志"的释老之学。张载认可的学术:"盖所以求义

---

① 王夫之:《张子正蒙注序论》,《张载集·附录》,中华书局1978年版,第409页。
② 张载:《经学理窟·义理》,《张载集》,中华书局1978年版,第273页。

理，莫非天地、礼乐、鬼神至大之事，心不弘则无由得见。"① 张载数十年坚持对经典中义理的思考和探寻，使得朱熹表彰他的学术时说："横渠之学，苦心力索之功深。"②

张载的经学还以会通群经为特色，这与他承担的学术使命是分不开的。《宋史》对张载的经学思想有一段评价："其学尊礼贵德，乐天安命，以《易》为宗，以《中庸》为体，以孔、孟为法。"③ 张载的学术宗旨往往是以"乐天安命"为目标，故而他关注的经典首先是《周易》和《四书》，他进行的艰苦学术工夫集中体现在他将《周易》与《四书》的经典诠释结合起来。

学界曾经有过张载之学到底是易学还是《四书》学的讨论。④ 其实，张载的经学旨趣是以会通为特色，《周易》学和《四书》学在张载之学中均很重要。一方面，张载的学术使命是要解决汉唐儒家"知人而不知天"⑤的弊端，故而需要以《周易》为经典依据，为新儒学建构起哲学深度的天道论；另一方面张载强调儒学"得天而未始遗人"⑥，故而特别关注《论语》《孟子》《大学》《中庸》的道德义理，建构复兴儒家人文精神的人道论。而且，张载作为宋代新儒学的大家，特别需要将《周易》的天道和《四书》的人道论结合起来，即融合《周易》和《四书》而重建儒家的天人之学。

张载融合《周易》和《四书》的思想集中体现在他的代表著作《正蒙》一书中。《正蒙》是张载晚年思想学术完全成熟时期的著作，张载自己认为："此书予历年致思之所得，其言殆与前圣合与！大要发端示人而已，其触类广之，则吾将有待于学者。正如老木之株，枝

---

① 张载：《经学理窟·义理》，《张载集》，中华书局1978年版，第276页。
② 黄宗羲、全祖望：《横渠学案下》，《宋元学案》卷18，中华书局1986年版，第774页。
③ 《宋史·张载传》，《张载集·附录》，中华书局1978年版，第386页。
④ 参阅龚杰《张载"四书学"的学术价值》，载祝瑞开《宋明思想和中华文明》，学林出版社1995年版；王利民《论张载之学是易学》，《周易研究》2000年第1期。
⑤ 《宋史·张载传》，《张载集》，中华书局1978年版，第386页。
⑥ 张载：《正蒙·乾称篇》，《张载集》，中华书局1978年版，第65页。

别固多，所少者润泽华叶尔。"① 这一部书是张载个人"致思之所得"的著作，其弟子苏昞"辄就其编，会归义例，略效《论语》《孟子》，篇次章句，以类相从，为十七篇"。② 虽然本书从体例来说属于儒家"子学"类著作，但是从其学术渊源、思想内容来说，恰恰体现出张载将《周易》与《四书》的经典诠释结合起来完成义理建构的学术特色。

首先，《正蒙》集中表达了张载的易学思想。从《正蒙》的书名、篇名和学术渊源、主要思想来说，该书其实是张载解读《周易》义理的代表著作，特别凝聚了他晚年的易学思想。《正蒙》一书的名称就来自《周易》，是张载依据对《蒙》卦卦义的理解，《象传》云"蒙以养正，圣功也"，张载解释曰"养其蒙使正者，圣人之功也"③。同时，《正蒙》作为张载的重要易学著作，其中有《大易篇》《太和篇》《参两篇》《天道篇》《神化篇》《乾称篇》等，不仅仅是这些篇名全部来自《易传》，这些篇章的学术思想也主要是以易理建构起来的，《正蒙》一书中有大量条目与他早期著作《横渠易说》的表述完全一致。从这个意义上讲，《正蒙》中的学术体系，确实包含着张载易学的基本内容。

当然，张载的易学还体现在他专门的易学著作《横渠易说》中，其学术思想正可以与《正蒙》相互补充。《横渠易说》主要是张载易学的一部笔记式的手稿，该书往往是有选择性地对《周易》经传加以注解，四库馆臣称"往往经文数十句中一无所说，末卷更加不附载经文，载其有说者而已"④。但是，这毕竟是张载一部专门的易学著作，全书体现出张载以易理建构"天人一源"之学的学术追求，譬如：

---

① 吕大临：《横渠先生行状》，《张载集》附录，中华书局1978年版，第384页。
② 苏昞：《正蒙序》，《张载集》，中华书局1978年版，第3页。
③ 张载：《横渠易说·上经·蒙》，《张载集》，中华书局1978年版，第85页。
④ 《四库全书总目·横渠易说提要》，《张载集》附录，中华书局1978年版，第414页。

> 《易》之为书与天地准。易即天道，独入于爻位系之以辞者，此则归于人事。盖卦本天道，三阴三阳一升一降而变成八卦。错综为六十四，分而有三百八十四爻也。因爻有吉凶动静，故系之以辞，存乎教诫。使人动则观其变而玩其占，其出入以度，内外使知惧。又明于忧患与故，无有师保，如临父母。圣人与人撰出一法律之书，使人知所向避，《易》之义也。①

从张载对《周易·系辞传》的"说"中可以看到，他对《易》义的思考，重点在"易即天道"的宇宙本体论建构，然后他会进一步从天道转入人道，进而从事"归于人事"的人道思考，而《正蒙》恰恰是张载这一思想追求的完成。

所以，从张载的《正蒙》中可以进一步探讨他的《四书》学。张载要建构新儒家"得天而未始遗人"的义理体系，特别需要将《易》学与《四书》学结合起来。《论语》《孟子》《大学》《中庸》是早期儒家人道论的核心经典，《四书》的集合与命名是朱熹通过《四书章句集注》得以完成的。但是，朱熹之前的北宋理学家如张载、二程等对《四书》学的兴起、形成起到了重要的推动作用，《正蒙》一书正是张载《四书》学思想的集中体现。张载对《论语》《孟子》《大学》《中庸》在儒学体系中的重要地位有明确的认知。他坚持认为：

> 学者信书，且须信《论语》《孟子》。《诗》《书》无舛杂。《礼》虽杂出诸儒，亦若无害义处。如《中庸》《大学》出于圣门，无可疑者。②
> 要见圣人，无如《论》《孟》为要。《论》《孟》一书于学者

---

① 张载：《横渠易说》，《张载集》，中华书局1978年版，第181—182页。
② 张载：《经学理窟·义理》，《张载集》，中华书局1978年版，第277页。

大足，只是须涵泳。①

所以，张载《正蒙》一书在论述天道论之后，接着就是《诚明篇》《大心篇》《中正篇》《至当篇》《作者篇》《三十篇》《有司篇》等论述人道论的篇章，主要内容都是源于《四书》学。其中的许多篇名就来自《四书》，如《诚明篇》《中正篇》来自《中庸》，《大心篇》来自《孟子》，《三十篇》来自《论语》的"三十而有志于学"。可见，《正蒙》一书与《四书》相关的篇名还多于《周易》。

张载为了解决秦汉以来儒家学者"知人而不知天"的弊端，通过《周易》诠释而建构天道论，但是作为一个与佛老之学论战的儒者，他的最终目标仍然是人道建构，所以他必须将《周易》的天道义理落实到《四书》的人道义理上。《正蒙》在阐发《四书》的做人之道时，总是将二者结合起来：

> 三十器于礼，非强立之谓也。四十精义致用，时措而不疑。五十穷理尽性，至天之命，然不可自谓之至，故曰知。六十尽人物之性，声入心通。七十与天同德，不思不勉，从容中道。
>
> 穷理尽性，然而至于命，尽人物之性，然后耳顺；与天地参，无意、必、固、我，然后范围天地之化，从心而不逾矩；老而安死，然后不梦周公。②

我们看到，《论语》中有孔子自述其三十而立至七十的人生精神历程，提出人应该毋意、毋必、毋固、毋我的道德修养，而张载将这些做人的道理提升到超越的天道，与《周易》的"与天同德""穷理尽性，然而至于命，尽人物之性""范围天地之化"等天道论结合起来。张载这一种将《周易》天道论与《四书》人道论结合，成为他建构性

---

① 张载：《经学理窟·义理》，《张载集》，中华书局1978年版，第272页。
② 张载：《正蒙·三十篇第十一》，《张载集》，中华书局1978年版，第40页。

理之学的一种普遍性方法。如他提出"须知自诚明与自明诚者有异。自诚明者,先尽性以至于穷理也,谓先自其性理会来,以至穷理;自明诚者,先穷理以至于尽性也,谓先从学问理会,以推达于天性也"。① 这就是将《易传》的"尽性以至于穷理""穷理以至于尽性"与《中庸》的"自诚明与自明诚"结合起来。所以,将《正蒙》看作宋儒《四书》学的重要著作也有一定理由,因为它体现了张载对《论语》《孟子》《大学》《中庸》思想的发展。

由此可见,面对佛老之学在人生哲学领域的挑战,张载的义理经学首先是要解决"乐天安命"的问题,故而必须将天道论的《周易》学与人道论的《四书》学结合起来,以解决他面临的"儒家自有名教可乐"的思想挑战,从而建构出新儒学的义理之学。

二 《礼》学的礼义与礼制

张载的义理经学不仅仅是关注"乐天安命",致力于内圣之道的建构,他还特别关注"尊礼贵德",致力于外王之道的建构。张载希望通过三《礼》研究而从事宋代礼仪制度建设,以解决经世致用的实际需要。《宋史·张载传》记载,张载"黜怪妄,辨鬼神。其家婚丧祭葬,率用先王之意,而傅以今礼。又论井田、宅里、发敛、学校之法,皆欲条理成书,使可举而措诸事业"②。所以,张载的义理经学还具有十分鲜明的经世致用特色。在张载的著述目录中,涉及礼学范围的十分广泛。譬如,张载的代表著作《正蒙》一书中,就有专论礼学的《乐器》《王禘》等篇。同时,张载《经学理窟》中还有专论礼学的《周礼》《礼乐》《祭祀》《丧纪》等篇。另外,张载还著有一些重要礼学著作如《礼记说》《仪礼说》《周礼说》《横渠张氏祭礼》《冠婚丧祭礼》等,尽管其中许多均已散佚,但是看得出来,三《礼》

---
① 张载:《张子语录·语录下》,《张载集》,中华书局1978年版,第330页。
② 《宋史·张载传》,《张载集·附录》,中华书局1978年版,第386页。

学在张载的经学体系中占有重要地位。①实际上，在儒学思想体系中，既有属于经学的《礼》学，也有属于典制之学的礼学。由于张载"以礼立教"②的学术追求，使得他对三《礼》学及其礼义与礼制表现出强烈的关注。

张载对三《礼》的关注和重视，首先体现在他对礼义的研究中。在早期儒家《礼》经及其传记中，对礼的来源、意义做过许多论述，其实这些礼义的论证与礼仪的制定有密切联系。而张载关于礼义的论证，是与他"天人一源"的义理之学紧密联系在一起的。张载说：

> 礼不必皆出于人，至如无人，天地之礼自然而有，何假于人？天之生物便有尊卑大小之象，人顺之而已，此所以为礼也。学者有专以礼出于人，而不知礼本天之自然。③

将礼的来源归之于"天"，是早期儒家的思想观念。但是《六经》元典说到礼源于天时，往往是强调"天"的主宰意义而言，而张载论证理源于天，却是太虚本体化生的自然过程，是人对"天之生物便有尊卑大小之象"的遵循。这样，张载就将人文的礼义与天道的自然统一起来，人文价值、社会礼义均源于天道自然、太虚本体。

早期儒家还提出礼源于人之性情的观点，为礼的价值和意义确立了人性论的基础，张载继承了早期儒家的这一思想，但是将其纳入他的太虚本体的宇宙论之中。张载认为，人性源于天性，天性即太虚之本体，虽然他同样以人性作为礼的价值依据，但此人性又具有了超越性的太虚之本的意义，即如他说：

> 礼所以持性，盖本出于性，持性，反本也。凡未成性，须礼

---

① 林乐昌：《张载礼学论纲》，《哲学研究》2007年第12期。
② 程颢、程颐：《河南程氏粹言》卷1，《二程集》，中华书局1981年版，第1195页。
③ 张载：《经学理窟·礼乐》，《张载集》，中华书局1978年版，第264页。

以持之，能守礼已不畔道矣。①

　　居仁由义，自然心和而体正，更要约时，但拂去旧日所为，使动作皆中礼，则气质自然全好。②

张载认为，礼作为一种社会规范体系，其实是依人的性情而建立起来的，故而礼具有使人回归本性的作用。根据张载的礼学，礼源于人之本性，其实就是源于太虚之天；同样，人遵循社会礼仪，同样是为了回归人的心性本体，进而返归太虚之天。因此张载的心性论不仅是确立礼义的人道依据，同时也是其工夫论的依据。在张载的修身工夫论体系中，他总是将内在的"虚心"与外在的"行礼"结合起来，他将其称之为"合内外之道"，他说：

　　修持之道，既须虚心，又须得礼，内外发明，此合内外之道也。③

在张载的礼学思想中，礼是能够将天与人、内与外均连接起来的关键，人的修持之道，不仅是一种道德修身，还是将日用伦常与超越精神统一起来的路径。道德礼义不仅在人类社会生活中十分重要，同时还是一种天地秩序的体现，即所谓"除了礼天下便无道矣"。

张载的礼学思想不仅仅是论证"礼"的来源与依据，更加重要的是将礼看作国家政治的典章制度、生活实践的规范准则。这样，张载关注的"礼"就由"学"转为"政"，即如他所说：

　　礼非止著见于外，亦有无体之礼。盖礼之原在心，礼者圣人之成法也，除了礼天下便无道矣。欲养民当自井田始，治民则教

---

① 张载：《经学理窟·礼乐》，《张载集》，中华书局1978年版，第264页。
② 张载：《经学理窟·气质》，《张载集》，中华书局1978年版，第265页。
③ 张载：《经学理窟·气质》，《张载集》，中华书局1978年版，第270页。

化刑罚俱不出于礼外。五常出于凡人之常情，五典人日日为，但不知耳。①

张载一方面关注礼的形上依据，对"无体之礼""礼之原在心"作了形而上的思考；另一方面他关注礼的政治制度、生活实践，将礼看作一切国家典章、社会生活的规范制度。

《宋史》记载，宋神宗召见张载并问其关于治道的见解，张载对曰："为政不法三代者，终苟道也。"② 在张载有关"三代之治"的政治理想中，包括了封建的政治制度、井田的经济制度、宗法的社会制度，而其最重要的则是礼制，因为礼制是合政治、社会、文化为一体的制度体系。张载一直将礼制看作国家治理、社会治理的根本。应该说，张载有关"三代之治"的建议并不完全是一种思古的幽情，而是基于现实的原因。譬如他提出的"封建"就有重要的现实意义，他试图在维护大一统政治秩序的基础上有效地扩张地方政治权限，来抑制或平衡过于强势的中央集权对地方活力的伤害。③ 他提出恢复井田制也有重要的现实意义，宋朝土地兼并十分严重，而朝廷又采取"不抑兼并"的政策，广大的农民失去了赖以生存的土地，成为无地或者少地的人，使得贫富分化对立更加严重。井田制通过把土地收归国有，然后重新分配，以解决土地兼并的严重问题。张载还认为封建、井田是密切相关的，他说："井田卒归于封建乃定。"④张载进一步指出后世封建、井田、宗法之所以遭到破坏，其实均是秦制造成的恶果，他在诗中写道："秦弊于今未息肩，高萧从此法相沿。生无定业田疆坏，赤子存亡任自然。"⑤ 可见，张载提出效法"三代"之制的方案，虽然是一种"复古"的形式，但是其社会政治内容却有很强的现实针对

---

① 张载：《经学理窟·礼乐》，《张载集》，中华书局1978年版，第264页。
② 《宋史·张载传》，《张载集》附录，中华书局1978年版，第386页。
③ 参阅范立舟《张载的"封建"构思及其政治理想》，《中国哲学史》2019年第1期。
④ 张载：《经学理窟·周礼》，《张载集》，中华书局1978年版，第251页。
⑤ 张载：《文集佚存·杂诗》，《张载集》，中华书局1978年版，第367页。

性。张载与许多其他的宋儒一样，他们倡导以封建制、井田制、宗法制为主的"三代"政制，是为了解决现实的政治、经济、社会问题。但是在现实政治领域，他们均面临诸多的实际困难，更不能够得到朝廷的真正认可和实际支持。事实上，张载与主持熙宁新政的王安石政见不合，故张载希望通过自上而下路径而推进"三代之制"完全不可能。

张载关于强化宗法制度、封建制度并没有得到朝廷的肯定，更没有能够推行于当时的国家政治。张载及其弟子放弃了自上而下的改革路径，他们改为自下而上的民间社会的礼制建设，并希望对现实社会产生影响。张载努力在民间社会推动以宗法为基础的礼制与礼教，但是要如何才能够推动民间礼教？张载认为必须在民间社会从事宗法制度的恢复和建设，因为宗法本来就是礼制的基础和依据。张载特别强调宗法制度的重要，他说：

> 管摄天下人心，收宗族，厚风俗，使人不忘本，须是明谱系世族与立宗子法。宗法不立，则人不知统系来处。古人亦鲜有不知来处者，宗子法废，后世尚谱牒，犹有遗风。谱牒又废，人家不知来处，无百年之家，骨肉无统，虽至亲，恩亦薄。①

张载在担任地方官时，就十分重视礼教，希望通过礼义教化而移风易俗。特别是张载退居故里之后，他更是将推动地方礼教作为自己经世的主要目标。据吕大临《形状》介绍，张载对关中地区"学者有问，多告以知礼成性变化气质之道，学必如圣人而后已，闻者莫不动心有进"②。在张载的推动下，以宗法为基础的礼教发生了很好的效应。据张载自己说："关中学者，用礼渐成俗。"③ 当时学者也表彰说："子

---

① 张载：《经学理窟·宗法》，《张载集》，中华书局1978年版，第258—259页。
② 吕大临：《横渠先生行状》，《张载集》，中华书局1978年版，第383页。
③ 张载：《张子语录·后录上》，《张载集》，中华书局1978年版，第337页。

厚以礼教学者最善，使学者先有所据守。"①

张载对礼义教化、移风易俗的重视，不仅对关中地区的礼义教化有极大推动，而且也对他的弟子们的思想和实践产生很大影响，使之成为关学学派的一个重要学术特质，进而成为关中地区的学术传统和地域文化传统。

张载的著名弟子吕大钧等受到张载礼教思想的熏陶，率领宗亲乡党制定乡约、乡仪，著有《吕氏乡约》《吕氏乡仪》各一卷。吕大钧等主持制定的《吕氏乡约》，是中国历史上第一个成文的乡规民约，它不仅对关中地区民间社会的礼教产生重大影响，同时对全国其他地区还具有突出的示范效应。《吕氏乡约》其实就是一个推动乡村礼义制度建设的范本，该《乡约》的主要内容包括四个组成部分，即"德业相劝""过失相规""礼俗相交""患难相恤"，将儒家的道德礼义与民间乡村的风俗制度结合起来。与此同时，吕大钧还有《吕氏乡仪》，该《乡仪》以《周礼》经典为范本，将原本是西周的国家制度、贵族礼仪的吉礼、嘉礼、宾礼、凶礼，作为民间社会、乡村宗族的礼仪制度。可以将《吕氏乡约》《吕氏乡仪》看作张载及其关学学派在推动民间社会礼制、礼教的具体落实。吕大钧率宗亲乡党制定的《吕氏乡约》《吕氏乡仪》，对关中地区的礼义教化产生了很大影响，使得"关中风俗为之一变"②。

三 关学学统的双重意义

张载与其他宋学学者一样，一生以经世、讲学两事为其毕生使命。就经世而言，张载自从嘉祐中进士以后，曾经在多地做过不同职务的地方官员。后因御史中丞的推荐，一度应诏入京城，但是因张载

---

① 张载：《张子语录·后录上》，《张载集》，中华书局1978年版，第336页。
② 冯从吾：《关学篇》卷1，《和叔吕先生》，王美凤编校：《关学史文献辑校·附录》卷5，西北大学出版社2015年版，第14页。

的政见与王安石不合，故而他很快离京回归横渠故居。再就讲学而言，张载中进士后也曾经在地方担任州郡学官，他曾"多教人以德"，留下很好的声誉。但是他的最重要活动则是他非职务行为的讲学活动。张载回归家乡横渠镇，潜心从事学术与教育，这成为他创建学派的黄金时段。《宋史》有记载：

> （张载）终日危坐一室，左右简编，俯而读，仰而思，有得则识之，或中夜起坐，取烛以书。其志道精思，未始须臾息，亦未尝须臾忘也。敝衣蔬食，与诸生讲学，每告以知礼成性变化气质之道，学必如圣人而后已。①

张载讲学故居横渠，从学者甚众，著名者如吕大忠、吕大钧、吕大临、苏昞、范育、薛昌、种师道、游师雄等人，从而形成了一个以张载为核心的地域学派。张载以及他创建的学派在宋学史上独树一帜，为新儒学体系奠定了理论基础，推动了宋学史的发展。

张载以及他创建的学派显然不同于当时作为官学的荆公新学，当时主要是一个创建于横渠，并以民间讲学方式而建立的地域学派。即如《宋史》所说："（张）载学古力行，为关中士人宗师，世称横渠先生。"② 故而宋代开始以地域命名张载的学派。最早称张载的学派为"横渠之学"，如杨时说："横渠之学，其源出于程氏，而关中诸生尊其书，欲自为一家。"③ 杨时认为张载源于程氏是不准确的，但是他称名"横渠之学"，并肯定张载是"关中诸生"的宗师、"欲自为一家"，则道出了这一地域学派形成的历史事实。所以，南宋初期，学界均肯定了这一地域学派的存在。如胡宏说："我宋受命，贤哲仍生，舂陵有周子敦颐，洛阳有邵子雍、大程子颢、小程子颐，而秦中有横

---

① 《宋史·张载传》，《张载集》附录，中华书局1978年版，第386页。
② 《宋史·张载传》，《张载集》附录，中华书局1978年版，第387页。
③ 杨时：《跋横渠先生及康节先生人贵有精神诗》，《龟山集》卷26，《文津阁四库全书》第1129册，商务印书馆2006年版，第342页。

渠张先生。"① 胡宏首次将周、邵、二程、张五位北宋的道学家并举，即后来常说的"北宋五子"，他们创建的均是地域性学派，胡宏以"秦中"称张载的学术地域。此后，吕本中才正式称张载之学为"关学"。据全祖望在《宋元学案》的"按语"中引吕本中之语中有"关学未兴，申颜先生盖亦安定、泰山之俦，未几而张氏兄弟大之"②。此后，"关学"开始被普遍接受成为张载之学作为地域学派的称呼。由于宋代儒学的不同学派大多是不同地域学术，故而元明时期还普遍出现了"濂洛关闽"的提法。从《元史·刘因传》，到《明史·解缙传》，均有以"濂洛关闽"为专门名称。"关学"之名出来以后，很快就流传很广。但是，"关学"概念在流传中其意义发生了一些变化。

根据全祖望描述的北宋庆历是宋学初兴之时，各个地域均开创了自己的学统，包括齐鲁、浙东、浙西、闽、蜀、关中等地，形成了"庆历之际，学统四起"③的局面，宋代学统的地域化形态，以及关学兴起而形成的关学"学统"，推动了宋学的发展。但是，我们发现，宋学史上所谓的地域"学统"，其本义就是地域学派。但是明清以后，这些地域学派观念衍化为广义的地域学术概念。"关学"一词也是以双重意义被广泛使用。

第一，本义的关学，就是张载在关中地区讲学并创立的学派。张载之学在北宋时期即闻名一时，南宋时期即出现"关学"之称谓，后来一直延续至元、明以后。明太祖洪武年间，大臣解缙上万言书，建议修书，"上溯唐、虞、夏、商、周、孔，下及关、闽、濂、洛"④。明陈鼎亦说："令学者非《五经》、孔孟之书不读，非濂、洛、关、

---

① 胡宏：《周子通书序》，《胡宏集》，中华书局2009年版，第162页。
② 黄宗羲、全祖望：《士刘诸儒学案》，《宋元学案》卷6，中华书局1986年版，第261页。
③ 黄宗羲、全祖望：《士刘诸儒学案》，《宋元学案》卷6，中华书局1986年版，第251页。
④ 张廷玉：《解缙传》，《明史》卷147，中华书局1974年版，第4116页。

闽之学不讲。"①这里所言的关学,则均是指以地域命名的张载学派。所谓关学,甚至就可以看作张载之学,濂、洛、关、闽,亦可看作周敦颐、二程、张载、朱熹的代称,如明初宋濂有"濂洛关闽四夫子"的说法,就明显地反映出这一点。这是关学之名的本来意义,具体就是指张载所创立的理学学派。

第二,引申出广义的关学。明代学者冯从吾于明万历年间编有《关学篇》一书,溯源孔门的关中弟子,上起于北宋张载,下至于明代王之士,共收录宋元明时期关中的理学家三十三人。清代王心敬、李元春、贺瑞麟等人继续作《关学续编》,将"关学"学者名录进一步拓展。显然,冯从吾、王心敬、李元春、贺瑞麟等人所言的关学,已经大大突破北宋时期以张载为代表的地域性学派的含义,而是指关中地域儒学学术史的概念。我们看到,冯从吾的《关学篇》,就是从孔门的关中弟子秦祖、子思等人开始,并延续到宋、金、元、明几朝的儒家学者。而清代王心敬的《关学续编》,则正如《四库全书总目》的《关学篇》五卷提要所说:"于秦祖之前增伏羲、泰伯、仲雍、文王、武王、周公六人;于汉增董仲舒、杨震二人;明代则增从吾至单允昌凡六人。"②这里所言的"关学",虽然仍然包括张载的关学学派在内,但是其外延大大扩展,已经将与关中有关的三代圣王、先秦儒学、汉代儒学、宋代理学、明清理学或心学均收录进来,完全是作为地方学术史概念的"关学"。这里的"关学"其实就是指历代陕西关中之地的儒家学者,只要是出身于关中,或者与关中地区有关的儒家学者,均可以列入《关学编》。所有列入《关学编》的学者,显然他们之间并无学术传承关系,也没有相同的学术思想,更没有一致的学术宗旨。我们认为,不能够将引申义上的关学史看作学派史,

---

① 陈鼎:《高攀龙传》,《东林列传》卷2,《文津阁四库全书》第456册,商务印书馆2006年版,第682页。
② 王美凤编校:《关学史文献辑校·附录》卷5,西北大学出版社2015年版,第630页。

而应是乡邦文献整理类型的地域儒学史整体。

其实这是两宋时期地域学派的一个普遍现象。这些地域学派的形成有两个基本条件：第一，形成自己自成体系、独具特色的学术思想；第二，形成一个学统上有传承、学术上较一致的学者群体。宋代的濂学、洛学、蜀学、关学、闽学、湖湘学、浙学之所以均是独立的地域学派，就在于他们均有学派所具有的上述两个条件。学术史名著《宋元学案》《明儒学案》亦往往是根据这两个条件来考察地域学派的。如果将宋元明清所有关中理学家均归为一个学派的关学，既不能够确立他们之间相通的学术体系，也不能够真正展示学术传承的脉络，把握一个学派的共同学术特征。宋以后，学者们以地域命名学派是一个普遍现象。而继地域性学派名称出现之后，往往会进一步形成以此地域学派命名的地方学术史或地方文化。譬如，"关学"既可能是指本义的宋代地域学派，也可能是指引申义的地域学术历史整体。不仅仅是关学，其他地域学术形态也是如此，如本义的"蜀学"是指北宋时期三苏为代表的宋学学派，而后来又引申出广义的"蜀学"，指四川地区学术史的整体；本义的"湘学""湖湘学"是指南宋时期以胡宏、张栻为代表的理学学派，而后来出现了广义的"湘学""湖湘学"，则是指湖南地区学术史的整体。本义的"浙学"可能是指南宋以陈亮、叶适等为首的事功之学，而引申出广义的"浙学"，也是指宋元明清浙江一带的地方学术史整体。由此可见，在学统四起的背景下，宋代许多学派的名称均开始于本义的地域学派，但是后来又演变为广义的地域学术史，以至于许多学术史的研究者往往是将此二者混同起来。所以，我们需要以"关学"为例，进一步探讨地域学派如何演变成一种地域学术史。

张载创立的关学学派，在北宋时期影响很大。正如冯从吾所说："有宋横渠张先生崛起眉邑，倡明斯学"①，但是，在张载逝世之后，

---

① 冯从吾：《关学篇序》，刘学智编《冯从吾集》卷12，西北大学出版社2015年版，第231—232页。

关学的地位和影响大大下降。一方面，张载的弟子在学术界影响力本来就不是特别高；另一方面，张载的部分弟子转到程门洛学之学，关学思想在发生演变。加之完颜之乱，使得关学一度后继无人，所以全祖望感叹说："关学之盛，不下洛学，而再传何其寥寥也？亦由完颜之乱，儒术并为之中绝乎？"①

明清以来，关中地区的儒学学术又开始由沉寂走向兴起，出现了不少具有学术造诣、拥有一定学术声望的学者。但是，明清时期的官方学术主流是程朱理学，而民间学术主流则是阳明学、甘泉学，另外还可以加上兼容程朱理学与王湛心学的学派，可见，关中地区的儒学学术恰恰是以上述官方或民间的不同学术思潮、学术流派的汇集。从他们的学术体系、学术观念来看，明清时期关中地区的学者差异很大，他们往往是程朱理学、阳明心学、甘泉心学等不同学派的学术追随者和思想倡导者。从这个意义上讲，再将从北宋到明清时期的陕西关中之学看作一个完整的学派，是难以说得通的。

但是，宋元明清的关学学者虽然不是一个学派，却是一个共同地域学术背景、学术传统中衍生出来的学者。当冯从吾、王心敬、李元春、贺瑞麟等人在编撰《关学篇》《关学续编》时，将从北宋到明清时期的陕西关中地区的数十名儒学学者统统列入，也就是说，明清时期关中学者无论是传承当时哪一流派的学术，统统均可以纳入"关学"的群体中来。显然，这一种"关学"地域命名，既包含着历史编纂学对乡邦文献整理的需求和方便，但同时确实又有着地域学术传承、地域文化建构的意义。这一点，恰恰是我们从事地域学术史、文化史不能够忽略的。梁启超先生说："盖以中国之大，一地方有一地方之特点，其受之于遗传与环境者益深且远，而爱乡土之观念，实亦人群团结进展之一要素，利用其恭敬桑梓的心理，示之以乡邦先辈之人格及其学艺，其鼓舞濬发，往往视逖远者为更有力。"②《关学篇》

---

① 全祖望：《宋元儒学案序录》，《宋元学案》卷首，中华书局1986年版，第6页。
② 梁启超：《中国近三百年学术史》，东方出版社2004年版，第338—339页。

《关学续编》的编撰就是出于这一种"恭敬桑梓的心理",编撰者希望以此"乡邦先辈之人格及其学艺"来鼓舞后学,故而将这些不同学术思想的乡贤统统纳入《关学篇》之中。但是,我们还会发现,这些关中学者确实大多对北宋张载等"乡邦先辈之人格及其学艺"充满敬仰,他们在追随其他不同学术流派宗师的同时,仍然还可能继承北宋张载的关学学术传统。

  我们去考察明清时期关中学者时会发现,这些源于不同学术流派的儒家学者或"理学"思想,或许从整体而言,他们的学术思想十分多元化,完全不是一个学术流派,但是他们还可能有一个共同点,就是对乡邦的关学领袖张载的人格与思想均非常推崇。北宋张载及其关学学派的学术成为明清关中学者的重要思想渊源,是这些不同历史条件、不同学术思想相通的地域学统背景。正是从这个意义上讲,我们可以将《关学篇》《关学续编》记载的数十位关中学者理解为关学的广义"学统",广义关学学统包括北宋横渠学派而不等于横渠学派。正如清人熊赐履《学统》一书,将孔子以来能列入儒家学统脉络的学者作一"学之源流派别"的罗列,显然,这一"学统"是比学派外延更加广泛的概念。

  我们强调宋元明清陕西关中地域形成的儒学传统,是引申出来的广义关学,这是包括许多不同学派在内的地域学术整体。譬如说,明代关中学者的学术思想十分多元化,其中薛敬之、吕柟传承薛瑄之学而"恪守程朱",南大吉、冯从吾追随阳明心学以致良知为宗,可见明代关中儒学有着多元的学派思想。但是元明清关中学者有一个共同的地域学统背景,即对张载之关学有着特别的尊崇。所以,吕柟在讲程朱理学、薛瑄之学的同时,又继承张载的关学思想渊源,正如黄宗羲在《明儒学案·师说·吕柟》中所说:"关学世有渊源,皆以躬行礼教为本,而泾野先生实集其大成。"① 可见,吕柟虽然在学术上可以纳入程朱学派,但是在广义的学统上,仍然明显继承了北宋关学的一

---

① 黄宗羲:《明儒学案》,中华书局1986年版,第11页。

些重要学术传统,故而有广义学统的历史渊源。冯从吾虽然尊崇阳明心学,但是他对张载的关学学统念念不忘,故而花了大量精力,编撰《关学篇》,表明了他对张载关学的推崇和继承。他将明代关中之学的重兴看作是对"直接横渠之传",他说:"而关中之学益大显于天下。若夫集诸儒之大成而直接横渠之传,则宗伯尤为独步者也。"① 他也认为北宋时期的横渠之学,已经成为关中地区儒学传承和发展的主要学术资源,尽管他本人是阳明心学学派的学者。

(原载《北京大学学报》2020年第3期)

---

① 冯从吾:《关学篇序》,《冯从吾集》卷12,西北大学出版社2015年版,第232页。

张载道学论纲

吴 震[*]

摘 要：以"气本体论"或"太虚本体论"来为张载哲学定位，均为有失，"太虚"或"气"都不足以成为形上学的本体概念。"太和之谓道""太虚无形，气之本体""太虚即气"三大命题中蕴含丰富的气论思想，然"太和"概念仅意味着气的"至和"状态而非指"道体"；张载的气学论述只是其哲学的逻辑起点，而重建以"天人合一""性即天道""易即天道"等命题为标志的道学理论才是张载哲学的终极关怀。"妙万物而谓之神，通万物而谓之道，体万物而谓之性"三句构成了张载道学理论的内在结构，阐明了以"性与天道合一"为旨趣的道学思想。张载哲学的理论性质应归属为道学，其思想对于宋代道学具有重要的型塑意义。

关键词：张载 道学 天道 本体论 性即天道 性与天道合一

引言：问题由来与简要论点

在中国哲学史上，"气"是最具中国本土色彩的哲学语言。在宋代道学中，对气学作出创造性发展的是张载，但其思想所引发的争议

---

[*] 吴震，复旦大学哲学学院教授，博士生导师。

也最大，在当时，其晚年最重要的哲学文本《正蒙》就被二程认定为"有过"①，朱子也质疑此书在源头上有"未是处"②，尽管《西铭》得到程朱的一致赞扬。不过，朱子又承认"此书（指《正蒙》——引者注）精深难窥测"，但"要其本原，则不出六经、《语》《孟》"③，表明朱子对张载仍有基本肯定。在当代学术界，张载思想的"定性"问题一直纷争不断。近年来，张载研究被置于"关学"领域重新得到重视，出现了一些不同以往的新见解，但有待探讨的问题依然不少。

关于张载思想，历来存在两种观点分歧：一是"气本论"或"唯气论"，可以张岱年先生为代表，认为张载哲学是以气为本体的一种理论形态。张岱年在早年《中国哲学大纲》（约成书于1936年）一书中指出，"在中国哲学中，注重物质，以物的范畴解说一切之本根论，乃是气论"，认为张载思想可定位为"唯气的本根论之大成者"，与其哲学的首出概念"气"相比，"次根本的观念又有四，即道、天、易、理。道即气化历程"；由于其有"太虚恒常，故可谓至实"之说，故又可认定太虚与气为同一的最高本根。④

二是"太虚本体""太虚神体"或"本体宇宙论"，可以唐君毅、牟宗三先生为代表。唐君毅认为张载之气具有超越义，故须"高看此气"，以为与孟子的"浩然之气"相似，但气不可离太虚而言，而太虚即天，"为形上之真实存在"⑤；牟宗三认为张载的太虚为"虚体""神体"，为超越性本体，认为张载"'以清通不可象为神'规定'太虚'，此确然是儒家之心灵……实则其所谓'虚空'只是其心中所意

---

① 程颢、程颐：《程氏粹言》，《二程集》，中华书局1981年版，第1202页。
② 朱熹：《朱子全书》，上海古籍出版社、安徽教育出版社2002年版，第2532页。
③ 朱熹：《朱子全书》，上海古籍出版社、安徽教育出版社2002年版，第4879页。
④ 参见张岱年《中国哲学大纲》，中国社会科学出版社1982年版，第39、42—44、49页。
⑤ 唐君毅：《中国哲学原论·原教篇》，《唐君毅全集》卷19，台北学生书局1984年版，第97页。

谓之虚或太虚，乃系属于'天道'，而即为道体之体性也"①。将太虚与天道、道体视作同质同层的本体存在。

近年，林乐昌的一系列张载研究提出了与上述第一种观点不同而与第二种观点略同却有异的新观点，可称作第三种观点。林乐昌认同"太虚本体"说，认为气不是张载哲学的宇宙本体概念，故其哲学不可以气学而应以理学来定位，但他提出了不同于新儒家的两点分析思路：（1）张载的"理学纲领"体现为"《太和》四句"，即："由太虚，有天之名；由气化，有道之名；合虚与气，有性之名；合性与知觉，有心之名。"②（《正蒙·太和篇》，以下凡引此书，只注篇名）认为这四句话构成了张载思想的"整全的框架结构形式"，而不同于牟宗三以《正蒙》首句"太和之谓道"为张载思想"总纲领"的观点。（2）张载的太虚概念涵指"天"，两者属异名同指的概念，由于在中国传统哲学的概念序列中，"天"高于"道"，故张载思想在本质上可称为"天学"这一特殊理论形态。③ 本文基本认同林乐昌的观点，认为"气"不是张载哲学的最高本体，故其思想虽有丰富的气学论述，但其理论形态不能定位为气学，而应归属于广义理学意义上的理学形态。然而本文不认同太虚本体论，因为太虚难以成为张载哲学的本体概念，同时也不认同"天"高于"道"而"道"属于次要概念的说法，故无必要以"天学"来定位张载思想；认为在张岱年指出的"道"是太虚和气的"统一体"④ 这一观点的基础上，根据张载有关"性与天道"的思想论述，可认定其理论的核心关怀在于"性与天道合一"的问题，而其理论结构则表现为"神、道、性三句"（详见后述），故其思想特质可这样定位：张载哲学是以太虚与气为逻辑起点、

---

① 牟宗三：《心体与性体》，上海古籍出版社1999年版，第364页。
② 张载：《张载集》，中华书局1978年版，第9页。
③ 参见林乐昌《论张载理学对道家思想资源的借鉴与融通——以天道论为中心》，载《哲学研究》2013年第2期；《论〈中庸〉对张载理学建构的特别影响》，载《哲学与文化》2018年第9期；《论张载的理学纲领与气论定位》，《孔学堂》2020年第1期。
④ 张岱年：《中国哲学大纲》，中国社会科学出版社1982年版，第60页。

以性与天道为终极关怀的道学思想。

一　太和、太虚：气学论

朱子对《正蒙》的一句评论，值得关注：

> 《正蒙》说道体处，如"太和""太虚""虚空"云者，止是说气。①

"太和""太虚""虚空"三语即对应张载的三句命题："太和之谓道""太虚即气""虚空即气"（《太和篇》）。朱子认为这三个概念讲的是"道体"问题，然经查《正蒙》一书却未发现"道体"一词，仅在《张载集》的《横渠易说·系辞上》中出现过一次，尽管张载对"天道"或"道"这类概念的论述在其文本中可谓俯拾皆是。

的确，从当今哲学诠释学的角度看，哲学文本与文本解释者之间存在某种微妙的关系。一方面，哲学文本中必蕴含文本作者已表达或所欲表达却有可能并未明确表达的种种思想含义；另一方面，文本一旦成形便不得不向所有的诠释者开放诠释的空间，给予他人以一定的可诠释性，至于诠释的对错则将取决于诠释者的理论标准（劳思光语）以及诠释者的哲学理性的具体运用等复杂因素。②

朱子诠释《正蒙》，最关注《正蒙》开篇第一句"太和之谓道"中的"道"，使他联想到"道体"问题。那么，何谓"太和"呢？按一般的理解，太和意为"至和"，即最高的和谐状态，这是没有问题的。朱子后学熊刚大在《性理群书句解》中指出："太和，即阴阳之气也。"③ 朱子则说："此以'太和'状道体，与'发而中节'之'和'

---

① 朱熹：《朱子语类》卷99，中华书局1986年版，第2533页。
② 郑宗义：《哲学、历史与哲学史——对二十世纪中国哲学史撰写的省察》，载钟彩钧主编《中国哲学史书写的理论与实践》，台湾"中央"研究院中国文哲研究所2017年版。
③ 转引自林乐昌《正蒙合校集释》，中华书局2012年版，第6页。

无异。"① 这是以《中庸》"(喜怒哀乐)发而皆中节谓之和"来进行比附,恐怕失当。王夫之指出《太和篇》"明道之所自出,物之所自生,性之所自受""盖即《太极图说》之旨而发其所函之蕴",并指出:"道者,天地人物之通理,即所谓太极也"。② 揭示了太极观念才是《太和篇》的宗旨,尽管带有些朱子学"太极即理"的理学色彩。

不过,王夫之在用太极诠释太虚之际,更强调作为"无有不极乃谓太极"③的终极实有之太极本身已内含阴阳两气,现实存在的差异性就统一于太极之中,他说:"絪缊太和,合于一气,而阴阳之体具于中矣……自太和一气而推之,阴阳之化自此而分……原本于太极之一。"④ 前面的"阴阳之体"当是指后面的"太极之一"。显然,王夫之是用理学立场来阐释张载气学,认为太极才是气化絪缊的终极原因,而太和只是气的至和状态,太虚也只是气的本来状态。

要之,太和是对阴阳之气达到"至和"这一理想状态的一种描述,张载称此状态为"道",涵指阴阳两气在气化过程中有一种紊而不乱之"道"。牟宗三认为,"太和之谓道"的道有三层意涵:创生义、行程义、秩序义;指出:"'太和'是总宇宙全体而言之至和,是一极至之创生原理……太和而能创生宇宙之秩序即曰道"⑤。这里的"三义说"基本可从,然太和不能是"创生原理",它只是创生原理之状态或结果,否则太和便成了道体本身。

关于"太虚无形,气之本体"的命题,历史上的解释众说纷纭,主要有两种见解:太虚本体论和气本体论。众所周知,"太虚"本非儒家概念而出自道家,如《庄子》《黄帝内经》等。在语义学上,太虚是指广漠的空间;从宇宙论上讲,指实然的"苍苍之天",又指宇宙最初的始源,其中无任何气化迹象,也没有任何存在物,故谓"无

---

① 朱熹:《朱子语类》卷九十九,中华书局1986年版,第2533页。
② 王夫之:《张子正蒙注》,《船山全书》第12册,岳麓书社1996年版,第15页。
③ 王夫之:《思问录内篇》,《船山全书》第12册,岳麓书社1996年版,第402页。
④ 王夫之:《张子正蒙注》,《船山全书》第12册,岳麓书社1996年版,第46—47页。
⑤ 牟宗三:《心体与性体》,上海古籍出版社1999年版,第377页。

形"。但太虚无形何以是"气之本体"？其实，"本体"一词，在中国哲学语境中，既指具体物的本来状态、实际存在，有时又指实际存在之背后的终极原因、根本实在，如道体、性体。

林乐昌认为"太虚无形，气之本体"的意思无非是说："太虚是气之本体"[1]。他近来有更明确的阐释："太虚是无形的最高存在，是作为实体存在的气的本体……太虚则是生成宇宙万物的终极根源。"[2] 此即太虚本体说。关于"本体"，他以熊十力和张岱年的说法为据："本体是绝对的"[3]；本体是"宇宙中之最究竟者"，是"永存常在"[4]的。然太虚何以是最高本体，仍有待探讨。

二 太虚不足以为"形而上者"

《太和篇》的"虚空即气"和"太虚即气"这两句命题对于理解张载气论至关重要，也与上述"太虚无形，气之本体"命题密切相关。在张载，"虚空"往往可以笼统地代指"太虚"，故我们主要讨论"太虚即气"命题。其曰：

> 气之聚散于太虚，犹冰凝释于水，知太虚即气，则无无。故圣人语"性与天道"之极，尽于参伍之神变易而已。诸子浅妄，有有无之分，非穷理之学也。（《太和篇》）

"气之聚散于太虚"即张载力主的"气不能不聚而为万物，万物不能不散而为太虚"（同上）的固有观点；"犹冰凝释于水"的冰水之喻，是说不论冰的凝释状态如何变化，其本质仍是水一样，同理，气不论如何聚散变化，其来源与归宿必是太虚，故太虚是气的本来状

---

[1] 林乐昌：《正蒙合校集释》，中华书局2012年版，第22页。
[2] 林乐昌：《论张载的理学纲领与气论定位》，《孔学堂》2020年第1期。
[3] 熊十力：《新唯识论》，中华书局1985年版，第313页。
[4] 张岱年：《中国哲学大纲》，中国社会科学出版社1982年版，第6—7页。

态。了解了这层意思，就不会将气之聚散变化误解成"有生于无"的道家观点；进言之，孔子的"性与天道"讲到最后无非就是穷尽阴阳气化的"变易"过程而已；而主张"有无之分"并将"无"视作"有"的本源，这与儒家的"穷理之学"不可同日而语。从张载论证"太虚即气"命题的层层推进可以看出，其旨在于反对"以无为本"的道家学说，从而坚定"性与天道"的儒家立场。

关于"太虚即气"，牟宗三基于太虚神体的立场，认为"即"字非等同义，是太虚神体之"神"与"气"之间的"相融相即"义。① 李存山反对此说，他认为"太虚即气"是指气"通一无二"，统一于太虚之中，两者并不构成"相即不离"的关系。② 显然，两者的歧义源自太虚本体论与气本体论的立场。以太虚为本体，太虚即气便构成本体与气的"相即不离"，类似于朱子理气论的"理气不离"；若以气为本体，而太虚不能独立于气之外的实在，故太虚即气便意味着气本体就在自身的"本然象态"——太虚之中构成"统一体"。

王夫之则用"虚涵气，气充虚"③六字来解释虚气之间的"即"字，可谓善解。这一解释是建立在"太极虽虚而理气充凝，亦无内外虚实之异"④的基础上的。依此，虚气为互相蕴含的结构关系，被太极所含摄。然而，倘若"虚涵气"得以成立，那么，作为实际存在的"气"为何不能脱离"虚"而获得独立存在的意义？所以问题的关键仍在于如何理解"太虚"。好在《张子语录·语录中》集中收录了十多条张载的"太虚"论，以下撮其要者列举几条：

1. 诚则实也，太虚者天之实也。万物取足于太虚，人亦出于太虚，太虚者心之实也。

---

① 参见牟宗三《心体与性体》，上海古籍出版社1999年版，第403页。
② 参见李存山《"先识造化"——张载的气本论哲学》，载《中国哲学史》2009年第2期。
③ 王夫之：《张子正蒙注》，《船山全书》第12册，岳麓书社1996年版，第30页。
④ 王夫之：《思问录外篇》，《船山全书》第12册，岳麓书社1996年版，第430页。

2. 太虚者自然之道。

3. 与天同原谓之虚,须事实故谓之实。

4. 天地之道无非以至虚为实,人须于虚中求出实。圣人虚之至,故择善自精……金铁有时而腐,山岳有时而摧,凡有形之物即易坏,惟太虚无动摇,故为至实。

5. 言虚者未论阴阳之道。

6. 气之苍苍,目之所止也;日月星辰,像之著也;当以心求天之虚。大人不失其赤子之心,赤子之心今不可知也,以其虚也。

7. 天地以虚为德,至善者虚也;虚者天地之祖,天地从虚中来。①

上述七条所述的角度略有不同,但其大意却是一致的,大致有这样几个核心观点:第一,虚与实字相对,而实者诚也,万物源自太虚;第二,太虚作为自然之"道",意为至虚可形容描述天道,天道之实即至虚,故谓"与天同原谓之虚";第三,"天地之道无非以至虚为实",这是张载太虚论的究极之论,天道为实,故为至虚,意为天道超越于任何具体物之状态便是"至虚";第四,"气之苍苍""日月星辰"不过是"目之所止""像之所著"的现象而已,在其背后所存在的"天之虚",即太虚,才是一切事物的本真状态;第五,"天地以虚为德"四句,最容易引起"太虚本体"的联想,依其字面意,天地之德、至善、天地之祖乃至天地本身,都根源于"虚",然这里的四处"虚"字均用以描述德、善、天地的本原处,而本原一词盖指宇宙始源义而不同于宇宙本体义,所以说"与天同原谓之虚",而此"虚"字并不涵指存有实体。

可见,张载在宇宙论上通过对有无之分的道家观点的批判,对道家的"太虚"说作了根本的改变。在他的理解中,太虚是对天道的形容描述,具有"上天之载,无声无臭"的存在特征,唯其如是,天才

---

① 以上均见《张载集》,中华书局1978年版,第324—326页。

足以成其为永恒的天道，而根本不同于"有时而腐"的金铁、"有时而摧"的山岳等"有形之物"，正因为是"无形""无相"的，方才是"太虚"的本色。不过，朱子对此有敏锐的洞察，他对张载太虚说提出了根本质疑，主要有两点：一是质疑其所言天道是就气而言，二是质疑其所言太虚混淆了形上形下。他指出：

> 问："横渠'太虚'之说，本是说无极，却只说得'无字'。"曰："无极是该贯虚实清浊而言。'无极'字落在中间，'太虚'字落在一边了，便是难说……明道说：'气外无神，神外无气。谓清者为神，则浊者非神乎？'后来亦有人与横渠说。横渠却云：'清者可以该浊，虚者可以该实。'却不知'形而上者'还他是理，'形而下者'还他是器。既说是虚，便是与实对了；既说是清，便是与浊对了。"①
>
> 这虚也只是无欲，渠便将这个唤做道体。然虚对实而言，却不似形而上者。②

朱子认为张载说太虚，看似与无极或太极的概念相类，欲将"虚"认作"道体"，然而究其实，虚与实对、清与浊对，如此，则"虚"只是一个相对的概念，既然是相对的，便非绝对的，也就不能是"形而上者"。关于虚实清浊问题，朱子提到程颢曾提出批评，根据"气外无神，神外无气"的原则，就不能单说清而将浊排除在外，对此，张载的回应是"清者可以该浊，虚者可以该实"，意为清与虚是包含浊与实在内的。但在朱子看来，这个说法不成立，因为虚实清浊既然是相对概念，那么清虚不能成为独立的本体，若将虚"唤做道体"或指虚为"形而上者"都是不能认同的。

应承认，站在今天的角度看，朱子也只是张载的诠释者，他基于

---

① 朱熹：《朱子语类》卷99，中华书局1986年版，第2533页。
② 朱熹：《朱子语类》卷99，中华书局1986年版，第2538页。

自身的理气论立场，对张载抬高太虚的论点进行批判，未必都符合张载本意；但是，任何诠释必须建立在一个理论标准的基础上，从形而上者必须是绝对的独立本体这一立场看，朱子反对太虚道体说的上述批评是有充分理据的，即便承认张载的以清该浊、以虚该实的说法成立，但清虚毕竟是相对成词的概念，是对道体存在样态的形容描述，故其本身不能成为独立的形上存在。

三 "形而上"的天道本体论

不过，我们可以为张载略作辩护。尽管程朱经常批评张载欲就气论道而最终却导致形上形下不分的错谬，其实，张载对形而上下问题是有理论自觉的，他也知道"形而上者是无形体者，故形而上者谓之道也；形而下者是有形体者，故形而下者谓之器"（《横渠易说》）的道理，而且他对何谓"形而上者"也提出了独到见解。他说：

> 凡不形以上者，皆谓之道，惟是有无相接与形不形处知之为难。须知气从此首，盖为气能一有无，无则气自然生，气之生即是道是易。（《横渠易说》）

张载在这里阐明了他对"形而上"问题的基本理解。其中，"不形以上"的特殊表述值得关注，若将此转换成正常的说法也就是"形而上"，而"不形以上"既然都可"谓之道"，那么就等于说"形而上者谓之道"。但张载特意强调"不形以上"的说法，显然是为对应下面一句"有无相接""形不形处"，强调"不形以上"的核心词在于"形"。

在我们看来，张载欲强调的是在具体的"气"还未形成之前，"天道"就已存在；及至"气"既已形成而产生气化运动，那么，这一运动过程本身就展现为"道"，也展现为"易"，突出了"道"的过程义。故他又有"语其推行故曰道"(《乾称篇》)之说,并提出"易即天道"(《横渠易说》)的命题。至于张载"《太和》四句"的前两句"由太虚,有天之名;由气化,有道之名",尽管被朱子认定这是在解释《中庸》"天命之谓性""率性之谓道"①,但其实也可与上述"气之生即是道"合以观之,从而获得善解。只是"气之生"不免有气化论色彩,故不如"易即天道"命题更为明确清楚地表明了张载哲学的本体论立场。

然需追问的是,"不形以上"何以断定"皆谓之道"?为回应这一问题,我们可从《正蒙》第三篇《天道篇》看到一些关键表述。如张载强调"天道四时行,百物生"(《天道篇》)的观点,这是承接孔子"天何言哉"而来,但张载显然不是出于自然主义实体论立场,在他看来,天道固有"四时行,百物生"这一看似非常"自然"的面相,然此自然绝非实体词而是描述词,如同道学家一般都会认同"天理自然"说一样,②表明天理存在是"自然"的而非人为用智的运作结果。在这层意义上,中国哲学用语"自然"又往往内含"必然"之意,一种存在的理想状态应当"自然如是",同时意味着这种状态是"必然如此"的。③

同理,当张载在赞叹"天何言哉"之际,其意在于强调"天道"自然而不是人心参与的结果。故张载又有"天不言而信""天之不测谓神,神而有常谓天"以及"运于无形之谓道,形而下者不足以言之"(《天道篇》)等观点。原来,"天不言"是因为天就如同"形而上者"的"道"一般,它是"无形"的存在,所以"形而下者"不足以言之。这就是张载为何从"天何言哉"的角度来谈天道观的缘由。同时,他对《易传·系辞上传》"鼓万物而不与圣人同忧"提出了新解,认为这句话正是指"天道"(同上);他又说:"'鼓万物而

---

① 朱熹:《朱子语类》卷60,中华书局1986年版,第1431页。
② 参见程颢、程颐《二程集》,中华书局1981年版,第30、149、1228页。
③ 参见杨立华《所以与必然——朱子天理观的再思考》,《深圳社会科学》2019年第1期。

不与圣人同忧'，天道也。圣不可知也，无心之妙非有心所及也"（《横渠易说》）。这是说，万物形成是气化的自然过程，这一过程本身就是天道，与圣人意志是无关的。归结而言，张载从"天不言""天不测""天无形"等角度肯定了"天道"具有独立于人道的超越品格，形成了张载哲学的天道观。

关于"形而上者"，张载又从"得意""得名""得象"的角度指出："形而上者，得意斯得名，得名斯得象；不得名，非得象者也。故语道至于不能象，则名言亡矣。"（《天道篇》）这句话有几层递进的推论过程，所谓"得意斯得名"，意在强调："形而上者"如天道一般，是"不可言"的；欲得其"名义"，就需要借助于名象，由此得其"意"又得其"象"；而"象"才是实际存在，"象"之上的天、道等则是"不可言"的形上存在，但"道"必由"象"而显；最终表明"形而上者"的"道"其实就是至虚而不可言的天道本体。总之，尽管太虚可描述天道至虚，却不能由此推出太虚本体论。最近，丁为祥撰文指出张载哲学的立场属"天道本体"论，但又认为"'太虚'就是张载确立的天道本体"[①]，这一立论与笔者有所不同，毋宁接近于牟宗三的"太虚本体"论。

四 "性即天道"的道学纲领

侯外庐曾指出："'性与天道'是理学讨论的中心内容。"[②] 的确，在宋代道学思潮中，"性与天道"问题既涉及宇宙论又涉及人性论，成为各家所关注的首要理论问题，张载对此问题的理论关注显得尤为突出。

众所周知，子贡有一句话："夫子之言性与天道，不可得而闻也"

---

① 参见丁为祥《张载对"形而上"的辨析及其天道本体的确立》，载《哲学研究》2020 年第 8 期。
② 侯外庐等主编《宋明理学史》上卷，人民出版社 1984 年版，第 1 页。

（《论语·公冶长》），成为儒学史上的"一大公案"。传统观点认为孔子很少表示有关性与天道这类抽象问题的看法，如朱子就说："至于性与天道，则夫子罕言之，而学者有不得闻者"，同时又表示："子贡至是始得闻之，而叹其美也"①。一方面认为孔子"罕言"，同时又认为"罕言"不等于从未说过，至少子贡是得而闻之的。张载的看法则不同于朱子，他说：

> 子贡谓"夫子所言性与天道，不可得而闻"，既云夫子之言，则是居常语之矣。圣门学者以仁为己任，不以苟知为得，必以了悟为闻，因有是说。明贤思之。（《张子语录》）

张载将"言"和"闻"作了分别解释，认为既然说"夫子之言"，那就意味着这是孔子"居常语之"的，至于"闻"则是"圣门学者"的事情。那么，何谓"闻"？张载强调"必以了悟为闻"，子贡等未能达此境界，故有"不可得而闻"之叹。显然，这个解释反映出张载对"性与天道"问题的独到理解。他又说：

> 耳不可以闻道。"夫子之言性与天道"，子贡以为不闻，是耳之闻未可以为闻也。（《经学理窟》）
>
> 子贡曾闻夫子言性与天道，但子贡自不晓，故曰"不可得而闻也"。若夫子之文章则子贡自晓。圣人语动皆示人以道，但人不求耳。（《张子语录》）

这是说，子贡对于孔子所言的"性与天道"始终不能明白，故说"不可得而闻"，原因在于子贡采用的是"耳之闻"的方式，而"性与天道"跟"文章"有所不同，是不可以用耳闻的方式来获得的，因为"耳不可以闻道"；孔子是通过指点的方式来揭示"道"，孔门

---

① 朱熹：《四书章句集注》，中华书局1983年版，第79页。

弟子却大多对此未能有真正的领会。依张载，以道为对象，必须以"了悟"或"心悟"（《经学理窟》）的方式才能接近它。因为"以有限之心，止可求有限之事"（同上，第272页），而性与天道等"道德性命是长在不死之物也"，故"己身则死，此则常在"（同上，第273页），强调了性与天道的绝对性、永恒性。"心悟"之说则涉及张载主张的"大其心"而终至"合天心""虚心然后能尽心"的认识论等问题，此且不论。①

从文献记述的角度看，与张载言"太虚"十余次集中在《正蒙·太和篇》相比，其言"性与天道"也有十余次之多，论及"性与天道"问题的则数不胜数，然大多散在《张载集》各篇文献当中。尤可注意者，是《正蒙·乾称篇》，其首段即著名的《西铭》，接下来的三章就谈到"性"的问题，张载指出："气之性本虚而神"，"至诚，天性也"，"有无虚实通为一物者，性也……饮食男女皆性也，是乌可灭？然则有无皆性也，是岂无对？"（《乾称篇》）对"性"的问题提出了基本看法。张载进而指出，有无虚实通而为一的"性"，其实又指天道，因为天道必内含"有无一，内外合"，换言之，道为一体，而有无虚实之性表现为二层，构成了"一体二层"的结构关系，关于这一结构关系可表述为："以万物本一，故一能合异"，"二端故有感，本一故能合"，基于此，张载最终推出的结论是"性即天道也"（《乾称篇》）。换言之，又可表述为"天道即性"（《横渠易说》）。其中的"性"主要是指宇宙论意义上的"天性"，涵盖"有无虚实通为一物"的所有存在。在这个意义上，"性即天道"是宇宙论命题而非人性论命题。例如他还有不少类似的说法：

万物形色，神之糟粕，性与天道云者，易而已矣。（《太和篇》）

阴阳合一存乎道，性与天道合一存乎诚。（《诚明篇》）

---

① 参见《正蒙·大心篇》；林乐昌：《张载心学论纲》，《哲学研究》2020年第6期。

> 天所性者通极于道，气之昏明不足以蔽之。（《诚明篇》）

天之性者通向极点便与道相合，性与天道的合一趋势是必然的，"气之昏明"也无法对此构成阻碍。因此，"阴阳合一存乎道"，与此同时，"性与天道"必然通向"合一"。此"性与天道合一"论正可与上述"性即天道"或"天道即性"合观，构成了张载道学的理论纲领。

在张载看来，"合一"得以可能，依据在于："感者性之神，性者感之体（在天在人，其究一也）。为屈伸、动静、终始之能一也"；并由此推出"故所以妙万物而谓之神，通万物而谓之道，体万物而谓之性"（《乾称篇》）三句结论（以下简称"神、道、性三句"）。关于妙、通、体，这里稍作疏解。"妙"为妙应，"通"为贯通，"体"为"体物而不遗"之意。这个"体"字的用法较为特殊，源自《中庸》"鬼神"章"体物而不可遗"，指（鬼神之德）遍在于万物而通过万物以展现自身。张载也喜用这类表述，如："天体物不遗，犹仁体事无不在也……无一物非仁也……无一物之不体也。"（《天道篇》）意为天与仁遍在于万事万物中，又借由万事万物体现自身的超越品格。朱子对张载这一表述很欣赏，并对"体物""体仁"有深入分析，肯定了张载的说法与《中庸》"体物而不可遗"的表述方式是一致的。①

关于"神、道、性三句"的内涵，首先须确定三句的主语均指向太虚，三句分别指太虚在时空中的作用与呈现："妙万物而谓之神"，表现为太虚在时空中妙应于万物而又不可测的感通形式；"通万物而谓之道"，表现为太虚在时空中贯通万物而呈现出天道之存在；"体万物而谓之性"，表现为太虚在时空中以万物为载体而呈现出所有物的本性。②归结而言，张载强调由太虚妙应之"神"的作用机制，使性

---

① 参见朱熹《朱子语类》卷98，中华书局1986年版，第2510页。
② 张岱年洞察到太虚不仅有空间化之意，又包含时间化的含义，它必在现实中展现自身，所以才有晋代孙绰的诗句"运自然之妙有"（《中国哲学大纲》，中国社会科学出版社1982年版，第49页），此为灼见。其实，张载所言"妙万物而谓之神"，正是此意。

与天道作为实体而遍在于万物，又以万物为载体而展现自身的存在和价值，揭示了"神、道、性三句"落实在万物并与万物构成有机的联系，从而展现出宇宙人文世界的存在具有整体性关联之本质。可以说，"神、道、性三句"构成了张载道学理论的结构形式，深刻阐明了以"性与天道合一"为旨趣的道学思想。

五 结语

根据程朱的判定，张载往往以形而下说形而上，导致思想上的混乱。同样，太虚在实质上乃是内含虚实、清浊等相对成词的概念，其本身不足以成为"与物无对"的绝对本体。对于来自程朱理学的这些批评，以往学者特别是持太虚本体论或气本体论者大多不以为然，认为其中不乏程朱理学对气学的某种偏见。不过，在笔者看来，更为主要的问题在于：这些批评可能忽略了张载的"易即天道""性即天道"以及"道德性命是长在"等天道本体论述及其理论意义，而这些论述突出了天道本体的过程义以及天道存在的永恒性。

然而，理学对气学的批评必涉及应如何衡断"气学"和"理学"的理论标准的有效性，与此相关，也将涉及如何评估"气学"的思想内涵及其理论意义等问题。近年来，在中国台湾学界，围绕"先天型气学"和"后天型气学"的理论问题，引发了一场有意义的学术争论。① 通过本文的上述研究，扣紧张载哲学而言，以气本体为立论基础的所谓"先天型气学"（杨儒宾语）确难以成立。至于所谓先天气学在宋明理学史上是否具有独立的理论意义，也有待考察。王夫之指出所谓"先天""后天"之气的设定无非是"区区养生琐论尔"，目的在于"后天气接先天气"，故"胡文定曰：'伏羲氏，后天

---

① 参见林月惠《"异议"的再议——近世东亚的"理学"与"气学"》，载《东吴哲学学报》2016年第34期；杨儒宾：《异议的意义——近世东亚的反理学思潮》，台湾大学出版中心2012年版。

者也。'一语可以破千秋之妄矣!"① 这是值得重视的论断。至少在王夫之看来,先天之气的预设并不具有理论效力。

凭实而论,针对黄宗羲等人借助两部《学案》而建立的理学与心学的两分法以对广义宋明理学作类型区分,从而提出"气学"术语以作纠正,正如林月惠所言,其实最早出现于日本学界,特别是以山井涌为代表的一批日本学者。② 在笔者看来,从广义宋明理学的视域以观,"气"这一素称具有中国地方性色彩的哲学概念至少在近世东亚已被赋予某种跨文化的理论意涵,也的确在气学、理学、心学三分天下的宋明理学格局中具有丰富的观念魅力,理学家或心学家对气的问题也都表现出不同程度的理论关切。③

总之,讲张载,我们不得不承认其思想在宋代道学思潮中起到了某种建构"道学话语"(陈来语)的推动作用。尽管《正蒙》的某些观点表述有欠圆融,但从张载哲学的整体格局看,其在宇宙论、天道论等方面的理论建树,特别是他建构的以"神、道、性三句"为结构形式、以"性与天道合一"为理论旨趣的道学思想,对于型塑宋代道学理论同样有不可忽视的历史地位和理论意义。

(原载《哲学研究》2020 年第 12 期)

---

① 王夫之:《思问录外篇》,《船山全书》第 12 册,岳麓书社 1996 年版,第 436 页。
② 参见山井涌《明清时代における気の哲学》,《哲学杂志》1951 年第 66 辑。
③ 吴震,《心学与气学的思想异动》,《复旦学报》2020 年第 1 期。

张载心学论纲[*]

林乐昌[**]

摘　要：张载建构了一套涵盖天论、道论、性论、心论等多方面内容的哲学体系，其中包含丰富的心学思想。但应当指出，张载的心学有其独特性，与后来陆象山、王阳明以"心"为本体的心学是有所不同的。时下张载心学研究论域存在以下不足：对"心"—"物"关系这一张载心学的基本问题缺乏自觉，对张载"心"—"物"关系形态只知其一不知其二，对其"心"—"物"关系的理论基础也有所忽略。有鉴于此，有必要以张载的三个心性论命题作为观照的视域，以张载心学的基本问题作为探究的主线，从三个方面为张载心学建构纲要并加以阐释：一、心性论的三个命题；二、"心"—"物"关系的形态划分；三、"心"—"物"关系的理论基础。最后，还将对张载心学的哲学特性、历史影响和现代意义略作总结。

关键词：张载　心学　心性论命题　"心"—"物"关系

张载（1020—1077，字子厚，学者称横渠先生）建构了一套涵盖天论、道论、性论、心论等多方面内容的哲学体系，其中包含丰富的

---

[*] 本文系国家社科基金重大项目"宋明清关学思想通论（七卷本）"（编号19ZDA029）的阶段性成果。

[**] 林乐昌，陕西师范大学哲学学院教授，博士生导师。

心学思想①。但应当指出，张载的心学有其独特性，与后来陆象山、王阳明以"心"为本体的心学是有所不同的。时下张载心学研究论域存在以下不足：对"心"—"物"关系这一张载心学的基本问题缺乏自觉，对张载"心"—"物"关系形态只知其一不知其二，对其"心"—"物"关系的理论基础也有所忽略。有鉴于此，本文将以张载的三个心性论命题作为观照的视域，以张载心学的基本问题作为探究的主线，从以下三方面为张载心学建构纲要，并加以阐释：一、心性论的三个命题；二、"心"—"物"关系的形态划分；三、"心"—"物"关系的理论基础。最后，还将对张载心学的哲学特性、历史影响和现代意义略作总结。

一　心性论的三个命题

张载心性论有三个重要命题：（1）"心统性情"；（2）"合性与知觉有心之名"；（3）"心小性大"。其中，前两个命题是张岱年先生认定的，第三个命题则是我补入的②。张载心学，是在对"心"这一概念做出独特界定的基础上，既论及"心"—"物"关系的不同形态及其理论基础，又包括多层次的知识论内容，并兼及"心""性"关系的学说；张载心性论，则是基于"心""性"关系，重点阐发"心""性"各自的意涵、地位和作用的理论。张载心学与心性论之间的相关性表明，这三个心性论命题能够为探索其心学思想提供观照的视域。

---

①　钱穆先生曾撰写《朱子心学略》一文，提出："不通朱子之心学，则无以明朱学之大全。"（钱穆：《朱子心学略》，《中国学术思想史论丛》卷5，安徽教育出版社2004年版，第129页）他所谓"朱子之心学"，不是把"心学"作为学派的名称，而是认为在朱学之大全中包含有心学思想。本文也是在此意义上使用"张载心学"的。

②　张岱年先生说："到宋代，张载提出关于心的两个命题。"（《中国古典哲学概念范畴要论》，中国社会科学出版社1987年版，第192页）张载关于"心"的这两个命题，指"心统性情"与"合性与知觉有心之名"。这两个命题言"心"都兼及"性"，因而也可以视为关于心性的两个命题。

命题一："心统性情"。

这是张载较早提出的心性论命题。笔者曾撰专文，对"心统性情"说的基本意涵和历史定位这两方面做了比较充分的分析论证。这里，仅撮述其要点。第一，张载的"心统性情"说，是他早期对为学工夫形态的思考尚不成熟的产物。朱熹把"心统性情"中的"统"字解释为"主"，亦即"主宰"①。"心统性情"，包括"心统性"与"心统情"两方面。张载后来可能意识到，由于"心统情"的一面与"变化气质"的意涵相通，故说"心统情"是可以成立的；由于"性"乃"万物之一源"②，"心"不可能"主宰"万物生成根源之"性"，故"心统性"的一面则无法成立。因此，"心统性情"并未成为张载终生坚持不变的学说。第二，在张载思想发展至晚年成熟期之后，"心统性情"中的"心统性"的一面，被"心能尽性"③的说法所取代；而"心统性情"，则在整体上被"变化气质""知礼成性"等工夫形态所取代。第三，"心统性情"这个被张载弃置不用的命题，后来被朱熹承接过去，通过新的诠释使之得以复活（详见林乐昌《张载"心统性情"说的基本意涵和历史定位——在张载工夫论演变背景下的考察》）。

命题二："合性与知觉有心之名"。

在《正蒙·太和篇》中，张载提出了著名的四句话："由太虚，有天之名；由气化，有道之名；合虚与气，有性之名；合性与知觉，有心之名。"④ 这可以简称作"《太和》四句"。多年前，笔者提出

---

① 林乐昌：《张载"心统性情"说的基本意涵和历史定位——在张载工夫论演变背景下的考察》，《哲学研究》2003年第12期。
② 《张载集》，中华书局1978年版，第21页。
③ 《张载集》，中华书局1978年版，第22页。
④ 《张载集》，中华书局1978年版，第9页。

张载研究

"《太和》四句"是张载的"理学纲领"这一观点①，但那时尚缺乏支持这一提法的文献依据。随着张载理学新文献的辑校整理，使问题得到了解决。中华书局版《张载集》外佚著《礼记说》辑本②，是张载理学新文献之一。依照张载佚著《礼记说·中庸第三十一》发现，"《太和》四句"原来是对《中庸》首章前三句"天命之谓性，率性之谓道，修道之谓教"的解说③。朱熹曾指出，《中庸》首章前三句是全书的"大纲"④。与"大纲"语义相同，朱熹也常用"纲领"这个术语。张载佚著《礼记说》解说《中庸》纲领的篇章，为研究者提供了具有关键意义的文献，还原了"《太和》四句"的语境，从而使"《太和》四句"作为张载理学纲领的性质和地位得到确证。⑤

张载理学纲领的四个核心概念其自上而下的排序是："天""道""性""心"。作为张载理学纲领经典依据的《中庸》纲领，并未涉及"心"；而张载却在其理学纲领的概念序列中特意补入"心"，并这样界定："合性与知觉，有心之名。"张载对"心"的界定，具有重要的创新意义。这里的"合"字，意为整合；"知觉"，指人的意识活动及其能力。他论"心"与当时仅以"知觉"为"心"的流行见解不同，其独特之处是强调必须把"知觉"与"性"整合在一起才构成"心"。张载的这一界定，是要为人确立真正的"心"。张载如此言"心"，遭到了朱熹、牟宗三等古今学者的诟病。朱熹指出："横渠之言大率有未莹处。有心则自有知觉，又何'合性与知觉'之有！"⑥牟宗三指出，此语"不的当。'合性与知觉'好像是说性体中

---

① 参见林乐昌《张载两层结构的宇宙论哲学探微》，《中国哲学史》2008年第4期；《论〈中庸〉对张载理学建构的特别影响》，《哲学与文化》2018年9月号。
② 参见林乐昌辑校《张子全书》卷14，西北大学出版社2015年版，第309—405页。
③ 林乐昌辑校《张子全书》卷14，西北大学出版社2015年版，第384页。
④ 参见朱熹《朱子语类》卷62，中华书局1986年版，第1480页。
⑤ 参见林乐昌《论〈中庸〉对张载理学建构的特别影响》，《哲学与文化》2018年9月号。
⑥ 朱熹：《朱子语类》卷60，中华书局1986年版，第1432页。

本无知觉，性是性，加上知觉才有'心之名'"①。朱熹认为"心"自有"知觉"，牟宗三则认为"性"自有"知觉"。研究一位哲学家的思想命题，应当看他对命题中的概念是如何界定的，进而把握概念的实质，并辨识概念之间的关系能否自洽。研究者不应当撇开哲学家对概念的界定，任由己说。朱熹未理解张载言"心"为何把"性"与"知觉"整合在一起的深意，牟宗三则仅基于自己认为"性"本来就具有"知觉"来解读张载这一命题。他们二人的解读方法不可取，对张载的批评也不中肯。

张载论"性"，有客观的和主观的两种角度。就包括人在内的宇宙万物发生和存在的根源而言，"性"生成万物并赋予万物以本性。这是客观层面的规定，这一角度下的"性"是宇宙生成论的概念，并不具有"知觉"能力。张载论"心"定义中的"性"，由于与"知觉"相关，因而是专就人而言的，包括"天地之性"与"气质之性"。这两重人性，都已含有主观层面的意蕴，并能够分别对人的"知觉"发挥不同的作用。对于"气质之性"，张载认为"君子有弗性者焉"②。这是因为，"气质之性"的缺陷使其对"知觉"所发挥的作用往往是消极的或是负面的。王夫之指出："不尊德性，徇见闻而已。"③ 是说"知觉"若不以德性为根据，则必将流于"见闻"。在"气质之性"被否定（"弗性"）之后，能够为"知觉"提供人性根据的便只能是"天地之性"。在张载那里，"天地之性"是"性之本原"，是"至善"的④，因而在"合性与知觉有心之名"这一表述中，"性"当指"至善"的德性。这样规定的意义是，人的一切认知活动都应当受德性的制约。

---

① 牟宗三：《心体与性体》第一册，台北中正书局1990年版，第529页。
② 《张载集》，中华书局1978年版，第23页。
③ 王夫之：《张子正蒙注》卷4，《船山全书》第15册，岳麓书社1992年版，第165页。
④ 林乐昌辑校：《张子全书》卷16，西北大学出版社2015年版，第445页。

命题三:"心小性大"。

此说今本《张载集》已不可见,所幸在张载佚著《孟子说》中还能看到与"心小性大"语义一致的一段话:"性,原也;心,派也。性大于心。"① 程、朱对"心小性大"多有批评,这使研究者能够从中获取一些相关信息。程颐批评说:"体会必以心。谓体会非心,于是有'心小性大'之说。圣人之心,与天为一。或者滞心于智识之间,故自见其小耳。"② 他还说:"此心即与天地无异,不可小了它,不可将心滞在知识上,故反以心为小。"③ 依据以下朱熹与学生的对话可知,程颐所说"谓体会非心"的主语和"或者",都指的是张载。以下,把程颐的批评归纳为两个方面加以分析。

第一,程颐批评张载"谓体会非心",认为这是"心小性大"说的根据。"体会非心",不见于张载著作,应当是程颐根据自己所见及理解加以转述的。上引程颐批评的第一段话,其中的"体会必以心"与"体会非心",分别是程颐与张载的观点。在程颐的观点"体会必以心"中,"必"不作常见的"必定"义,而与"毕"通,作"全""尽"义④。"体会必以心"是说,体会完全靠"心"的作用。在张载的观点"体会非心"中,"非"不作常见的"否定"义,而作"鄙薄"义⑤。"体会非心"是说,在体会中鄙薄心的作用。程颐批评张载强调"体会"必须合"性"以言"心",而没有像他那样认为"体会"完全依赖于"心"。这就贬低了"心",抬高了"性",从而导致了"心小性大"。

---

① 林乐昌辑校:《张子全书》卷16,西北大学出版社2015年版,第447页。
② 程颢、程颐:《二程集》,中华书局1981年版,第1261页。
③ 程颢、程颐:《二程集》,中华书局1981年版,第22页。
④ 《墨子间诂》卷十一《大取第四十四》:"三物必具。"孙诒让《间诂》:"必,与毕通。"(孙诒让:《墨子间诂》下册,中华书局2001年版,第406页)必,通毕,作全、尽(《汉语大字典》第四卷,四川出版集团、湖北长江出版集团2010年版,第2428页)。
⑤ 《论语·先进》:"非我也,夫二三子也。"皇侃《疏》:"非,犹鄙薄也。"(皇侃:《论语义疏》,中华书局2013年版,第273页)

第二，程颐批评张载割裂"心"与"天"的关系，认为这将导致"滞心于知识之间，故反以心为小"。程颐主张，"圣人之心"与"天"同一。程颢的观点更激进，主张天与人"更不分别"①。与此不同，在张载理学纲领的概念序列中，"天"的地位高于"心"，不能把"心"与"天"相等同。在程颐看来，张载的"心"不能上达"与天为一"，势必使"心"向下滞留在一般知识上，因而"反以心为小"。事实果真如此吗？这需要看张载对"心"的作用是如何评价的。他说："心能尽性，'人能弘道'也。"②还说："心御见闻，不弘于性。"③朱熹训解此"御"字，认为"有梏之意"④。可见，张载的本意是主张"心"必须摆脱"见闻"知识的桎梏，发挥"尽心"的潜能，把"心"提升到"德性所知"乃至"诚明所知"的高度，从而实现"天人合一"的境界，而绝不是说"心"只能停滞在一般知识上面。

围绕"心小性大"这一议题，朱熹与学生曾多次讨论。其中有一段对话：学生问："'不当以体会为非心'，是如何？"朱熹答："此句晓未得。它本是辟横渠'心小性大'之说。心性则一，岂有小大！"⑤朱熹承认自己对"不当以体会为非心"中的"体会为非心"未能理解，但他看出这是批评张载"心小性大"的。对"心小性大"，朱熹与程颐一样也持批评态度，批驳说："心、性则一，岂有小大！"其实，张载"心小性大"是就"心""性"的地位不同而言的，"性"的地位高于"心"，因而"心""性"不能不分"小大"。

张载所谓"心小性大"，其理论依据是"性，原也；心，派也"⑥。"性，原也"，是说性是宇宙万物创生的根源。这与他所谓

---

① 程颢、程颐：《二程集》，中华书局1981年版，第20页。
② 《张载集》，中华书局1978年版，第22页。
③ 《张载集》，中华书局1978年版，第23页。
④ 朱熹：《朱子语类》卷60，中华书局1986年版，第1423页。
⑤ 朱熹：《朱子语类》卷97，中华书局1986年版，第2502页。
⑥ 林乐昌辑校：《张子全书》卷16，西北大学出版社2015年版，第447页。

"性者万物之一源"①的论断是一致的。"心,派也",是说相对于宇宙创生根源的性,人与万物都是派生的,因而人心也是派生的。由于人心不能作为宇宙创生万物的根源,故其地位低于性,当然更低于天。这与二程认为心与天同一甚至等同的看法,以及朱熹认为心、性不应分"小大"的看法,都很不相同。张载理学纲领对"天""道""性""心"自上而下的排序,是这四个核心概念在其理学体系中的定位。因此,"心小性大"这一命题中的"心""性"定位,与张载理学纲领的概念序列定位是可以相互印证的。

通过以上的分析可知,"心小性大"是张载理学的一个特殊命题,只与"心""性"在其理学体系中的定位有关。虽然张载也有不少提倡"大心"、反对"小心"的论述,但都是就"心"的作用而言的,因而与"心小性大"无关。一言以蔽之,"心小性大"说的是:心性地位有小大,然其作用唯在心。程、朱把张载的"心小性大"纳入其具有普遍意义的心性小大这一问题框架,并加以批评,表明程、朱没有真正理解张载"心小性大"命题的实质。

总之,澄清张载以上三个心性论命题的真实意涵,有助于把握其心性(情)理论的早期论说与晚年修正,尤其是有助于把握其"心"之结构特征、体系定位与能动作用之间的复杂关系。

二 "心"—"物"关系的形态划分

"知必周知"②,是张载知识论的重要话语。这一话语,能够体现他对"见闻之知"、"德性所知"与"诚明所知"等多层次知识的追求,也是其心学的重要内容。包括知识论在内的张载心学,其多方面内容都涉及"心"—"物"关系。因而,有理由把这一关系视作张载心学的基本问题。这是本文探究张载心学的主线。对于张载心学,

---

① 《张载集》,中华书局1978年版,第21页。
② 《张载集》,中华书局1978年版,第21页。

有学者只强调"因物为心",将其视作"心"—"物"关系的唯一形态。这是研究张载心学的误区。其实,张载对"心"—"物"关系的论说是区分了两种不同形态的,除了"因物为心"的形态之外,还有"去物""虚心"的形态。

(一)"心"—"物"关系的"因物为心"形态

"因物为心",是张载论说"心"—"物"关系的第一种形态。他说:"人本无心,因物为心。"①"因物为心",指主体依赖外在感性事物所形成的内在感知能力。人们依赖这种能力,获得的是感性知识。因而,可以将这种"心"称作感性认知心。有些研究者强调张载知识论"因物为心"的一面,而且还据此将其知识论定性为"唯物主义的反映论"②。但是,当依据"因物为心"无法有效解释感性知识之外的"德性所知"乃至"诚明所知"的形成时,这些研究者又认为张载知识论的性质变为了"十足的唯心主义"③。完整地看"因物为心"这段话,张载是这样说的:"人本无心,因物为心,若只以闻见为心,但恐小却心。今盈天地之间者皆物也,如只据己之闻见,所接几何,安能尽天下之物?"④可见,张载对"因物为心"只是在有限范围内才认可的,认为它的本质是"只以闻见为心",因而担忧这会导致"小却心",即缩小"心"的认知活动范围。在他看来,为了达到"尽天下之物"的目的,恰恰不能满足于必然导致"小却心"的"因物为心"。

在这里,还应当联系《正蒙·大心篇》的一段话来理解张载对"心"—"物"关系的阐发。他说:"见闻之知,乃物交而知,非德性所知;德性所知,不萌于见闻。"又说:"由象识心,徇象丧心。知

---

① 《张载集》,中华书局1978年版,第333页。
② 姜国柱:《张载的哲学思想》,辽宁人民出版社1982年版,第59页。
③ 姜国柱:《张载的哲学思想》,辽宁人民出版社1982年版,第75页。
④ 《张载集》,中华书局1978年版,第333页。

象者心，存象之心，亦象而已，谓之心可乎？"① 这里所谓"象"，指现象界的一切事物；"存象之心"，指基于现象而形成的感知能力，其语义类似于"因物为心"。不难看出，张载只是在有限的范围内才认可"因物为心"和"存象之心"这种感性认知心的。其实，他真正高看的是运用"大其心"对感性认知心的超越。张载说："大其心则能体天下之物，物有未体，则心为有外。"② 能够做到"体天下之物"而"尽物"的"心"，恰恰是高于"因物"而生的感性认知心的。因此，他反对"以耳目见闻累其心而不务尽其心"③。可见，张载并未将外在感性对象"物"视作一切认知活动的前提，相反，他认为与"物"以及反映"物"的"见闻"知识相比，"大其心"所获得的不同于"见闻"知识的"德性之知"乃至"诚明所知"，才是最有价值的。正因为如此，张载特别强调："舍此见闻，别自立见，始谓之心。"④ 这表明，真正被张载所认可的"心"，是舍弃"见闻"之后被确立的"心"。同时，他还揭示了"因物为心"及其"见闻之知"的局限。张载指出，在认知过程中，只有"尽心"才是解决"尽天下之物"这一难题的途径。因而他说："今所言尽物，盖欲尽心耳。"⑤ 如何能够"尽心"？张载揭示说："当识其要，总其大体，一言而乃尽尔。"⑥ 可见，"尽心"不是指从数量上穷尽天下所有事物，这是任何人都无法企及的；"尽心"是指致力于从总体上体悟宇宙真谛与造化之道，以建构宇宙意识，并据以发现德性的根源。

总之，张载认为"因物为心"必然导致"小却心"，亦即缩小"心"的认知活动范围；而且"因物为心"的实质是"徇象丧心"，其后果是使"心"陷入物化或现象化（"亦象而已"）的困境。因

---

① 《张载集》，中华书局1978年版，第24页。
② 《张载集》，中华书局1978年版，第24页。
③ 《张载集》，中华书局1978年版，第25页。
④ 林乐昌辑校：《张子全书》卷16，西北大学出版社2015年版，第447页。
⑤ 《张载集》，中华书局1978年版，第333页。
⑥ 《张载集》，中华书局1978年版，第273页。

此，他强调必须转而仰赖"去物""虚心"的认知形态，以克服"因物为心"形态的局限。

（二）"心"—"物"关系的"去物""虚心"形态

"去物""虚心"，是张载论说"心"—"物"关系的第二种形态。在佚著《礼记说》中，他解释《大学》的"格物"含义时，孤明独发地把"格"字与"去"字组合成一个复合动词"格去"，指出："格去物，则心始虚明。"①"格去物"，可以简称为"去物"；"心"之"虚明"，可以简称为"虚心"，牟宗三称之为"虚明纯一"之心②。此外，张载还把"格物"训解为"外物"，指出："格物，外物也。外其物则心无蔽，无蔽则虚静，虚静故思虑精明而知至也。"③因此，"去物"而"虚心"，也可以称作"外物"而"静心"。无论是"去物"还是"外物"，都同样指去除外在感性对象之"物"对"心"的遮蔽，使"心"的认知能力达致"虚明"或"虚静"亦即"思虑精明"的高度。张载有关"虚心"或"心"之"虚明""虚静"的言论还有很多。例如，他说："虚心，则无外以为累。""虚心，然后能尽心。"④ 此外，张载论"虚心"之"虚"说，"虚者，止善之本也，若实则无由纳善矣"⑤。本文所谓"心"—"物"关系的"去物""虚心"形态，就是从张载的这些论说中提炼而成的。张载认为，"格物"之"物"，作为主体耳目感官的经验对象，是"见闻之知"的来源；但对于"德性所知"和"诚明所知"而言，则只有在去除一切外在对象"物"之后，"虚心"或"虚明"之"心"才开始发挥作用。张载论说"去物""虚心"形态的根本特点是，扭转了程颐"格物"外求的方向，借用孟子所谓"反身而诚"，强调"诚明所

---

① 林乐昌辑校：《张子全书》卷14，西北大学出版社2015年版，第403页。
② 牟宗三：《心体与性体》第一册，台北中正书局1990年版，第546页。
③ 林乐昌辑校：《张子全书》卷14，西北大学出版社2015年版，第403页。
④ 《张载集》，中华书局1978年版，第325页。
⑤ 《张载集》，中华书局1978年版，第307页。

知乃天德良知，非闻见小知而已"①。这种"虚心"或"虚明"之"心"，属于主体体验宇宙真谛的直觉能力，或体悟事物本质的直觉能力。这种能力，是超越于耳目见闻等感知能力之上的。通过"虚心"或"虚明"之"心"，获得超越"见闻之知"的"德性之知"乃至"诚明所知"，便是上引张载所谓"虚静故思虑精明而知至也"这一认知过程中的"知至"之所指。

张载提出："虚明一作静。照鉴，神之明也。"② 这是用镜喻表达"虚明"或"虚静"之"心"的作用及其来源。在这里，他把"虚明"之"心"的认知作用（"照鉴"），归因于"神之明"。张载还提出："成吾身者，天之神也。不知以性成身而自谓因身发智，贪天功为己力，吾不知其知也。"③ 张载的立场是，一方面，认为人之"身"是由"天"或"天之神"所赋予的，这与他认为"性"乃"万物之一源"的论断是一致的。就"性"与"天"的根源性而言，"性"是宇宙万物的直接根源，而"天"或"天之神"则是宇宙万物的终极根源；另一方面，张载反对有人自以为其认知能力源于"因身发智"，从而"贪天功为己力"的错误态度。这涉及"德性之知"乃至"诚明所知"的先验性问题。受古希腊哲学家柏拉图（Platon，前427—347）的影响，意大利美学家维柯（G. Vico，1668—1744）认为，真理不是由我们自己制造出来的，这种思想及其结果是天神赋予人类的④。这与张载的看法有类似之处⑤。对于张载及维柯等人论及的这种神秘主义的认知机制及其来源，有待今后进一步研究。

---

① 《张载集》，中华书局1978年版，第20页。
② 《张载集》，中华书局1978年版，第16页。
③ 《张载集》，中华书局1978年版，第25页。
④ ［意］维柯：《新科学》，朱光潜译，人民文学出版社1986年版，第627、646—647页。
⑤ 叶秀山指出，张载所谓"德性之知"有其"独立来源——由天而降的'天性'"（叶秀山：《哲学的希望：欧洲哲学的发展与中国哲学的机遇》，江苏人民出版社2019年版，第397页）。

虽然张载强调"德性所知"不源于"见闻"①，但他并未完全否认见闻之知的作用。张载说："耳目虽为性累，然合内外之德，知其为启之之要也。"② 这里有两点值得注意。（1）张载所谓能够发挥"启之之要"作用的"耳目"见闻，并非来自自然现象，而是来自社会文化环境。就是说，必须通过学习历史和儒家典籍所提供的道德范例才能够使"启之之要"的作用奏效。例如，他强调必须"多识前言往行以畜其德"③，必须"自幼闻见莫非义理文章"④。若不属于"闻见之善者"，则"多闻见适足以长小人之气"⑤。可见，张载对"耳目"及其"闻见"的认可，是有条件的，专指那些"闻见之善者"。而且，即使是"闻见之善者"，对"德性所知"所起的作用也只是启发性的（"启之之要"），而不是根本性的。（2）哲学史上，张载较早提出"德性所知"是可以从后天的道德知识中获得启发的。直至现代，瑞士著名现象学家耿宁（Iso Kern）在研究王阳明学说时，才意识到"良知"（亦即"德性所知"）与"见闻之知"的关系这一问题的重要性⑥。

总之，"因物为心"不是张载论说"心"—"物"关系的唯一形态，而且"因物为心"的认知作用只是局部的，而不是全局的，更不是本质的。与"因物为心"相比，"去物""虚心"才是张载论说"心"—"物"关系的主导形态。这是因为，通过"去物""虚心"，人的认知或体验就能够超越日常经验的"见闻之知"，以宇宙真谛及其本体（"天""太虚"）或宇宙万物的根源和动力（"性"和"道""神"）作为认知对象，据以建构宇宙意识，获得"德性之知"乃至

---

① 《张载集》，中华书局1978年版，第24页。
② 《张载集》，中华书局1978年版，第25页。
③ 《张载集》，中华书局1978年版，第266页。
④ 《张载集》，中华书局1978年版，第274页。
⑤ 《张载集》，中华书局1978年版，第273、269页。
⑥ 耿宁：《心的现象——耿宁心性现象学研究文集》，倪梁康编，商务印书馆2012年版，第295、305—306页。

"诚明所知"的"至善"价值立场，赋予人生以意义。

三 "心"—"物"关系的理论基础

张载"心"—"物"关系的理论由两部分组成：（1）关于"知觉"两个层次的理论，包括"耳目知觉"亦即"感官知觉"的层次、"心官知觉"亦即"虚心"知觉的层次；（2）关于"合内外"两种类型的理论，包括"合内外于耳目之内"的类型、"合内外于耳目之外"的类型。这里所谓"知觉"的两个层次、"合内外"的两种类型，分别与"心"—"物"关系的"因物为心"形态、"去物""虚心"形态具有对应关系："耳目知觉"亦即"感官知觉"的层次、"合内外于耳目之内"的类型，与"因物为心"的形态是对应的；"心官知觉"亦即"虚心知觉"的层次、"合内外于耳目之外"的类型，与"去物""虚心"的形态是对应的。

（一）关于"知觉"两个层次的理论

本文第一节关于张载心性论的第二个命题"合性与知觉，有心之名"，与这里的讨论密切相关。在这个命题中，他强调"心"是由"性"与"知觉"整合而成的。先看其中的"性"。在张载看来，"性"包括"虚"与"气"两个层次，或"天地之性"与"气质之性"两个层次。这是"性"的"合两""其总"结构①。对此，张载说得很清楚，无须赘述。②

再看其中的"知觉"。与张载所谓"性"有两个层次一样，他所谓"知觉"也有两个层次。对于"知觉"，张载从未做过像"性"那样清楚的界定和分析，因而便成为探究的难点，有必要在重点解析的基础上加以重构。近现代西方哲学家和心理学家所谓"知觉"，其含

---

① 《张载集》，中华书局1978年版，第22页。
② 参见林乐昌《张载成性论及其哲理基础研究》，《中国哲学史》2005年第1期。

义特指外在对象直接作用于人的感觉器官而形成的整体映象。例如，黑格尔（G. W. F. Hegel）认为，知觉是"以事物作为它的对象的意识"①。美国现代心理学家阿瑞提（S. Arieti）认为，知觉具有感性的和简单性的特征②。他们都把"知觉"的特征归结为对象性或感性。而张载所使用的"知觉"一词则不同，它泛指人的感觉器官和思维器官的一切活动，相当于现代所谓感觉、认识、思维、体验、直觉等所有的认知活动和精神活动及其能力。就是说，张载所使用的"知觉"一词既具有对象性或感性的特征，又具有超越对象性或超越感性的特征。

对理解张载的"知觉"含义有帮助的是，他认同孟子以"心之官"为"大体"与"耳目之官"为"小体"这一区分。由于"心之官"与"耳目之官"都是人进行知觉活动的器官，据此可以把张载的"知觉"解析为"大体之知觉"与"小体之知觉"，或"心官知觉"与"耳目知觉"。"小体之知觉"或"耳目知觉"，亦即"感官知觉"。牟宗三把张载"耳属目接"的感觉能力称之为"感触的直觉"，认为它是"认知的呈现原则。此时，它是接受的，不是创造的"③。这种知觉的含义不难理解，它的对象是一切感性经验之物，它的功能是获得见闻之知（感知）和声色臭味之欲（情欲）。这无须多加解释。而对于"大体之知觉"或"心官知觉"，则需要详加解释。如前所述，张载解释《大学》的"格物"含义时，把"格"字与"去"字组合成一个复合词"格去"，强调"格去物，则心始虚明"④。如前所引，张载说："虚明一作静。照鉴，神之明也。"⑤ 据此，可以把"大体之知觉"或"心官知觉"称作"虚心知觉"或

---

① ［德］黑格尔：《精神现象学》上卷，贺麟、王玖兴译，商务印书馆1979年版，第77页。
② 参见［美］阿瑞提《创造的秘密》，钱岗南译，辽宁人民出版社1987年版，第50页。
③ 牟宗三：《智的直觉与中国哲学》，台北商务印书馆2000年版，第184页。
④ 林乐昌辑校：《张子全书》卷14，西北大学出版社2015年版，第403页。
⑤ 《张载集》，中华书局1978年版，第16页。

"虚明知觉"。张载还说过："天之不御莫大于太虚，故心知廓之，莫究其极也。"① "廓"，大也。"心知廓之"，与同样出自《正蒙·大心篇》的"大其心"含义一致。牟宗三正确地把张载"心知廓之"的能力称之为"智的直觉"，认为它"不但为认知的呈现原则，且同时亦即创造的实现原则"。有理由认为，张载所谓"心知廓之"，说的就正是"虚心知觉"或"虚明知觉"能力的发挥。在他看来，"格物"之"物"是主体耳目感官知觉的对象，只有去除一切外在经验物的干扰，"虚心知觉"或"虚明知觉"才开始发挥作用。这是一种超越见闻之知的"神明"之知，其对象是宇宙的万化根源或天道的造化原理，属于主体超越耳目见闻等感觉能力的更高层次的体验能力或直觉能力。此外，张载还把这种能力称作"大其心""合天心"②"穷神知化"③，等等。这些，都是价值世界的认知创造方式。

总之，在张载看来，"大体之知觉"亦即"虚心知觉"或"虚明知觉"，是"知觉"的高级形态；而"小体之知觉"或"耳目知觉"，则是"知觉"的低级形态。

在张载那里，作为"知觉"活动结果的"知"，是有层次的，而且也是与人性相关的。基于以上分析，可以做如下推导：一方面，如果人的"耳目知觉"或"感官知觉"受"气质之性"制约的话，便构成"见闻之知"；另一方面，若人的"心官知觉"亦即"虚心知觉"或"虚明知觉"以"天地之性"为根据的话，便构成"德性之知"，并进而使之提升至"诚明所知"的境界。张载关于"知"的区分，特别凸显了道德知识和精神境界对于感性知识的优先性，但他并

---

① "心知廓之"，见《正蒙·大心篇》。《张载集》章锡琛点校本未进行对校，便径作"必知廓之"（《张载集》，中华书局1978年版，第25页）。经由对校可知，《正蒙》南宋、明、清诸本皆作"心知廓之"。牟宗三亦引作"心知廓之"（牟宗三：《智的直觉与中国哲学》，台北商务印书馆2000年版，第184页）。"心"与这段引文前面的"目""耳"，同属人之器官；改作"必"，则颇失伦类。而且，对于"天之不御莫大于太虚"，并非一切人皆"必知廓之"。章校本失校而径改"心"作"必"，不可取。

② 《张载集》，中华书局1978年版，第24页。
③ 《张载集》，中华书局1978年版，第17页。

未因此一概抹杀"见闻之知"的作用（详下）。

（二）关于"合内外"两种类型的理论

张载说："有无一，内外合，庸圣同。此人心之所自来也。"① 所谓"人心之所自来"，说的是"心"的来源和构成问题。在他看来，"心"必须以"性"作为根据，而"性"则是"虚"与"气"的统一。这就是所谓"有无一"。对于"内外合"，张载说得更多的是"合内外"，指整合"内"与"外"两个方面。"外"，指一切存在，既包括经验事物的存在，也包括形而上的存在；"内"，指人的知觉能力，既包括对经验事物的感知能力，也包括对形而上存在的体验能力或直觉能力。与上述"知觉"的低级与高级两种形态相对应，"合内外"的"内"与"外"各有低级与高级两个层次。第一，与"小体之知觉"或"耳目知觉"相对应，其"内"指主体的见闻感知能力，其"外"指作为见闻感知对象的经验事物。这是低级层次的"内"与"外"。第二，与"大体之知觉"或"心官知觉"相对应，其"内"指主体超越耳目见闻感知能力的体验能力或直觉能力，其"外"指形而上的存在，包括宇宙万物根源的"天"（"太虚"）和"性"，以及天道的造化原理。这是高级层次的"内"与"外"。基于以上"内""外"不同层次的分析，张载关于"合内外"的理论便有如下两种类型。

关于"合内外"的第一种类型。张载说："人谓己有知，由耳目有受也；人之有受，由内外之合也。"② 人的耳目感官"有受"，指人的耳目感官对对象物有所接受，致使这"内""外"两方面发生相互作用，从而产生"闻见之知"。这里的"合内外"，运用的是"耳目知觉"。由于此时"心"是受"耳目"引导的，因而张载将其归结为

---

① 《张载集》，中华书局1978年版，第63页。
② 《张载集》，中华书局1978年版，第25页。

"以闻见为心"①。其实,"以闻见为心"指的就是"耳目知觉"。"闻见之知",正是在"耳目知觉"作用下"合内外"的结果。对于只知运用"耳目知觉"的人,张载批评说,他们"耳目役于外",是"揽外事者,其实是自惰,不肯自治",是"不能反躬者也"②。

关于"合内外"的第二种类型。在前引张载所说"有无一,内外合,庸圣同。此人心之所自来也"这句话之后,他紧接着说:"若圣人则不专以闻见为心,故能不专以闻见为用。"③ 张载强调:"知合内外于耳目之外,则其知也过人远矣。"④ 这里所谓"知合内外于耳目之外",揭示的是第二种类型的"合内外"的实质。由此推知,以上第一种类型的"合内外"其实质是"合内外于耳目之内"的。与第一种类型的"合内外"运用的是"耳目知觉"不同,第二种类型的"合内外"运用的则是"虚心知觉"或"虚明知觉",其作用是"合内外,平物我,自见道之大端"⑤。作为"虚心知觉"或"虚明知觉"认知对象的,是一切经验之物的直接根源("性"),或作为"道之大端"的宇宙造化原理,最后则指向作为天地万物终极根源的"天"("太虚")。人必须通过超越于耳目之外的"尽心""尽道""尽性""穷神知化"等认知方式,才能够对"道""性""神"加以领悟,从而实现更高层次的"合内外"。"德性所知"乃至"诚明所知",正是"虚心知觉"或"虚明知觉"作用下"合内外"的结果。

为了准确区分张载关于"合内外"两种类型的理论,可以把"合内外"的第一种类型归结为"合内外于耳目之内"的,把"合内外"的第二种类型归结为"合内外于耳目之外"的。

---

① 《张载集》,中华书局1978年版,第63页。
② 《张载集》,中华书局1978年版,第273页。
③ 《张载集》,中华书局1978年版,第63页。
④ 《张载集》,中华书局1978年版,第25页。
⑤ 《张载集》,中华书局1978年版,第273页。

四　结语：张载心学的哲学特性、历史影响和现代意义

首先，就张载心学的哲学特性看。围绕"心"—"物"关系这一基本问题，对张载心学"心"—"物"关系的形态划分及其理论基础的论析，既阐发了他有关人的认知机制的理论，也揭示了他处理人与外部世界关系的方式。而这些都与张载对"心"定性的两种不同角度有关。张载对"心"定性的第一种角度是，认为"因物为心"的实质是"只以闻见为心"，是"小却心"，这最终必将导致"心"的丧失（"循象丧心"）。张载对"心"定性的第二种角度是，强调必须超越"只以闻见为心"的局限，以"虚心"或"虚明"之"心"为真正的"心"，进而发挥"大其心"的作用，最终才有可能达致"合天心"之境。因此，那种仅仅依据"因物为心"就把张载心学的性质确定为"唯物论的反映论"，是无法成立的。换言之，在包括知识论在内的张载心学全部内容当中，"因物为心"在人的认知活动中只具有局部意义，而并不具有全局意义，更不具有实质意义。张载心学的实质意义是，对"虚心知觉"或"虚明知觉"亦即"智的直觉"（牟宗三语）的肯定，并为理学家在价值世界发挥"创造的实现"（牟宗三语）开辟了空间。这是张载心学的理论特征。此外，张载心学还有其实践特征。所谓张载心学的实践特征，也就是其心学的工夫特征。限于题旨，这里仅举两例加以说明。第一例，"正心"工夫。张载提出，"正心之始，当以己心为严师"。倘能如此，并能"守得牢固，则自然心正矣"①。第二例，"虚心"工夫。张载提出，"变化气质与虚心相表里"②。他认为，"心之不能虚，由有物榛碍"③。因而，去除外物的干扰，是实现"心弘放得如天地易简，易简然后能应

---

① 《张载集》，中华书局1978年版，第280页。
② 《张载集》，中华书局1978年版，第274页。
③ 《张载集》，中华书局1978年版，第325页。

物皆平正"① 的前提。

其次，就张载心学的历史影响看。（1）关于张载心学对陆象山的影响。邱汉生曾指出，张载知识论"贬低感性认识，抬高脱离经验的内心冥契，上承孟子，下启南宋陆象山"②。由于邱文只是短篇评论，因而对这一观点未能展开说明，但他所提出的问题却值得重视。（2）关于张载心学对朱熹的影响。唐君毅认为，朱熹在人心论上继承了张载，"一步一步地提高人心在宇宙的地位"③。这方面的例证，有本文第一节所述朱熹对张载"心统性情"命题的承接。（3）关于张载心学对王阳明的影响。康有为指出，张载所谓"诚明所知乃天德良知"，"王阳明良知之学本此"④。张载与王阳明都从扭转"格物"的外求方向开始，经由"反身而诚"（张）或"反求诸己"（王），以激活"天德良知"（张）或"良知"（王）。此外，前引张载所说"天之不御莫大于太虚，故心知廓之，莫究其极也"，其中的"太虚"一语出自庄子，但张载却是中国哲学史上第一位把"太虚"改造为哲学概念的思想家⑤。此后，"太虚"便成为理学家的一个重要术语。值得注意的是，阳明晚年对张载的"太虚"观念曾多次援引。嘉靖六年丁亥（1527），阳明在与钱德洪、王畿论"为学宗旨"时强调，"良知本体""只是太虚"⑥。在这段话中，阳明还使用了《正蒙·太和篇》所谓"太虚无形"一语。阳明提出，"良知之昭明灵觉"，"廓然与太虚而同体"⑦。张载心学与阳明心学之间的这些关联历来被忽略，因而尤其需要引起学术界关注。（4）关于张载心学（包括心性论）

---

① 《张载集》，中华书局1978年版，第285页。
② 邱汉生：《〈对张载理气观析疑〉的评议》，《中国社会科学》1981年第1期。
③ 唐君毅：《张横渠之心性论及其形而上学之根据》，《唐君毅全集》卷18，台北学生书局1991年版，第212页。
④ 康有为：《讲正蒙》，《康有为全集》（二），上海古籍出版社1990年版，第485页。
⑤ 参见朱建民《张载思想研究》，台北文津出版社1989年版，第59页；吴震《阳明后学研究》，上海人民出版社2003年版，第300页。
⑥ 《王阳明全集》卷35，上海古籍出版社1992年版，第1306页。
⑦ 《王阳明全集》卷6，上海古籍出版社1992年版，第211页。

与程、朱、陆、王的区别。由于程、朱都曾批评张载"心小性大"之说，朱熹还曾误解张载"合性与知觉"以说"心"，故张载的心性论不同于程、朱理学。由于张载之学不以"心"为本体，也不以"心"标宗，故其心学也不同于陆、王心学。（5）总之，诚如牟宗三所说，自从张载区分"德性所知"与"见闻之知"之后，宋明儒者无不遵守之①。无论是张载的知识论，还是心学的其他内容，其历史影响都值得高度重视。

最后，就张载心学的现代意义看。一方面，张载关学与理学其他各派学说都强调，道德水准的提升和社会秩序的健全必须依靠人"心"的力量，亦即必须依靠人的精神力量，特别是必须依靠"德性所知"的价值信仰。这是宋明理学各派的共识。另一方面，在张载"见闻之知"的学说中，除了其"见闻之善"对于社会道德具有启发作用之外，其"见闻之知"对于人类探索自然的奥秘也是有积极意义的。在张载看来，"见闻之知"能力的运用，不能脱离由"穷理"所获取的理性认知能力。正因为张载善用理性以支配"见闻之知"，因而他在为理学思想做出巨大贡献的同时，还对自然现象进行了广泛的观察和卓有成效的探索，尤其是在天文学等博物学领域取得了被国内外科学技术史研究界所称道的成就②。当然，张载的身份毕竟是理学家而不是科学家。与此相应，其心学思想主要是用以解释儒学的价值信仰的，而不是用以解释自然现象的。

（原载《哲学研究》2020年第6期）

---

① 牟宗三：《智的直觉与中国哲学》，台北商务印书馆2000年版，第188页。
② 张载对天文学的贡献，参见《正蒙·参两篇》第4、7章。国内著名学者席泽宗、陈美东，英国著名学者李约瑟（Joseph Needham）等，都高度评价张载在天文学领域所取得的成就。

张载对"形而上"的辨析及其天道本体的确立[*]

丁为祥[**]

摘　要：宋明理学与汉唐儒学的一个基本区别就在于是否拥有形上视角，这当然是受佛学刺激又回应佛教的结果；而能否依据形上视角以重塑儒家的天道本体，则又成为宋明理学超越于汉唐儒学的标志。在代表理学开创的北宋五子中，只有张载直面佛教的理论冲击，并在汲取佛教形上智慧的基础上，展开了重塑儒家天道本体的多重思考。在其对"形而上"的辨析中，所谓"形而上者，得辞斯得象"与"得意斯得名，得名斯得象"就代表着其对形上本体及其形成进路的思考，并由此甄别"太虚"与"太极"，最后以"太和"代表二者超越的统一；继而通过"其性""其形"的辨析，将"太虚"与"太极"的统一拓展为一种宇宙生化论原则。这就成为二程"天理论"与程朱理气关系及其"理一分殊"之宇宙论原则的根源；而由张载所提出的"诚明两进"，则又成为理学中程朱与陆王不同为学进路的开辟者。

关键词：张载　北宋五子　形而上　太虚　太极

---

[*] 该文为笔者所主持的国家社科基金重大项目"宋明道学核心价值研究"的阶段性成果，批准号：2015ZDB008。

[**] 丁为祥，陕西师范大学哲学学院教授，博士生导师。

张载对"形而上"的辨析及其天道本体的确立 ◎

作为儒学与帝制政权结合背景下的再次崛起,宋明理学必须从根本上解决两个方面的问题:其一即代表儒家超越追求精神之所谓理想人格的形成;其二则是必须为这种理想人格提供以天道本体的依据,这就是体现宋明理学从根本上超越于汉唐儒学的形上本体意识。儒家所谓天人合一的志向,也就表现在这两个问题的一贯与一致性上。关于第一个问题,从范仲淹继承孟子"乐以天下,忧以天下"(《孟子·梁惠王》下)所阐发的"先天下之忧而忧,后天下之乐而乐"①到周敦颐概其人生志向的"志伊尹之所志,学颜子之所学"②,也就标志着宋明理学理想人格的形成;至于第二个问题,即支撑这一理想人格的天道本体依据,也就成为其后继者所必须面对的任务了。因为如果只有理想人格,而这种理想人格又缺乏天道本体的依据和支撑,那么儒学充其量也就只能说是一种简单的淑世情怀,只有揭示出儒家理想人格之天道本体依据,才能说明儒家的理想人格是建立在天人合一基础上的,并且也才真正显现出宋明理学"性与天道不见乎小大之别"③主题的庄严性与深刻性。

从代表理学崛起的"北宋五子"及其探索指向来看,这一任务也就历史性地落到了张载的肩头。

一 "形而上者,得意斯得名"

如果说理想人格就代表着儒家历代相传的一种人文传统,那么对于儒学而言,所谓形上本体意识则可以说是一种全新的思考角度;而这种新的思考角度又是从中唐以来的儒佛关系中衍生出来的。自韩愈立足儒家的"道统"意识开始辟佛,很快就遭到了曾经出儒入佛之华严五祖宗密的反驳。宗密曾著《华严原人论》,并依据佛教学理对于

---

① 范仲淹:《岳阳楼记》,《范文正公文集》卷8,凤凰出版社2004年版,第169页。
② 周敦颐:《通书·志学》,《周敦颐集》,中华书局1990年版,第23页。
③ 张载:《正蒙·诚明》,《张载集》,中华书局1978年版,第20页。

◎ 张载研究

中土的儒道两家展开了一场激烈的反批评,他写道:

> 今习儒道者,只知近则乃祖乃父,传体相续,受得此身;远则混沌一气,剖为阴阳之二,二生天、地、人三,三生万物,万物与人,皆气为本……①

显然,这是宗密立足佛教的空观意识对于儒道两家的宇宙生化论的一种明确批评。经过对儒佛道三教理论的一番比勘之后,宗密归结说:"二教唯权,佛兼权实。策万行,惩恶劝善,同归于治,则三教皆可遵行;推万法,穷理尽性,则佛教方为决了。"② 这里所谓"决了",就指只有佛教才是真正能够穷其本源的"决了"之教;而儒道二教说到底不过是一种"权教"而已。

宗密为什么认为只有佛教才是真正的"决了"之教,而儒道二教说到底不过是一种"权教"呢?这就主要取决于其由佛教之空观智慧所体现的一种穷极根源的形上本体意识;而为儒道二教所尊奉的"万物与人,皆气为本",实际上只能停留于缘起缘灭的生化世界。在宗密看来,如果世界的根据就建立在缘起缘灭之生化现象的基础上,那么这就只能说是一种"权教"的世界。很明显,宗密的这一批评,等于是为儒学的重新崛起及其理论建构提出了一个如何提炼儒家的形上本体意识的问题。

如果将宗密的这一批评对应于后来理学家对汉唐儒学的反省,那么其批评又是完全可以坐实的。当然,这同时也就表现了理学家对于汉唐儒学之不足的反省。比如张载师徒就有如下反省:

> 今之(人)灭天理而穷人欲,今复反归其天理。古之学者便

---

① 宗密:《华严原人论·序》,石俊、董群校释,中华书局2019年版,第11页。
② 宗密:《华严原人论·序》,石俊、董群校释,中华书局2019年版,第21页。

张载对"形而上"的辨析及其天道本体的确立

立天理,孔孟而后,其心不传,如荀、扬皆不能知。①

……其徒侈其说,以为大道精微之理,儒家之所不能谈,必取吾书为证。世之儒者亦自许曰:"吾之《六经》未尝语也,孔孟未尝及也",从而信其书,宗其道,天下靡然同风……②

在这些反省中,张载的反省自然是立足儒家本来应有的人生态度(当然也表现在其理论规模上)而言,而范育的反省则主要是就儒学的理论规模,尤其是就"大道精微之理,儒家之所不能谈"一点而言的。如果再参考以二程的"昨日之会,大率谈禅,使人情思不乐,归而恨恨者久之。此说天下已成风,其何能救"③的感慨,那么佛教在形上理论探讨方面的优势以及其对儒学的压力就是非常明显的。宋初儒学为什么会陷于这一格局呢?这就是张载所总结的"孔孟而后,其心不传,如荀、扬皆不能知"。显然,在张载看来,正是"孔孟而后"的"其心不传"以及作为汉唐儒学开创者的"荀、扬皆不能知",才导致了儒学处处受制于人的现实。这正是张载对于汉唐儒学缺乏形上本体意识的一种深入反省。

那么,张载又将如何面对这一时代性的难题呢?吕大临在《横渠先生行状》中概括其早年的思想阅历说:"先生读其书(指张载接受范仲淹的建议读《中庸》),虽爱之,犹未以为足也,于是又访诸释老之书,累年尽究其说,知无所得,反而求之《六经》。"④而范育也在其《正蒙序》中指出:

浮屠以心为法,以空为真,故《正蒙》辟之以天理之大,又曰:"知虚空即气,则有无、隐显、神化、性命通一无二。"老子

---

① 张载:《经学理窟·义理》,《张载集》,中华书局1978年版,第273页。
② 范育:《正蒙序》,《张载集》,中华书局1978年版,第4—5页。
③ 程颢、程颐:《程氏遗书》卷二上,《二程集》,中华书局1981年版,第23页。
④ 吕大临:《横渠先生行状》,《张载集》,中华书局1978年版,第381页。

以无为道，故《正蒙》辟之曰："不有两则无一。"至于谈死生之际，曰："轮转不息，能脱是者则无生灭"，或曰"久生不死"，故《正蒙》辟之曰："太虚不能无气，气不能不聚而为万物，万物不能不散而为太虚。"①

很明显，从张载两大弟子的叙述和概括中可以看出，张载曾认真研究佛典，并在"累年尽究其说"的基础上"反而求之《六经》"，这就是作为理学家之共同经历的"出入佛老，返于《六经》"。至于代表其"造道"之作的《正蒙》，则首先就是围绕着批判佛老展开的，所以也就有了"知虚空即气，则有无、隐显、神化、性命通一无二"以及"太虚不能无气，气不能不聚而为万物，万物不能不散而为太虚"的著名论断。

不过张载的辟佛排老还存在着一个基本前提，这就是必须对作为佛教之理论胜场的"形而上"展开辨析；而张载这一方面的探讨又主要是通过对儒家经典《周易》的解读实现的。史称张载的理论探讨是"以《易》为宗"，这就集中表现为对《易传》所谓"形而上者谓之道，形而下者谓之器"的重新解读，因为儒家的形上道体必须通过形而上的辨析才能真正确立起来。所以，从《横渠易说》到《正蒙》，其中都有对"形而上"与"形而下"的解读与辨析，尤其是对"形而上"之所以形成的探讨才真正体现着张载对于儒家形上道体的反思与重塑：

> 形而上者，得辞斯得象矣，故变化之理须存乎辞。言，所以显变化也。②
>
> 形而上者，得辞斯得象，但于不形中得以措辞者，已是得象

---

① 范育：《正蒙序》，《张载集》，第5页。
② 张载：《横渠易说·系辞》上，《张载集》，第198页。

张载对"形而上"的辨析及其天道本体的确立

可状也。……有气方有象,虽未形,不害象在其中。①

形而上者,得意斯得名,得名斯得象;不得名,非得象者也。故语道至于不能象,则名言亡矣。②

这几段前后相继的探讨,都涉及"形而上者"如何形成的问题。在《横渠易说》中,张载认为"形而上者,得辞斯得象",就是说,所谓"形而上者"就是人的指事、抽象与概括从而以辞来表达。也就是说,所谓"形而上者"并不存在于客观领域,而只能存在于人的精神领域,是人以"辞"的形式来指谓客观存在的事与物之象。到了《正蒙》,由于其前面已经提出了"运于无形之谓道,形而下者不足以言之"③,因而也就使"形而上者"与"道"成为一种相互规定的统一体;而"意""名""辞""象"之一线相连,也说明形上之道只能是人之精神的产物,是人之精神对客观天道的一种抽象与概括。

这就涉及儒家的形上道体。那么张载为儒学所确立的形上道体又是什么呢?下面这两段既见于《横渠易说》又见于《正蒙》的文字就表现了张载对于儒家形上道体反复的斟酌与权衡:

体不偏滞,乃可谓无方无体。偏滞于昼夜阴阳者物也,若道则兼体而无累也。以其兼体也,故曰"一阴一阳",又曰"阴阳不测",又曰"一阖一辟",又曰"通乎昼夜"。语其推行,故曰"道";语其不测,故曰"神";语其生生,故曰"易";其实一物,指事而异名尔。④

太虚者,气之(所)体。气有阴阳,屈伸相感(而)(之)

---

① 张载:《横渠易说》,《张载集》,第231页。
② 张载:《正蒙·天道》,《张载集》,第15页。
③ 张载:《正蒙·天道》,《张载集》,第15页。
④ 张载:《横渠易说·系辞》上,《张载集》,第184页。

无穷,故神之应也无穷;其散无数,故神之应也无数。虽无穷,其实湛然;虽无数,其实一而已。阴阳之气,散则万殊,人莫知其一也;合则混然,人不见其殊也。①

从张载的这一分析可以看出,上一段主要是从"道体"之"无方无体"规定出发,强调"道体"的遍在性及其对万事万物的内在性,所以既可以讲"一阴一阳",又可以讲"通乎昼夜";而所有这些规定,从"道"到"神"再到"易",说到底又不过是对"道体"之"指事而异名"而已。下一段则直接推出儒家的天道本体,这就是作为"气之(所)体"(这里的"体"正指"体不偏滞"之意,因而也可以说是遍在之"体")的"太虚",所以说"虽无穷,其实湛然;虽无数,其实一而已"。如果再结合其《语录》中的"与天同源谓之虚"以及其对"太虚"之"至实""至一"②的规定,那么"太虚"无疑就是张载为儒学所确立的天道本体。

正因为"太虚"是张载为儒学所确立的天道本体,所以他就可以依据"太虚"及其虚气关系对佛老之学展开反戈一击的批评:

知虚空即气,则有无、隐显、神化、性命通一无二,顾聚散、出入、形不形,能推本所从来,则深于《易》者也。若谓虚能生气,则虚无穷,气有限,体用殊绝,入老氏"有生于无"自然之论,不识所谓有无混一之常;若谓万象为太虚中所见之物,则物与虚不相资,形自形,性自性,形性、天人不相待而有,陷于浮屠以山河大地为见病之说。此道不明,正由懵者略知体虚空为性,不知本天道为用,反以人见之小因缘天地。明有不尽,则诬世界乾坤为幻化。③

---

① 张载:《横渠易说》,《张载集》,第184页。
② 这是张载在其《语录》中对"太虚"作为天道本体的几段集中讨论。见张载《张载集》,第325页。
③ 张载:《正蒙·太和》,《张载集》,第8页。

张载对"形而上"的辨析及其天道本体的确立

在张载对佛老之学的这一批评中，所谓"虚空即气"就指"太虚"之内在于"气"而言，这也是其"太虚"既"无方无体"同时又因为"体不偏滞"而又可以遍在于万事万物的规定所必然蕴含的。如果将"太虚"理解为"气"的本来状态，那就必然会导致"虚能生气"，这就只能进入老子"有生于无"的坑陷；如果将"太虚"与"气"包括万物理解成"万象为太虚中所见之物"的关系，这就只能成为"物与虚不相资，形自形，性自性"的"形性、天人不相待而有"了。在张载看来，"太虚"作为儒家的天道本体，其与"气"就是一种不一而又不异之所谓既超越而又内在的关系。

二 "太极"、"太虚"与"太和"

实际上，张载关于儒家天道本体的择定，是既存在着与同代友人之间的继起探讨，同时也存在着张载对于不同概念之不同选择的。自然，这种双重关系的比较与辨析也就更有助于我们看清张载哲学之太虚本体论的实质。

在代表宋明理学崛起的"北宋五子"中，张载处于一种较为特殊的位置。一方面，从年龄上看，张载处于"五子"的中间地位，比如邵雍（1011—1077）、周敦颐（1017—1073）、张载（1020—1077）、程颢（1032—1085）、程颐（1033—1107），仅从年龄上看，张载晚于邵、周二位而又长于二程，这就使他们之间排成了一个单线前进的队列。而从"北宋五子"各自不同的思想探索及其自我定位来看，邵雍的思想资源主要来自道家，尤其是来自老庄思想，其以"反观"为核心的《观物内篇》与《观物外篇》就是其继承老庄思想的典型表现，因而邵雍不排佛老；周敦颐的一生不仅带有道教的"烟霞气"，而且也具有较强的佛教因缘，[①]——其《爱莲说》即可视为其佛教因

[①] 侯外庐、邱汉生、张岂之：《宋明理学史》上卷，人民出版社1984年版，第80—84页。

缘的具体表现（这说明周敦颐的思想探索已经通过道家、道教而开始借鉴佛教的思想了），因而周敦颐也像邵雍一样不排佛老。到了张载，则不仅积极钻研佛老之学，而且也明确坚持着一种辟佛排老的立场。这说明，理学崛起阶段的"出入佛老"已经开始走向对佛老之学的反戈一击了，而北宋理学的辟佛排老也主要是由张载来担纲的；对于张载来说，他甚至还将辟佛排老与为儒学"造道"作为其人生之一而二、二而一的任务。待到二程登上历史前台，则"天理"不仅成为理学各系所一致公认的天地万物之形上本体，而且理学本身也已经成为一种广泛认可的社会性思潮了。从这个角度看，如果说重塑儒家的天道本体与辟佛排老就是宋明理学崛起的一项基本任务，那么张载也可以说就是"北宋五子"的"中间"与"中坚"。因为只有到了张载，宋明理学的这种双重而又双向的任务才得到了充分的自觉与全面的展开。

当然，理学思潮的发展也是一种"盈科而后进"的过程。而这一过程往往又表现为对以后能够作为理学核心概念之一种递进性的比较与检择过程。这样，仅从概念演进的角度就可以看出"北宋五子"思想探讨之递进性的发展了。比如北宋五子中最年长的邵雍，虽然也曾著有《皇极经世》一书，以解释历史上"皇、王、霸、伯"之演变与发展，但构成其天道宇宙论之核心观念的则是"太极"，并且也是作为宇宙的始发之源来运用的。这说明，对于北宋五子的思想探讨而言，其第一个核心概念就是"太极"。而在《邵雍集》中，其关于"太极"则有如下运用：

> 太极既分，两仪立矣。阳下交于阴，阴上交于阳，四象生矣。阳交于阴、阴交于阳而生天之四象；刚交与柔、柔交于刚而生地之四象，于是八卦成矣。八卦相错，然后万物生焉。[①]

[①] 邵雍：《观物外篇》中之上，《邵雍集》，郭彧整理，中华书局2010年版，第107页。

张载对"形而上"的辨析及其天道本体的确立

> 太极，道之极也；太玄，道之玄也；太素，色之本也；太一，数之始也；太初，事之初也。其成功则一也。①

这两段论述，前者是对《易传》的解读，而后者则是对《太玄》的解释，但其"太极"却始终保持着含义的一致性，这就是宇宙万物之始源。这说明，在邵雍的思想中，"太极"也就是一个指谓宇宙始源的概念。

如果说邵雍的思想本来就源于道家及其宇宙论，其对"太极"的阐发也不超出道家理论所许可的范围，那么到了周敦颐，也就专门从"太极"立论了。这就有了其描述天道宇宙之生化发展的《太极图说》，一如邵雍之《皇极经世》一样。但周敦颐并不满足于仅仅从"太极"立论，于是也就有了"无极而太极"一说。其《太极图说》就是以如下方式展开的：

> 无极而太极。太极动而生阳，动极而静，静而生阴。静极复动。一动一静，互为其根；分阴分阳，两仪立焉。阳变阴合，而生水、火、木、金、土。五气顺布，四时行焉……②

这一自"无极而太极"以及"太极动而生阳""静而生阴"包括"阳变阴合"而"生水、火、木、金、土"的过程，完全是一种宇宙论的生成演化模式；而"太极"则是这一演化的起始。至于周敦颐的"无极而太极"与"太极，本无极也"③一说，说到底不过是邵雍"太极"论说的进一步发展而已。

"太极"究竟是什么含义？其具体指谓又是什么？无论是从邵雍的"太极既分，两仪立矣"还是周敦颐的"太极动而生阳""静而生

---

① 邵雍：《观物外篇》下之下，《邵雍集》，郭彧整理，中华书局2010年版，第164页。
② 周敦颐：《太极图说》，《周敦颐集》，中华书局1990年版，第3—4页。
③ 周敦颐：《太极图说》，《周敦颐集》，中华书局1990年版，第5页。

阴"来看，都说明它就是阴阳五行之始祖、宇宙万物之始源。虽然朱子为了塑造周敦颐这位"道学开山"的地位而强行起义，认为"无极者无形，太极者有理也"①，并将"太极"与"阴阳"的关系套解为"太极理也，动静气也"②，从而给了"太极"与"阴阳"以理气关系的解释，但张载毕竟是邵雍、周敦颐的同辈友人；作为二程的表叔，张载能够准确说出"二程从十四岁时便锐然欲学圣人（盖指二程从周茂叔游一事——引者注），今尽及四十未能及颜闵之徒"③，说明张载对周敦颐的思想也是相当熟悉的。那么，在张载看来，邵雍、周敦颐的"太极"究竟何指呢？在《张载集》中，他对"太极"曾有如下判断：

　　一物而两体，其太极之谓与！④
　　一物两体，气也；一故神，（两在故不测。）两故化，（推行于一）。⑤

在张载的这一概括中，所谓"一物而两体，其太极之谓与"也许还带有一定的猜测意味，但后面所谓"一物两体，气也"就是对"太极"内涵的明确揭示了，意即"太极"就指"一物两体"之统一的"气"而言。显然，无论是从邵雍的运用还是张载的判断来看，周敦颐的"太极"都只能指"一物而两体"——阴阳未判之气而言。进一步看，如果周敦颐的"太极"就指"天理"而言，那么二程对于"天理"之所谓"自家体贴出来"⑥，也就完全成为自我神化的说谎之举了。所以，反倒是张载的"一物而两体"可能才代表着邵雍、周敦颐

---

① 黎靖德编：《朱子语类》卷九十四，《朱子语类》，中华书局1987年版，第2366页。
② 黎靖德编：《朱子语类》卷九十四，《朱子语类》，第2376页。
③ 张载：《经学理窟·学大源》上，《张载集》，第280页。
④ 张载：《正蒙·大易》，《张载集》，第48页。
⑤ 张载：《正蒙·参两》，《张载集》，第10页。
⑥ 程颢、程颐：《程氏外书》卷12，《二程集》，第424页。

张载对"形而上"的辨析及其天道本体的确立

之"太极"说的准确意涵。

这样一来,随着"北宋五子"中"太极"含义的澄清,张载哲学与"气本论"的关系以及张载哲学之非"气本论"的性质也就随之得以澄清了。原因很简单,如果张载哲学就是"气本论",那么他就正好可以从邵雍、周敦颐所共同认定的"太极"出发,而完全无须通过对所谓"形而上者"的反复辨析来确立儒家的天道本体。

那么,张载为儒家所确立的天道本体是什么呢?这就是"太虚"。关于"太虚"之为张载哲学的天道本体这一点笔者已经言之屡屡,既有专书讨论,也散见于各种专论性的文章。所以,这里只以笔者以往文章中的一段结论来代替对"太虚"性质的论定:

> "太虚"原是《庄子》中的概念,以指谓原始而又广袤的虚空,这也是庄子试图超越老子"天下万物生于有,有生于无"(《道德经》第四十章)之沿时间向度对宇宙始源进行追溯的表现。但在庄子哲学中,就已经形成了"虚室生白,吉祥止止"(《庄子·知北游》)的说法;同时又有"唯道集虚。虚者,心斋也"(《庄子·人间世》)。而这个"虚室生白"也就从正面——"天地之大德曰生"(《周易·系辞下》)以及"虚则生仁,仁在理以成之"[①]的角度重重启发了张载,从而使"太虚"不仅成为"生"的前提,同时也是"仁"的根源与"理"的基础。与之同时,"太虚"也就具有了"大率天之为德,虚而善应,其应非聪明思虑可求,故谓之神……"[②]一说。显然,这就通过庄子具有空间含义的"虚室生白"直接过渡为以"生物为本"的"天地之大德"与"虚则生仁"了;同时,又通过"虚者,心斋也"直接过渡为"虚而善应"并作为"性之渊源"的天德。

---

① 张载:《语录》中,《张载集》,第325页。
② 张载:《横渠易说》,《张载集》,第184页。

因而，这就明确地划出了一条由庄子之空间、《易传》之生化，到张载天德之仁的演变轨迹。①

但在张载哲学中，除了"太虚""太极"之外，还有"太和"；而"太和"甚至还是张载精心结撰之《正蒙》一书的首出概念。比如：

> 太和所谓道，中涵浮沈、升降、动静、相感之性，是生絪缊、相汤、胜负、屈伸之始。其来也几微易简，其究也广大坚固。起知于易者乾乎！效法于简者坤乎！散殊而可象为气，清通而不可象为神。不如野马、絪缊，不足谓之太和。语道者知此，谓之知道；学《易》者见此，谓之见《易》。不如是，虽周公才美，其智不足称也。②

这就是张载《正蒙》一书的开篇，而这一段又全然围绕着"太和"展开。作为概念，"太和"自然源于《周易》中的"保合太和，乃利贞"一说，张载在《横渠易说》中也有所讨论。但由于"太和"在彖辞中是以"大哉乾元，万物之始，乃统天。云行雨施，品物流行"的角度出现的，所以张载注之以"精义时措，故能保合太和，建利且贞，孟子所谓终始条理，集大成于圣智者欤"！③

关于"太和"的具体指谓，从朱子"阴阳会合冲和之气"④的说明，到王夫之所谓的"太和，和之至也。道者，天地人物之通理，即所谓太极也。阴阳异撰，而其絪缊于太虚之中，合同而不相

---

① 这是笔者在《从"太虚"到"天理"——简论关、洛学旨的承继与转进》一文中对"太虚"之形上本体地位及其思路的分析。载《哲学与文化》2018年第9期。
② 张载：《正蒙·太和》，《张载集》，第7页。
③ 张载：《横渠易说》，《张载集》，第70页。
④ 朱熹：《周易本义·彖上传第一》，《朱子全书》第一册，上海古籍出版社、安徽教育出版社2002年版，第90页。

张载对"形而上"的辨析及其天道本体的确立

悖害,浑沦无间,和之至也。未有形器之先,本无不和,既有形器之后,其和不失,故曰太和"①的解释,当然都有一定的道理。但他们毕竟太过重视阴阳本身的和合统一了,所以王夫之就直接以所谓"太极"来诠释"太和"。实际上,如果就阴阳二气的作用而言,那么所谓"中涵浮沈、升降、动静、相感之性,是生絪缊、相汤、胜负、屈伸之始",包括其后面所谓的"不如野马、絪缊,不足谓之太和",自然都是指阴阳二气的作用而言的。但"太和"是否就仅仅指阴阳二气之统一呢?显然不是。而真正体现"太和"性质的也就在于"起知于易者乾乎!效法于简者坤乎!散殊而可象为气,清通而不可象为神"两句。如果说"乾"与"坤"还勉强可以从阴阳二气的角度得到说明,那么所谓"散殊而可象"的"气"与"清通而不可象"的"神"就绝不是阴阳二气所能说明的。因为张载的"神"始终是作为"天之不测"与"虚之妙应"出现的。所以,所谓"神"与"气"的统一,其实也就是"太虚"与"太极"的统一,就是本体论与宇宙论的统一。否则的话,仅仅理解阴阳二气之和合统一,难道还需要所谓"知道""见《易》"以及"周公之才"来作为其基本前提吗!

所以说,"太和所谓道"一段,既是对我们实然宇宙之生化现象的一种描述(即表现为其前边几句),同时也是通过"神"与"气"——"太虚"与"太极"之不同作用及其相互超越的统一,揭示了本体论与宇宙论的统一,即在宇宙生化现象的背后,正是以天道本体作为其内在主宰的。只有在这个意义上,才可以借用王夫之的如下评语:"未有形器之先,本无不和,既有形器之后,其和不失,故曰太和。"所以说,"太和所谓道"就是对我们这个宇宙"未有形器之先"与"既有形器之后"的一种本体宇宙论言说。

---

① 王夫之:《张子正蒙注·太和》,《船山全书》第十二册,岳麓书社2011年版,第15页。

三 "其性"与"其形"

张载哲学之本体宇宙论的性质也就体现着张载把握现实世界的双重视角,这就代表着宋明理学超越追求精神的本体论视角与体现其现实关怀之实然宇宙论视角的有机统一。而这种双重视角的统一,既体现在其实然宇宙论之生化发展的过程中,同时也体现在其哲学体系展开的概念系统中。

从其概念系统来看,"太和所谓道"实际上就指"太虚"与"太极"之超越而又内在的统一,也只有在这个意义上,才可以说"太和,和之至也",一如其本体论与宇宙论之有机统一才可以称之为本体宇宙论一样。至于"神"与"气",张载为什么一定要用"散殊而可象"与"清通而不可象"来规定与修饰呢?因为"可象"毕竟存在于可见的范围;而"不可象"则完全超越于人之可见可感的范围,这就主要是指"太虚"与"太极"的统一而从"气化生生"的过程中表现出来,从而以人之"可见"与"不可见"角度言之,所以张载又有"由气化,有道之名"[1]一说。这里的"道",显然是就"神"之内在于"气"而又由"气化生生"所表现出来的"太虚妙应之目"[2]的"神"而言的。正因为这一原因,所以张载才对其体系形容说:"语其推行故曰'道',语其不测故曰'神',语其生生故曰'易',其实一物,指事而异名尔。"[3]

如果进入张载的人生论系统,那么这种"形而上"与"形而下"的双重视角就表现得更为明显。比如关于人性问题,张载是典型的双重人性论:一方面是"与人无不善"的天地之性,同时又存在着"形而后有"且决定着人之"才与不才"并表现为可善可恶的气质之

---

[1] 张载:《正蒙·太和》,《张载集》,第9页。
[2] 张载:《正蒙·太和》,《张载集》,第9页。
[3] 张载:《正蒙·乾称》,《张载集》,第65—66页。

张载对"形而上"的辨析及其天道本体的确立

性。至于心,则一方面存在着"止于闻见之狭"的"世人之心",同时也存在着"不以见闻梏其心"的"知性知天"之心。落实到人之认知,则张载又有非常明确的论断:"见闻之知,乃物交而知,非德性所知;德性所知,不萌于见闻。"① 这样看来,从人性到人心再到人之认知现象,无不存在着一种双重规定;而这种双重规定的根源与依据,也就在于"太虚"与"太极"的统一所表现之超越的本体论与实然宇宙论的双重视角。至于这种双重视角的关系,则又是一种超越而又内在的关系。

上述自然是通过张载哲学的概念系统所表现出来的双重视角及其关系,但所有这些关系都必须落实于现实世界,落实到具体的人与物上。落实于人生,自然可以表现为从人性到人心再到人之两种不同性质的认知,这就是"见闻之知"与"德性所知";但如果落实于物质世界,则其双重性质又将如何表现呢?这就是"其性"与"其形"。而张载的"其性""其形"之说又首先是通过对佛老之学的批评提出的:

> 若谓虚能生气,则虚无穷,气有限,体用殊绝,入老氏"有生于无"自然之论,不识所谓有无混一之常;若谓万象为太虚中所见之物,则物与虚不相资,形自形,性自性,形性、天人不相待而有,陷于浮屠以山河大地为见病之说。②

在这段对于佛老之学的专论中,道家自然是从"有生于无"的角度来看待"太虚"与"气"之关系的,所以认为"虚能生气",从而将"太虚"与"气"理解为前后相生的关系,但却恰恰忽视了"太虚"与"气"之不同性质与不同定位,从而陷入了"无穷"与"有限"的"体用殊绝"。而佛教则又由于以"空"为本,因而又将世间"万

---

① 张载:《正蒙·大心》,《张载集》,第24页。
② 张载:《正蒙·太和》,《张载集》,第8页。

象"理解为"太虚中所见之物",这就成为一种"凭空起见"了,而且也陷入了"物与虚不相资,形自形,性自性,形性、天人不相待而有"式的"体用殊绝"。站在儒家"体用不二"的角度看,张载的这一批评无疑是正确的,但这一批评的重要性,则不仅在于提出了"物与虚""形与性"以及"天与人"的双重关系,而且其批评佛教的"形自形,性自性"一说,也正代表着张载"其性""其形"之说的最初提出。

所以,张载不仅用这一说法来批评佛老之学,同时也以之来论证儒家的世界观,——表现儒家民胞物与情怀的《西铭》,其实主要就是通过"其性""其形"的关系来论证的。比如《西铭》写道:

> 乾称父,坤称母;予兹藐焉,乃混然中处。故天地之塞,吾其体;天地之帅,吾其性。民吾同胞,物吾与也。①

这简单的几句就将儒家世界观所以形成的原因及其理据清楚地表达出来了,这就是"天地之塞,吾其体"与"天地之帅,吾其性"。因为只有在"其性""其形"相统一的基础上,所谓"民吾同胞,物吾与也"的万物一体之仁才能实现,也才能具体表现出来。那么,张载为什么要视"天地之塞"为"吾其体"呢?这首先就是因为它们——从"天地之塞"到"吾其体",本身都是一种实然的存在,也都具有本质的同一性,这就是从"形"的角度看,世间万物包括"吾其体",本身都是"气"之凝聚的产物;那么,为什么又认为"天地之帅,吾其性"呢?这又是因为,所谓"天地之帅",其实也就是"天地之志",就是张载在其"四为"中的"为天地"所立之"志",包括作为张载一生探讨之集中表现的天道本体,也首先是通过人的天地之性所挺立起来的。这样一来,所谓"吾其体""吾其性",同时也就成为"天地之塞"与"天地之帅"的关系了。

---

① 张载:《正蒙·乾称》,《张载集》,第62页。

张载对"形而上"的辨析及其天道本体的确立

那么,这种"吾其体"与"吾其性"以及"天地之塞"与"天地之帅"究竟是一种什么关系呢?这就是"其性"与"其形"的关系。虽然这一关系在张载哲学中本来就是一种非常明确的关系,但为了体现张载"其性""其形"相统一的把握方式及其在理学中的共同性,也为了体现这一认知方式的普遍性意义,我们这里也可以通过二程的"性""气"关系以及程朱的"理一分殊"包括其"理气"关系来分析张载"其性""其形"之说对于宋明理学的深远影响。

请看二程的如下语录:

> 论性,不论气,不备;论气,不论性,不明。二之则不是。①
> 离了阴阳更无道,所以阴阳者是道也。阴阳,气也。气是形而下者,道是形而上者。形而上者则是密也。②

二程这里的"性""气"以及"阴阳"与"所以阴阳",包括"形而上者"与"形而下者"的关系,实际上都是张载哲学中"其性"与"其形"关系的拓展性运用。一方面,它们就是"形而上者"与"形而下者"的关系,就是"散殊而可象"与"清通而不可象"的关系,当然也就是"阴阳"与"所以阴阳"的关系了。所以,在张载的"其性"与"其形"的关系中,作为"天地之帅,吾其性"才是一种最根本的存在,因为只有在这一基础上,所谓万物一体之仁才能真正实现。

让我们再看朱子在其《西铭解》中对张载"其性""其形"的说明及其关系的理解:

> 乾阳坤阴,此天地之气,而人物之所资以为体者也。故曰"天地之塞,吾其体"。乾建坤顺,此天地之志,为气之帅,而人物之所得以为性者也。故曰"天地之帅,吾其性"……人、物并

---

① 程颢、程颐:《程氏遗书》卷6,《二程集》,第81页。
② 程颢、程颐:《程氏遗书》卷15,《二程集》,第162页。

生于天地之间，其所资以为体者，皆天地之塞；其所得以为性者，皆天地之帅也。①

朱子的解释非常清楚，所谓"天地之塞"与"天地之帅"也就落在"气"与"性"两边。如果说"性"作为"天地之帅"就代表着超越的"理一"，那么所谓"气"，从作为"天地之塞"——山川大地一直到"吾其体"，其所以存在之共同基础以及其各种各样的表现，也就落实在"分殊"一边。显然，张载所谓"吾其体""吾其性"以及"其性""其形"之说，也就落实在朱子的"理一"与"分殊"两边，自然代表着从"吾"之"体""性"到天地之"塞"与"帅"两个不同的层面。

正因为如此，所以张载的"其性""其形"之说也就代表着程朱理学宇宙论之一种普遍的构成原则。请看朱子对于天地万物所以构成的说明：

天地之间，有理有气。理也者，形而上之道也，生物之本也。气也者，形而下之器也，生物之具也。是以人物之生，必禀此理然后有性，必禀此气然后有形。其性其形虽不外乎一身，然其道器之间，分际甚明，不可乱也。②

朱子这里的"必禀此理然后有性，必禀此气然后有形"无疑是就其理气关系而言的，但其理与气的关系究竟源自哪里？而其所谓"其性其形"之说又源自哪里呢？包括其所谓"道器之间，分际甚明，不可乱也"，实际上也就源于张载的"天地之塞，吾其体；天地之帅，吾其性"一说，源于其对佛教"物与虚不相资，形自形，性自性，形性、天人不相待而有"的批评。

---

① 朱熹：《西铭解》，《朱子全书》第十三册，第141—142页。
② 朱熹：《答黄道夫》，《朱子全书》第二十三册，第2755页。

四 从"自诚明"到"自明诚"

张载去世后,"门人欲谥为'明诚夫子'",并以此商请于程颢、司马光,因而也就有了《司马光论谥书》。程颢、司马光虽然依据古礼认为"诸侯相诔,犹为非礼,况弟子而诔其师乎"①,因而不予认可。但以"明诚夫子"定位张载一生的"稽天穷地之思"却得到了民间与学界的广泛认同,比如程门高弟游酢就在其关于程颢的《书行状后》中写道,"先生生而有妙质,闻道甚早。年逾冠,明诚夫子张子厚友而师之"②云云,说明"明诚夫子"虽然出于其弟子之私谥,却是有其广泛认同之基础的。

实际上,所谓"明诚"首先是出自张载的一种自我定位,他曾自省说:"某自是以仲尼为学而知者,某今亦窃希于明诚,所以勉勉安于不退。"③ 其弟子之私谥即由此而来。但张载关于"自明诚"与"自诚明"之关系却是有其较为系统的思考的,他比较说:

> 须知自诚明与自明诚者有异。自诚明者,先尽性以至于穷理也,谓先自其性理会来,以至穷理;自明诚者,先穷理以至于尽性也,谓先从学问理会,以推达于天性也。④

在张载的这一思考中,自诚而明,被定位为"先尽性以至于穷理也";自明而诚,则被定位为"先穷理以至于尽性也"。具体说来,也就是"先自其性理会来,以至穷理"与"先从学问理会,以推达于天性也"两条不同的为学进路。从这一标准来看,张载哲学也就被其自我

---

① 司马光:《司马光论谥书》,《张载集》,第387页。
② 游酢:《书行状后》,载朱熹《伊洛渊源录》卷3,《朱子全书》第十二册,第947页。
③ 张载:《语录》下,《张载集》,第330页。
④ 张载:《语录》下,《张载集》,第330页。

定位为"先穷理以至于尽性也",即"先从学问理会,以推达于天性也"。

但如果我们对应于张载的一生,从其早年接受范仲淹的建议"读《中庸》"到其晚年之发奋著《正蒙》,难道都是"先穷理以至于尽性",即"先从学问理会,以推达于天性"吗?此则还存在着较大的辨析空间。比如从其"读《中庸》"来看:"先生读其书,虽爱之,犹未以为足也,于是又访诸释老之书,累年尽究其说,知无所得,反而求之《六经》。"① 固然是一种发奋学习,以从知识上充实自我。再看其著《正蒙》时的情形:

> 终日危坐一室,左右简编,俯而读,仰而思,有得则识之,或中夜起坐,取烛以书,其志道精思,未始须臾息,亦未尝须臾忘也。②

当时张载已临晚境,且已退居横渠镇,那么他的这种"俯而读,仰而思……或中夜起坐,取烛以书"的动力从何而来呢?请看张载另一弟子对其一生学术探讨的概述:

> 子张子独以命世之宏才,旷古之绝识,参之以博闻强记之学,质之以稽天穷地之思,与尧、舜、孔、孟合德乎数千年之间。闵乎道之不明,斯人之迷且病,天下之理泯然其将灭也,故为此言与浮屠老子辩,夫岂好异乎哉?盖不得已也。③

张载确实具有"旷古之绝识",也确实是"质之以稽天穷地之思",但其"命世之宏才"以及其"与尧、舜、孔、孟合德乎数千年之间"

---

① 吕大临:《横渠先生行状》,《张载集》,第381页。
② 吕大临:《横渠先生行状》,《张载集》,第383页。
③ 范育:《正蒙序》,《张载集》,第5页。

张载对"形而上"的辨析及其天道本体的确立

就绝不是一个"识见"与知识追求的问题,而是"闵乎道之不明,斯人之迷且病",这就不是一个"穷理"之"明"的出发点,而是一个"诚之者"所不能自已的问题,而其所谓"参之""质之"显然只属于辅助性的手段,所以范育才借用孟子的"不得已"来说明张载的学术探讨。

让我们再从张载致力于学术探讨之初始动因以及其对"德性"与"学问"关系的看法来寻绎其"自明诚"与"自诚明"的关系:

> 当康定用兵时,年十八(二十一),慨然以功名自许,上书谒范文正公。公一见知其远器,欲成就之,乃责之曰:"儒者自有名教可乐,何事于兵!"因劝读《中庸》……①
>
> 不尊德性,则学问从而不道;不致广大,则精微无所立其诚;不极高明,则择乎中庸失时措之宜矣。②

这两段记载,前者是其成学经历,因为张载是接受范仲淹"读《中庸》"的建议才从"慨然以功名自许"转向理学探讨的。从这一点来看,其走向社会的最初动因也就应当是儒家的现实关怀,而陕西又是当时宋与西夏对峙的前沿。从后一段来看,则其所谓"不尊德性,则学问从而不道"又说明其学术探讨主要是围绕着"德性"关怀展开的。这说明,张载的学术探讨虽然不无"穷理"之知识追求的意味,但也绝不仅仅是"先从学问理会,以推达于天性也"。

那么,张载为什么要以"窃希于明诚"来自我定位呢?这主要是因为,在张载看来,自诚而明——"先尽性以至于穷理也"是包含着某些"生而知之"的意味的,因为连孔子都承认"吾非生而知之者,好古,敏以求之者也"(《论语·述而》),那么张载也就只能以自明而诚之"先穷理以至于尽性"来自我定位了。实际上,真正构成张载

---

① 吕大临:《横渠先生行状》,《张载集》,第381页。
② 张载:《正蒙·中正》,《张载集》,第28页。

一生学术探讨之动力,恰恰就在于其"为天地立心"的情怀,这正是所谓"诚";而其一生的学术探讨,也是以"诚"为动力推动知识性的追求所积累起来的。

不过,我们这里也可以将其"自明诚"与"自诚明"分解为"博"与"约"和"内"与"外"两个方面的指标,如此一来,所谓"自明诚"也就可以展现为由"博"而"约"与自"外"而"内",而"自诚明"也就可以表现为由"约"而"博"与由"内"而"外"了。这样看来,由"博"而"约"与自"外"而"内",确实比较符合张载"自明诚"的自我定位,但在张载的这一定位中是否包含着由"约"而"博"与由"内"而"外"的因素呢?无疑是包含的。显然,无论我们怎么分析,张载的"明"与"诚"之间似乎都存在着一种相互包含的因素和成分,无怪乎子思就曾明确断言:"诚则明矣,明则诚矣。"(《礼记·中庸》)唯一可以进行分析的一点在于:要接受张载所创设的理论体系,那就必须走出一条自"明"而"诚"之路,因为作为其《正蒙》之归结的《西铭》与《东铭》,也都指向了人生之"诚",——其民胞物与的情怀也就是其人生之"诚"的典型表现。但张载之所以要以"俯而读,仰而思"的精神创设《正蒙》,则又包含着一条自"诚"而"明"的前提。因为在张载看来,其之所以撰写《正蒙》,对于将起未起的理学思潮而言,本来就是一种开规模、定纲维的工作。张载曾自述说:"吾之作是书也,譬之枯株,根本枝叶,莫不悉备,充荣之者,其在人功而已。又如晬盘示儿,百物俱在,顾取者如何尔。"①

当我们将张载的"自明诚"与"自诚明"分解为自"博"而"约"和自"内"而"外"两个不同的方向时,马上就可以看出其"自明诚"与"自诚明"对于整个理学之为学进路的开创作用,这就主要表现为程朱理学与陆王心学两种不同的方向。请看如下两条:

---

① 苏昞:《正蒙序》,《张载集》,第3页。

张载对"形而上"的辨析及其天道本体的确立

> 格物穷理,非是要尽穷天下之物,但与一事上穷尽,其它可以类推。至如言孝,其所以为孝者如何,穷理如一事上穷不得,且别穷一事,或先其易者,或先其难者,如千蹊万径,皆可适国,但得一道入得便可。所以能穷者,只为万物只是一理,至如一物一事,虽小,皆有是理。①

> 所谓致知在格物者,言欲致吾之知,在即物而穷其理也。盖人心之灵莫不有知,而天下之物莫不有理,惟于理有未穷,故其知有不尽也。是以《大学》始教,必使学者即凡天下之物,莫不因其已知之理而益穷之,以求至乎其极。至于用力之久,而一旦豁然贯通焉,则众物之表里精粗无不到,而吾心之全体大用无不明矣。此谓物格,此谓知之至也。②

这两条几乎是完全不用解释的,前一条是程颐关于格物致知的论述;后一条则是朱子关于《大学》格物致知的"补传"。但一致坚持着一种自"外"而"内"、自"博"而"约"的认知进路。如果从张载的"自明诚"与"自诚明"来看,那么这就是一条典型的自"明"而"诚"的认知进路。但正因为其始终坚持着自"明"而"诚"的进路,所以到了明代,在阳明心学的比衬下,居然演变为一种陶醉于外向求知的气学,比如罗钦顺虽然是明代的"朱学后劲",但其格物穷理说就已经演变为一种外向求知之学了。罗钦顺说:"理只是气之理,当于气之转折处观之。往而来,来而往,便是转折处也。夫往而不能不来,来而不能不往,有莫知其所以然而然,若有一物主宰乎其间而使之然者,此理之所以名也。"③ 在罗钦顺的这一进路中,由于其一味地外向追求从而忽略了内在之"约"与"诚"的工夫,从而也就成为一种典型的外向求知之学了。

---

① 程颢、程颐:《程氏遗书》卷十五,《二程集》,第157页。
② 朱熹:《大学章句集注》,《四书章句集注》,《朱子全书》第六册,第20页。
③ 罗钦顺:《困知记》续卷上,《困知记》,中华书局1990年版,第68页。

但宋明理学中还存在着另一条为学进路，请看如下表达：

> 只心便是天，尽之便知性，知性便知天（一作性便是天），当处便认取，更不可外求。①
>
> 请尊兄即今自立，正坐拱手，收拾精神，自作主宰，万物皆备于我，有何欠缺。当恻隐时自然恻隐，当羞恶时自然羞恶，当宽裕温柔时自然宽裕温柔，当发强刚毅时自然发强刚毅。②
>
> 忽中夜大悟格物致知之说……始知圣人之道，吾性自足，向之求理于事物者误也。③
>
> 此心无私欲之蔽，即是天理，不须外面添一分。以此纯乎天理之心，发之事父便是孝，发之事君便是忠，发之交友治民便是信与仁。④

上述几条，同样是不需要解释的。"知性便知天"自然出自程颢；而其"当处便认取，更不可外求"一说尤其表现了其守"约"之"诚"的工夫。至于"收拾精神，自作主宰，万物皆备于我"显然是出自陆象山；而其"有何欠缺"一问以及"当恻隐时自然恻隐"之类，无疑是当下具足的表现。至于"圣人之道，吾性自足，向之求理于事物者误也"也就是王阳明龙场大悟，所谓"此心无私欲之蔽，即是天理，不须外面添一分"以及"发之事父……发之事君……发之交友治民"之类，正是其"心即理"说的表现。

这样看来，张载的"自明诚"与"自诚明"包括其相互的互补互渗与互证关系，实际上就已经明确地规定了整个理学的发展路径。至于张载形容其《正蒙》的"根本枝叶，莫不悉备"包括其比喻性

---

① 程颢、程颐：《程氏遗书》卷二上，《二程集》，第 15 页。
② 陆九渊：《语录》下，《陆九渊集》卷 35，中华书局 1980 年版，第 455—456 页。
③ 钱德洪：《王阳明年谱》一，《王阳明全集》，上海古籍出版社 1992 年版，第 1228 页。
④ 王守仁：《语录》一，《王阳明全集》，第 2 页。

说明的"晬盘示儿",也都在宋明的理学(也包括气学)与心学——所谓程朱陆王的不同发展指向中得到了证实。这样一来,如果说"太极""太虚"之辨以及其"太和"的统一就是张载"形而上下""一滚论之"的天道本体落实,那么,他的"其性""其形"之说包括"自明诚"与"自诚明"之辨,也就可以说是其"形而上下"之辨的宇宙论落实及其人生修养与认识论回声。

(原载《哲学研究》2020年第8期,刊发时字句略有删节)

论张载的"中道"观

张茂泽*

摘　要：中道观是儒学思想的重要组成部分，古代学者如朱熹、王夫之等已经注意到张载的中道观。在张载的中道观中，"太虚即气""德合阴阳"说是本体论基础，"参和"说是核心内容，中道修养则要求"两端并进"，以"尽性成性"，"德性所知"是中道认识的核心。天人合一观念凝练为"性即天道"命题，人性被创造性理解为天地之性和气质之性的参和统一，修养被定性为变化气质以"尽性成性"的人性修养，教化则聚焦于知礼成性、以礼为教的文明教化，这些都是张载对儒学、对宋明理学的重大思想贡献。而这些思想贡献都渗透了其中道观思维在内。在天人合一、体用合一、知行合一等方面，张载中道观也可给后人以方法论启迪。

关键词：张载　中道　中道观　中道方法

中道观是儒学一以贯之、一脉相承的优秀思想传统，贯穿于儒学天人合一的世界观、人性修养论、文明教化论中，是儒家逻辑学的核心内容，也是儒学有别于诸子、佛老以及近代西学等特别显著的思想方法。换言之，把握了张载的中道观，不仅可以帮助我们如实、合理而有效地理解张载思想，也有助于我们学习把握儒学思想的精髓，传

---

* 张茂泽，西北大学中国思想文化研究所教授，博士生导师。

承弘扬中道方法，反对极端思想。

近代以来，西学盛行，儒学不振。不少学者效法西学，亦步亦趋，几至邯郸学步。他们以西学问题为问题，而丢失了儒学天人合一的、人做人成人的问题，即人之所以为人的基本问题；以西学方法为方法，眩于归纳和演绎，而忘记了数千年延续的中道方法。学术研究没有自己的问题，又没有自己的方法，怎么能提供性道合一智慧，帮助国人思考解决做人成人问题，而振兴儒学呢？当代新儒学建设，紧要处就在于，关注人之所以为人问题的新表现，进行中道视野下的理性研究，而后以中道方法组织、论断之，进而评判、引领之。

近代以来，科学的中国思想史、中国哲学史研究逐步专门化，表达更为清晰、系统，取得了丰硕成果。但在研究中也难免丢失传统学术自身的问题和方法，有些研究甚至完全失去了传统学术的优点。比如，对中道方法的研究，不能不顾中国思想史的情况，盲目用西方某种理论解释。儒学思想中，天人合一、内外合一、体用合一、主客合一等，无不是中道方法的表现。而北宋理学大家、关学领袖张载，更是理学中道方法的大师。张载的中道方法值得我们今天好好研究和传承弘扬。

一 古代学者的关注

张载的"中道"观在古代已备受关注。他说："学者中道而立，则有位以弘之。无中道而立，则穷大而失其居，失其居则无地以崇其德，与不及者同。"① 他还认为"大中，天地之道也；得大中，阴阳鬼神莫不尽之矣"（《经学理窟·义理》，第274页）。中，表示空间方位的词，这里表示世间万物统一的度，故谓之大中。中道，即作为本体的道，即道本体，是"天地之道"。得大中，以中道立身行世，上能与天合一，下则自有其恰当社会地位；否则，进退失据，如无地

---

① 《张载集》，中华书局1978年版，第21页。（以下引用此书皆随文注）

可居、无家可归者，做人成人就缺乏基础。中道，张载也称之为"中正"。他说："中正然后贯天下之道，此君子之所以大居正也。盖得正则得所止，得所止则可以弘而至于大。"（《正蒙·中正篇》，第26页）又言："大中至正之极，文必能致其用，约必能感而通。"（《正蒙·中正篇》，第2页）张载常言中道、中正、大中、中行、时中等，皆为表示"中道"意义的概念。

他还对学生说，自己学问"譬之枯株，根本枝叶，莫不悉备；充荣之者，其在人功而已。又如晬盘示儿，百物具在，顾取者如何尔"（《苏昞序》，第3页）。要认识、理解他的思想内容，必须用"人功"以"取"之；此用"功"之方、"取者"之术，和"百物具在"的现实世界相关，和"根本枝叶莫不悉备"的体用合一世界结构联系紧密。这种体用合一的世界结构表现到人的思维上，就是中道方法。

吕大临认为，张载自得之学在"穷神化，一天人，立大本，斥异学"，他概括其师的修养方法为"知礼成性、变化气质之道"（《附录·吕大临横渠先生行状》，第383页）。"大本"即中道，达到中道的途径是"穷神化，一天人"；中道即正道，以中道为准，"异学"自可辨斥。范育也注意到张载的中道方法。他为《正蒙》作序，列举张载批评佛老的论点、论据说："浮屠以心为法，以空为真，故《正蒙》辟之以天理之大，又曰：'知虚空即气，则有无、隐显、神化、性命通一无二'。老子以无为为道，故《正蒙》辟之曰：'不有两，则无一'，至于谈死生之际，曰'轮转不息，能脱是者则无生灭'，或曰'久生不死'，故《正蒙》辟之曰：'太虚不能无气，气不能不聚而为万物，万物不能不散而为太虚。'"认为张载批评佛老，以"虚气相即"为基，思考一二、虚实、有无、隐显、生死等关系，"高者抑之，卑者举之，虚者实之，碍者通之，众者一之，合者散之"，使世间万物、人类社会的"本末上下，贯于一道"，"要之立乎大中至正之矩"（《范育序》，第5—6页）。矩，规矩，准绳，是标准、规范，也是方法、步骤。大中至正之矩，就是儒家中庸正道的标准、规范，进行人性修养和文明教化的方法和节奏。范育理解把握其师的思想精髓，可谓得其要领。

二程也肯定说："横渠道尽高，言尽醇。自孟子后，儒者都无他见识。"（《张子语录·后录上》，第337页）尤其肯定张载《西铭》乾父坤母、民胞物与思想彰显了理一分殊的中道。朱熹《西铭论》进而解其大旨曰："盖以乾为父，以坤为母，有生之类，无物不然，所谓理一也。而人物之生，血脉之属，各亲其亲，各子其子，则分亦安得而不殊哉！一统而万殊，则虽天下一家，中国一人，而不流于兼爱之弊；万殊而一贯，则虽亲疏异情，贵贱异等，而不梏于为我之私。"（《附录·朱熹西铭论》，第410页）朱熹对张载"中道"观在"理一分殊"上的表现做了清晰的阐发。

《宋史·张载传》言张载之学，"以《易》为宗，以《中庸》为体，以孔孟为法"。《易》重阴阳统一，《中庸》讲中庸之道，皆以中道为主要内容。《宋史》作者从张载的学术渊源上暗示了其中道观的经典源泉。明代汪伟《横渠经学理窟序》言张载："论学则期于圣人，语治则必期于三代，至于进为之方，设施之术，具有节级，凿凿可行，非徒讬诸空言者。朱子曰：'天资高则学明道，不然，且学二程、横渠。'良以横渠用功亲切，有可循守。"（汪伟《横渠经学理窟序》，第247页）断定张载的方法"具有节级，凿凿可行"。

王夫之《张子正蒙注序论》言："《正蒙》特揭阴阳之固有，屈伸之必然，以立中道，而至当百顺之大经皆率此以成，故曰率性之谓道。"① 王夫之一生"希张横渠之正学"，致力于深研《正蒙》，抓住并标明了张载阴阳屈伸说是为了"立中道"的学术宗旨。

---

① 王夫之：《张载正蒙注·序》，《船山全书》第12册，岳麓书社2011年版，第11页。

二 "太虚即气""德合阴阳"说是中道观的本体论基础

张载《正蒙》开篇即言:"太和所谓道,中涵浮沉、升降、动静、相感之性,是生絪缊、相荡、胜负、屈伸之始。其来也几微易简,其究也广大坚固。起知于易者乾乎!效法于简者坤乎!散殊而可象为气,清通而不可象为神。"(《正蒙·太和篇》,第7页)这里提出了几对范畴:太和与道,道之"中"(与道之外)。道之"中",即道的存在、运动,又有浮沉、升降、动静诸性能,及其"相感"关系,内蕴了乾和坤、易和简、起知和效法、气和神、散殊和清通、可象和不可象等两端。道之外,即道生成万物及现实世界的生生不已过程。在此生成过程中有絪缊、相荡、胜负、屈伸之阴阳二气的存在关系和运动性能,还有几和微、广大和坚固等两端。道的上述诸多性能,又皆暗含一而二、二而一的中道形式在内。

张载的虚气论,核心命题是"太虚即气"(《正蒙·太和篇》,第8页)说。他提出:"太虚不能无气,气不能不聚而为万物,万物不能不散而为太虚。循是出入,是皆不得已而然也。"(《正蒙·太和篇》,第7页)不能无、不能不,皆从反面言"太虚(有)→气(聚)→万物(散)→太虚"的运动(聚散)必然性:太虚有气,虚和气统一,气聚散而万物生灭,皆有"不得已"的内在必然性。在此必然性支持下,太虚、气、物等统一为整体,即道体,也可谓"本体"。一而二、二而一的中道形式正可谓道存在和运动的形式。

本体是张载自己用的概念。他说:"太虚者,气之体。"(《正蒙·乾称篇》,第66页)又说:"太虚无形,气之本体;其聚其散,变化之客形尔。至静无感,性之渊源,有识有知,物交之客感尔。客感客形与无感无形,惟尽性者一之。"(《正蒙·太和篇》,第7页)虚和气,作为气之本体的无形太虚,和由气聚散变化而成的"客形"万物,两者一起构成整个世界。就这种统一体的状态言是太和,就其外延说即道（形而上者）和现实世界（形而下者），就其形式言，即中道。可见，在张载那里，中道既存在于道的内部结构、关系、性能中，也表现在道生成世间万物、人类社会的过程中，表现在万事万物和人类活动中。

张载善于观察现实世界，他总结说："万物虽多，其实一物；无无阴阳者。"（《正蒙·太和篇》，第10页）万物形体的演变，都是阴阳二气的变化。气变化有聚散两个方向：聚而成物，如水凝为冰，散而之虚，似冰融为水。其实，"太虚即气"，气即万物。在气的支持下，虚和物也是一而二、二而一的。就气而言，气"虽无穷，其实湛然；虽无数，其实一而已。"（《正蒙·乾称篇》，第66页）气无穷、无数的运动变化，归根结底只是湛然为一之太虚的表现；气本身不是本体，太虚才是气的本体。气"散入无形"，但有其"体"；气"聚为有象"，但"不失吾常"（《正蒙·太和篇》，第7页）。他针对佛老，强调万物耗散，但依然有其本体，而非空无；针对世人，强调万物变化、多样，但仍有其恒常不变的一本。就现实有形世界言，"凡可状，皆有也；凡有，皆象也；凡象，皆气也。气之性本虚而神，则神与性乃气所固有"（《正蒙·乾称篇》，第63页）。太虚无形的神、性，和可状有形的万物，以及万物的运动和静止、存在与生生等，在张载虚气观里，既能现象上分，也必本体地合。

张载进而分析气的"虚"性说："所谓气也者，非待其郁蒸凝聚，接于目而后知之；苟健顺、动止、浩然、湛然之得言，皆可名之象尔。"（《横渠易说·系辞下》，第219页）物散而之虚。虚非空无，如健顺、动止、浩然、湛然等性能，依然实在，此即太虚。他又说："金铁有时而腐，山岳有时而摧，凡有形之物即易坏，惟太虚无动摇，故为至实。"（《张子语录·语录中》，第325页）太虚是天的实在性，"无动摇"。他还注意到太虚的其他性能，如一、清、大、常、精等，分别与多、浊、小、变、粗等相对。他说："虚者，天地之祖，天地从虚中来"（《张子语录·语录中》，第326页），"太虚者，天之实也。万物取足于太虚，人亦出于太虚。太虚者，心之实也"（《张子语录·语录中》，第 324 页）。唯有太虚实在才能为气的运动、为万物变化提供根本支持。当然，太虚也不是脱离气而存在的，它只是"气之本体"，即气的"性""神"。

张载言虚气，是为了说明世界统一于道体。他提出，"体不偏滞，乃可谓无方无体"，本体无形，故没有空间形状；若有空间形状，气即"偏滞于昼夜阴阳"，就是具体事物。和具体有形物不同，"若道，则兼体而无累也。以其兼体也，故曰一阴一阳，又曰阴阳不测，又曰一阖一辟，又曰同乎昼夜。语其推行，故曰道；语其不测，故曰神；语其生生，故曰易；其实一物，指事而异名尔"（《横渠易说·系辞上》，第 184 页）。一阴一阳、阴阳不测、一阖一辟，皆从阴阳角度言道的运动材料和性能，不测、神，则言道运动的神妙性能，其生生性能则称为易：它们都指称道体。

在逻辑思维不发达的条件下，学者们要认识和表达抽象的"形而上"世界，"于不形中得以措辞"（《横渠易说·系辞下》，第 231 页），很困难。照程朱看，张载所谓"虚""性""神"等所指称的，都是气的存在关系和运动性能，其实就是理；理和气的关系是程朱理学的重要论题。张载尚未凝练出此论题，但其虚气相即的讨论却隐约触摸到它了。

因为它有两个要点：一是太虚作为气的本体，神化作为气的性能，皆为气所固有，两者不对立。张载并未断定，即使没有气，太虚依然存在；说明他是慎重的。二是神和性在张载那里正是仁义道德的本原。虚清而物浊，清则灵，浊则滞；虚无碍而物有碍，无碍则可通，有碍则闭塞；虚神而物形，神则不测，形则耳目可闻见。清和浊、无碍和碍、神和形，以及张载还提到的虚和实、一和多等，都不可分割，有机统一。这两点，在程朱理学那里分别表现为理气关系论和天理论；而灵动、通达、不测等性能，则归诸天理，以及内化了天理在内的心性。可见，张载虚气论和二程的理气关系论有共性。

张载强调太虚的抽象性（形而上性）、理性，尤其凸显了太虚的道德本原地位；而理性地探讨性与天道的关系，为仁义道德进行本体论说明，正是宋明理学的历史任务。不承认张载的理学地位，反而不符合思想史实。

首先，张载强调太虚的抽象性、通达的普遍性和恒常性，以说明"仁之原"。他说，"天地以虚为德，至善者虚也"（《张子语录·语录中》，第326页），"虚者，仁之原"（《张子语录·语录中》，第325页），太虚至善，又是仁的本原，显然有道德本体意味，故它有"合阴阳"之德，具备合阴阳二气的性能。

其次，张载认为，"有无一，内外合，此人心之所自来也"（《正蒙·乾称篇》，第63页），"合性与知觉，有心之名"（《正蒙·太和篇》，第9页）。人的认识等心理活动也本原于有无统一、内外合一的虚气相即之道，此即天地之心。

最后，张载尤其直言道德本体。他说："德主天下之善，善原天下之一。"（《正蒙·有德篇》，第44页）断定道德有本体地位，是儒家的固有思想和信念。孔子"天生德于予"、《中庸》"天命之谓性"、孟子良知"固有""非外铄我"等说，皆就天和人的道德关系立论。张载则将天具体化为气，讨论气和道德的关系，提出"德合阴阳"说，丰富和细化了儒家关于天和道德关系的内容。他认为，"气有阴阳，推行有渐为化，合一不测为神"，神是化的根本；人们观此，进行道德修养，自能掌握变化规律，"知义用利，则神化之事备"。儒家言化，讨论自然事物的运动变化，尤其关注人的发展和社会的人文化成。经典、先贤言化，都强调人发展和文明化的道德修养基础，如"《中庸》曰'至诚为能化'，孟子曰'大而化之'，皆以其德合阴阳，与天地同流而无不通也。"（《正蒙·神化篇》，第16页）这种道德修养的实质就是人如太虚，能够"德合阴阳"，使道德和阴阳统一、人性和天道统一。

张载"德合阴阳"说或源于《易传》。《说卦传》："圣人之作

《易》也,将以顺性命之理,是以立天之道曰阴与阳,立地之道曰柔与刚,立人之道曰仁与义。"① 易道似为圣人所"立"。湖南马王堆帛书《易传》作"位天之道曰阴与阳,位地之道曰柔与刚,位人之道曰仁与义"②。道位于天为阴阳,位于人则为仁义。仁义即德,那么,以道为本,德合阴阳,自然而然。而且所谓德合阴阳,意思恐非指人刻意与阴阳二气合一,而应指阴阳和合,生生不已,此即天地生生之德;人因阴阳和合、生生不息而生,人还必须效法此天地生生之德,而做人成人。真正说来,人只能顺天应人,知命立命,难与天本身合一,也难与天之阴阳二气合一,只能借助人性修养和文明教化,与蕴藏于阴阳二气中的天道、天理合一。人效法天道,认识、遵循天理,帮助人生生不已,成为理想的人,更可推己及人,仁民爱物,帮助他人成为理想的人,创造发展人类文明,推动社会成为理想社会。人道的生生不已,与天道之生生不已若合符节,是为天人合一,也是德合阴阳。天人合一,天生人成、天命人性、天意民心,这是本体层面的德合阴阳;人为天地立心,为生民立命,继往圣绝学,开万世太平,则是现象世界的德合阴阳努力。

理学家志在为仁义道德寻求本体基础,程朱"性即理也"说、陆王"心即理也"论,都是表达此义的核心命题。张载提出"德合阴阳"说,目的正在于要借助阴阳二气的运动,寻出仁义道德修养的坚实基础。单纯的"气"只是物质性存在,充当事物的根源,构成事物的材料,和事物的结构、性质和关系无涉,而且价值中立,很难充当仁义道德的本体。而"理""良知"作为抽象形式或抽象主体,充当仁义道德的本体,比较容易,也令人易于理解。"气"学者除非提出"气者理也"之类的命题,但这已经走向了程朱理学之路。而且张载毕竟没有提出"气者理也"之命题来。不少学者将张载"太虚"范畴理解为近乎天理、良知意义,其同情理解之苦心孤诣,令人动容。

---

① 王弼:《周易正义》,中华书局1980年版,第93—94页。
② 邓球柏:《帛书周易校释》(增订本),湖南出版社1996年版,第461页。

如此，太虚即气，便是"德合阴阳"，修养时便以至善的天地之性为本，变化气质，使气质之性向善而已。但又和程朱有别，张载并不直接说太虚即是本体，而只说"太虚即气"。太虚即气，德合阴阳，与朱熹理气不离说接近，但并无朱熹理先气后之义。

这说明，张载并无直接从气中引申出仁义道德的意图；他有时撇开阴阳，直言道德本体，显得更为直截了当，显豁明白。他提出道德即"天下之理"，说，"循天下之理之谓道，得天下之理之谓德"（《正蒙·至当篇》，第32页），道德的实质就是"天下之理"，即天下真理。道德就是真理，有普遍必然性。又说，天道至教，圣人至德，"天道四时行，百物生，无非至教；圣人之动，无非至德"。天道是文明教化的终极内容，圣人是人性修养的最高典范。因为在张载看来，"道德性命是长在不死之物；己身则死，此则常在"（《正蒙·天道篇》，第13页）。道德有永恒性。道德存在上的实在性、认识上的普遍必然性、运动的永恒性，表明其不受时空限制，在时空而又超时空。这正是本体的基本特征。

可见，在张载那里，道德本体就是太虚即气、德合阴阳的中道本体，太虚不能脱离气而为道德本体，气也不能脱离太虚而生生不已。张载中道观以"太虚即气""德合阴阳"说为本体论基础，实即以太虚或道德和阴阳二气的统一为本体根基；这就和朱熹、阳明分别以天理、良知为本体，而视气为形而下者显然不同。本体一定是理气合一、良知与万事万物合一的，气一定是本体的基本要素，这是张载等"气"学者的基本主张。表现在人性论上，人性一定是天地之性和气质之性的统一，气质之性是人性的有机组成部分，而不能将它视为妨碍人做人成人、尽性成性的消极因素。在天地之性支持下，人的气质之性向善；变化气质修养正是这种向善性的集中表现。理学末流黑化气性，视气性为恶，搞禁欲主义，张载绝无此意，反而肯定气质之性是人性不可或缺的部分，预先防备了这一可能倾向。张载这一思路，对阳明后学、明清实学中的气性论思潮开了先路。

张载提出太虚和气统一，德和阴阳统一，天地之性和气质之性统一，等等；因为这种统一就是中道，故可以说中道观以中道自身为本体。依自不依它，正是本体自本自根的自在、自为特性。

三 "参和"是中道方法的主要内容

张载善于用"二端"法观察世间万物。二端，有时他也说"两端""有对"，指一阴一阳，阴阳不测，或指运动事物中的两种要素、两种性能，事物联系的两种关系，事物运动的两个方向，等等。张载说："天地变化，二端而已。"（《正蒙·太和篇》，第10页）又言："天道不穷，寒暑也；众动不穷，屈伸也。鬼神之实，不越二端而已矣。"（《正蒙·太和篇》，第9页）天地变化只是二端即阴阳运动的表现。寒暑、屈伸、鬼神，皆为两端；阴阳、刚柔、仁义是两端；吉凶、变化、悔吝、刚柔，也是两端。他概括说，"一物两体，气也"（《正蒙·参两篇》，第10页），因为"一物而两体，太极之谓与"（《正蒙·大易篇》，第48—49页），一物而两体，是世间万物普遍的存在状态，这种状态的本原就是阴阳和合的太极。

1. "二端"论

张载两端说源于《周易》阴阳观念。他说，"不见两则不见《易》"（《横渠易说·系辞上》，第177页），"天包载万物于内，所感所性，乾坤、阴阳二端而已"（《正蒙·乾称篇》，第63页）。在《周易》作者看来，凡事物必有阴阳二端；无二端，事物不成为事物。张载发挥说："物无孤立之理；非同异、屈伸、终始以发明之，则虽物非物也。事由始卒乃成；非同异、有无相感，则不见其成。不见其成，则虽物非物；故一屈伸相感而利生焉。"（《正蒙·动物篇》，第19页）从"理"上看，不存在无二端之物；没有同异、屈伸、终始，物便不成其为物。人们认识事物，不从事物的始终、同异、有无等入手，也"不见其成"；则所谓物，也不能成为人们意识世界中的物。

可见，二端既是事物存在的状态、要素、结构和性能，是事物运动的方向，也是人们认识事物、改造世界的入手处。

张载在儒学思想上的创造性在于，他发现人性也分两端，即天地之性和气质之性，这成为宋明理学炫目的思想亮点。就天地之性言，"至诚，天性也"（《正蒙·乾称篇》，第63页），"性于人无不善"。现实中人们有善有不善，原因在于他们有无修养，或其修养"善反不善反而已"（《正蒙·诚明篇》，第22页）。天地之性和气质之性不可分离，人的道德修养也离不开有意识地变化气质，克服气质之性中的消极因素和可能性。张载说："德者得也，凡有性质而可有者也。"（《正蒙·至当篇》，第32页）道德的基础就是"性质"，即天地之性和气质之性的统一。

张载还发现，人心也分二端，心分天人、性情，有天地之心和人心情欲。他说："心，内也。其原在内时，则有形见，情则见于事也，故可得而名状。"这是说人心，表现为情感欲望等，其特征是"有形见""见于事"，可以"名状"表达。至于天地之心则不同。他说："大抵言天地之心者，天地之大德曰生，则以生物为本者，乃天地之心也。……天则无心无为，无所主宰，恒然如此。"（《横渠易说·上经》，第113页）天地之心即大自然生生不已的性能。有时张载也称之为"天德良知"，即与道德本体统一的道德主体，这明显就是理学家所谓道心。张载提出"心统性情"命题，要求将心之二端统一起来，使情受性的制约、人心受道心良知的支配，实即要求以天地之心这道心来统帅人心，主宰人情欲望。

2. "参和"论

在张载看来，二端的世界，是道体生生的产物。他提出，在现象世界，二端表现为"对必和解"。他说："有象斯有对，对必反其为；有反斯有仇，仇必和而解。"（《正蒙·太和篇》，第10页）二端并不永远对立，"和而解"才是本原、标准和方向。二端之对立产生前、对立中、和解后，皆为道体的"参和"状态。之所以如此，是因为

"天本参和不偏"(《正蒙·诚明篇》,第 23 页),"天所以参,一太极两仪而象之,性也"(《正蒙·参两篇》,第 10 页)。参和是天的本性,也是对立的"二端"能够和解的依据、准则和理想。

为什么说"天本参和"?他解释说:"一物两体,气也。一故神,两在故不测;两故化,推行于一。此天之所以参也。"(《正蒙·参两篇》,第 10 页)道生万物,一生二端;万物有二端,二端相合,发挥作用,生生不已;但二端运动所推行的,依然只是一;一与两相合为三,三非三物,只是一体,故谓之参。可见,两即两端,参指太极加上两端,实际上指两端的对立统一。在此统一体中,两端合为一;而合一后,两端依然存在;两端加合一,故为三。"参和"即指两端既对立又统一的关系和状态,今人谓之辩证统一。黑格尔提出了辩证法正反合的三一公式。张载没有提出公式,但也提到"参和"。参即三,即两端及其和谐统一;就两端统一的本原是道言,也可谓一。张载直观到辩证法的三一关系,十分深刻。辩证统一,故不偏。不仅不偏,而且不偏不倚、无过无不及,这也叫中庸之道。和黑格尔辩证法比较,张载参合的意义主要有三:一是二端统一,缺一不可;二是体用统一,有些两端可以并立,而有些两端则有体用关系;三是体用统一而且万物对立统一。

张载还对"合一"本身进行了思考。他明确讲"合一",搜集了大量合一的例子,充实了他"参和"思想的内容,揭示了合一的中道实质。在张载那里,参和实即中道。参和的主体有本原、二端三者,而且三者相合。中道则指三者相合而无不合适,符合道德本体。

张载也用"即""通一"等概念表达合一的存在状态、性质和关系。通一即万物通达为一,应出于《庄子·齐物论》"道通为一"说,张载简化为"通一"概念。在他看来,"即"和"通一"两者的关系,也应该相"即"不离、"通一"为道。在命题上,他则常用"即"连接合一的两个主词,如"太虚即气"等。笔者曾分析其"即"的意义,认为主要有三:第一,静看,"即"指等于;第二,动看,"即"指有形和无形两个层次获得统一的阴阳运动过程;第三,动静统一看,无形和有形、统一("一")和对立("两")等,也各有其性能,互相不同,又相辅相存,互相不离,且相互作用。①

3. 一两关系论

一两关系,指一和两的关系。因为阴阳和合,万物遂生,故两也是万物的本原;故一两关系也指一和多的关系。一两合一,暗含一多合一之义。一两关系论特别展现了张载心中所谓本体世界不同范畴的合一,也为现实世界一多统一提供了依据。在张载那里,一两关系是两端相合关系超越机械凑合,而升华为体用合一的关键一步;故一两关系论可谓张载"参和"说能够成立的逻辑基础。在张载看来,一两关系的内涵主要有三:

其一,一生两:两的产生、存在和运动本于一。他说:"两体者,虚实也,动静也,聚散也,清浊也,其究一而已。"(《正蒙·太和篇》,第9页)阴阳生于太极,两本于一。又说:"一故神,两在故不测;两故化,推行于一"(《正蒙·参两篇》,第10页),神为一的特征,但一的运动方向是两;两则变化莫测,但所推行的是一。两的运动"虽无穷,其实湛然;虽无数,其实一而已"(《横渠易说·系辞上》,第184页)。

其二,两支持一:在存在和认识上,两支持一的存在,也支持人们对一的认识。张载说:"日月相推而明生,寒暑相推而岁成。"一的存在和性能在两的运动中才显现出来,为人们所认识。所以,在认识上,"两不立则一不可见,一不可见则两之用息""感而后有通,不有两则无一"。就像人们研读《周易》,"乾坤毁则无以见易"(《正蒙·太和篇》,第9页),要是没有乾坤,人们怎能见乾坤统一的易道呢。两的出现和存在是一可见的条件;人要认识一,必须借助两,在认识两的基础上,才能认识一,正所谓"非离不相睹也"(《正蒙·太和篇》,第8页)。没有分离、对立,就不能主客感通,产生对象性的经

---

① 参见张茂泽《张载对宋明理学的历史贡献》,《西部学刊》2015年第7期。

验认识。由两见一，正是两在认识上的重要功用。但是，一比两更为根本、重要。因为如果认识上见不到一，则关于两的认识也未必真实，会大打折扣。

其三，一是两的本原，但也不能只有一，没有两。张载说，"二端故有感，本一故能合"（《正蒙·乾称篇》，第63页），两的世界，是主客的对象性世界，主体可以对付（认识和实践）对象，但两"本一"，一是两产生、存在、运动的根本。因为有一存在，两"故能合"。在此，不仅两的内部关系是辩证统一的，而且一和两的关系也是对立统一的。换言之，在中道基础上，一两、两两等矛盾得以克服，矛盾对立的双方和解，有必然性；因为一存在，并发挥作用，为两的合一提供了逻辑依据，而且一还为一两合一提供了逻辑保证。这样，在一的支持下，一两是参和统一的，既不可分离，又相互支持，相辅相成。张载说："有两则有一，是太极也。若一则有两，有两亦一在，无两亦一在。然无两则安用一？不以太极，空虚而已，非天参也。"（《横渠易说·说卦》，第233—234页）就存在言，没有两，一固然存在；但如果没有两，"安用一"？没有两，一就没有现实意义。一为本，两为末，但本末兼赅，均不可或缺。

还要注意，张载的一两关系论，还潜藏了二义：其一，一两不同，有对立，但对立中的两，在性能上有正负，有健顺、主从；其二，一两皆本于一，故能合一，但在合一体中，两者的地位有轻重，有先后，在运动中也有本末，有引领和跟随。无论在对立还是合一中，两中的健者、重者、先者、主者一端，总是起主导作用。一是两的本原，故除非主导端更接近一，甚至有时就是一的体现，否则它不能成为主导。张载说："道，行也，所行即是道。《易》亦言'天行健'，天道也。"（《横渠易说·上经》，第71页）乾坤两端中的乾，起主导作用。为什么？因为它就是天道更本真而直接的表现。

4. 道德本体

一是什么？为什么一能够成为两端甚至万物合一的保证？在张载

看来，因为一就是理、道，就是道德本体。他说："天地之气，虽聚散、攻取百涂，然其为理也顺而不妄。"（《正蒙·太和篇》，第7页）世界只是统一于理而已。此理支撑、规范、引领世间万物，使万事万物皆"顺而不妄"。张载似乎认为，气是世间万物产生、形成的物质基础，理则是世间万物存在、运动、统一的依据和规律。只有认可天理是世界的统一形式，才能理解气之理"顺而不妄"。而中道则是理的方法形式，属于理的核心内容。

理、道，就其主要性能言，近乎二程的天理，亦即义理。张载说："由气化，有道之名。"所谓道，乃"气化之名"。理学要为仁义道德等人性内涵提供天道本原，气化之道如何成为仁义道德的依据？张载两端说很关键。他说："游气纷扰，合而成质者，生人物之万殊；其阴阳两端循环不已者，立天地之大义。"（《正蒙·乾称篇》，第62页）讨论两端参和，不仅要以气充当有形事物及其运动的材料本原，而且尤其要从太虚本原中引申出道德大义。就现实社会言，气以成质，道以立义。要做到这点，必须有本原根据，即太虚必须是仁义道德的本原，气则只是有形物体、人身等的本原。在此意义上，两端说不仅是认识方法，而且有本体意义，是张载太虚即气、德合阴阳的"本体"运动形式在方法上的表现。

在张载看来，义理本质上就是天德，是道。道的特性主要是形而上，即抽象性。他说："运于无形之谓道，形而下者不足以言之。"（《正蒙·天道篇》，第14页）又说："有天德，然后天地之道可一言而尽。"（《正蒙·天道篇》，第15页）气要上升到太极高度，道德要升华到天道、天德高度，世界的统一性才有可能简易而准确表达出来，世间万物的运动也就有了坚实基础和方向。他说："神，天德；化，天道。德，其体；道，其用。一于气而已。"（《正蒙·神化篇》，第15页）万物运动最高境界的神化，也只是天德的表现。张载说："刚健笃实，日新其德，乃天德也。"（《横渠易说·上经》，第116页）万物生生不已，世界日新月异，都是天德的表现。而且就其质

（质料）言，神化、德道皆以气为主体，是气之体用；就其性言，在神和化、德和道二端间，神体化用，德体道用，神、天德又是气之本体。

可见，在张载看来，道德、神化是太虚的主要内涵，其他如清、一、大等也是太虚的固有特性，这是气之本体；化、天道则是气之大用，聚散、屈伸、推移，以及浊、多、小等是主要性能。如果说德是天的本质，那么，神化就是天的良能。

5. "人亦参为性，两为体"

在张载看来，人只有认识两端，达到参和境界，才能与天道、本性、神等一体，与天地万物同流，而存神知化。他说："惟屈伸、动静、终始之能一也，故所以妙万物而谓之神，通万物而谓之道，体万物而谓之性。"（《正蒙·乾称篇》，第63—64页）神、道、性只是人达到天人合一境界时的不同称谓而已。

他还认为，"参天两地，此但天地之质也……得天地之最灵为人，故人亦参为性，两为体"（《横渠易说·系辞上》，第195页）。天以参为性，人也以参为性，对立统一之中道遂为人性固有内容，是为天地之性；两为体，则阴阳聚集而成人身，故有气质之性。虚气相即，天地之性和气质之性也相即合一；故张载说："合虚与气，有性之名""有无虚实通为一物者，性也""性其总，合两也"（《正蒙·太和篇》《乾称篇》《诚明篇》，第9、63、22页），人性是太虚与气合一的整体。合两，即两端合一，更准确说就是参和。张载明言："吾儒以参为性"（《横渠易说·说卦》，第234页），和佛老二端对立或体用割裂不同，儒家认为"参"才是人性的本质所在。以参和为人性内涵特质，实即以中道为人性本质内涵；这对纠结于善恶性能千余年的儒学而言，无疑提供了人性论的新观点、新思路，构建了人性世界的新格局，开拓了人性修养的新境界。

《中庸》提出人们进行修养，达到"致中和，天地位焉，万物育焉"的境界，又言至诚修养便能尽性，进而"可以赞天地之化育，则可以与天地参矣"。人的理想境界即参赞天地化育流行；而若"推本所从来"，若人性中完全没有参赞基因、参和潜能，是不可能的。张载"人亦参为性，两为体"，正是对此问题的申论、回答。天地之性至善，是人的本性，正是人"以参为性"的思想发挥；乾父坤母，人"混然中"处于天地间，以"天地之塞"为体，以"天地之帅"（《正蒙·太和篇》，第9页）为性，就是人"以参为性"的表现；人们在修养中以天地之性为依据、准绳，变化气质，以尽性成性，正是人"以参为性"说的实践运用。

概言之，张载所谓"参和"中道有以下几个特征：首先是一；其次是两端以至多端、万物；再次是两端合一、万物归一，从而实现一两合一、一多合一。合一可谓中道的本质特征。就其合一是统一整体言，中道是一；就合一是多中之一言，中道又是多，任何事物不在其外；就合一是两端以至多端的统一言，中道是一中有多、多中有一，如程朱所谓理一分殊；就合一主要是一两合一、一多合一言，中道的主要内容是体用合一。无论是"太虚即气"说，还是"德合阴阳"论，认定此一是性与天道统一的道德本体，是张载中道观的理学特质所在。

四 "尽性成性"是核心，"两端并进"是原则

自然中的中道是参和，即太极和阴阳的统一；人类社会中的中道，则要求人性修养和文明教化统一、人的心性和言行活动统一，也需要人性自觉和实现基础上的心身、知行、言行等两端的统一。这就是中道修养。

张载批评当时社会风气说："今之人自少见其父祖从仕，或见其乡间仕者，其心正欲得利禄纵欲，于义理更不留意。有天生性美，则或能孝友廉洁者，不美者纵恶而已，性元不曾识磨砺。"（《经学理窟·礼乐》，第264页）他提出尽性成性修养，正是针对当时社会上人们

修养时人性"磨砺"不够，导致不良社会风气而发。

尽性成性修养，今可简称人性修养。人性修养主要针对修养者自己而言，若推己及人，仁爱天下，便是帮助他人提高人性修养的文明教化。张载直观道："天下有道，道随身出；天下无道，身随道屈。"（《正蒙·有德篇》，第45页）人身的屈伸，和道之有无密切相关；不论天下有道无道，人们总要进行修养。进行人性修养，即是进行道德修养；进行文明教化，也就是进行道德教化：人性、文明、道德有机统一。人性是本体，道德是内核，文明的表现。在道德修养中，应该"以性成身以为功"（《正蒙·中正篇》，第27页），将尽性成性作为身体活动的基础、依据和核心；不能"自谓因身发智，贪天功为己力"（《正蒙·大心篇》，第25页），或因身体天赋非凡，以至忘乎所以。身体作为生物体，本就有其活动规律，可以自然成就其生物性能；以性成身，即借助以中道为核心的人性修养丰富、充实自身，使人身生物体的生命层次得以升华，追求人性的自觉和实现，从而成就光辉的理想人格，推动人类文明不断前进。

张载认为，唯有"悟一阴一阳范围天地、通乎昼夜、三极大中之矩"（《正蒙·太和篇》，第8页），"大达于天"（《正蒙·至当篇》，第34页），认识、实践以"三极大中之矩"为核心的中道，才能使人的言行活动"顺而不妄"，获得"存顺没宁"的平安幸福，达到尽性成性的修养目标。可见，中道修养是张载人性修养论、文明教化论的核心内容。

中道修养之所以可能，是因为在本原上，张载认为，"性即天道也"（《正蒙·乾称篇》，第63页）。人性和天道统一观念，是宋明理学的基本论题。先秦时期出现了天人合一的三种形式，即天生人成、天命人性、天意民心；借助性道统一命题，三种天人合一形式由此可以凝练为一个思想命题，从而明确天人合一理论的研究对象和问题核心。"性即天道"命题的提出，可谓宋明理学理论思维的重大进展，也是张载对宋明理学的特殊贡献。在张载看来，性与天道的中道统一，乃是世界的本原状态，也是人性修养的理想境界、文明教化的理想世界，即天人合一境界。张载说："君子所性，与天地同流异行而已焉。"（《正蒙·诚明篇》，第23页）人为万物之灵，性与天道统一；人们自觉于此，进行人性修养和文明教化，培养"民吾同胞，物吾与也"之仁爱情怀，追求与天地万物同流的博大格局、伟岸气象，达到"位天德"的理想境界，就是尽性成性。

张载提出了中道修养的几个关键词。他说："义命合一存乎理，仁智合一存乎圣，动静合一存乎神，阴阳合一存乎道，性与天道合一存乎诚。"（《正蒙·诚明篇》，第20页）中道修养的依据在理，物质基础在神化，对立和解之方在道，天人合一的理想在圣，而其关键在诚。其中，理就本质依据言，神道就阴阳材料及其运动言，圣、诚就修养境界言，它们都是中道在尽性成性修养活动不同方面的表征。

因为人性"合两"而参和，故张载还提出"两端并进"作为中道修养的原则。他说："下学而上达者两得之，人谋又得，天道又尽。"（《经学理窟·学大原上》，第279页）这是修养时要天人两端并进。他又说："神不可致思，存焉可也；化不可助长，顺焉可也。存虚明，久至德，顺变化，达时中，仁之至，义之尽也。知微知彰，不舍而继其善，然后可以成之性矣。"（《正蒙·神化篇》，第17页）存虚而顺变，至德而时中，仁至而义尽等观念，皆两端并进的理论表现。

需要注意，张载所谓两端，有时也指价值上的正负两端，如善恶。在他看来，修养中两端并进，不是善恶平等，而是以人性或道德为基准，正面扬善，反面抑恶。他说："孔子要好仁恶不仁者，只好仁则忽小者，只恶不仁则免过而已，故好恶两端并进，好仁则难遽见功，恶不仁则有近效，日见功。"（《张子语录·语录下》，第332页）修养应在正反两个方面同时用功，如孔子正面学习，反面克己，正面好仁，反面恶不仁等。从理学"居敬穷理""存理灭欲"等修养主张看，张载"两端并进"说，应是理学思想中有普遍意义的方法论命题。

张载中道修养内容有两大要点：

（一）张载"天道即性""性即天道""以参为性"说，直接描述人性与天道统一、中道和人性统一，是中道修养的理论基础。在他看来，尽性成性有天道支持，他断定，"天道即性也"（《横渠易说·说卦》，第234页），"性即天道也"（《正蒙·乾称篇》，第63页）。又说："天本参和不偏。养其气，反之本而不偏，则尽性而天矣。"（《正蒙·诚明篇》，第23页）天道就是中道，故"吾儒以参为性"（《横渠易说·说卦》，第234页）。性与道统一，人们理应将参和中道视为人性的固有内涵，加以认识、实践。

（二）尽性成性，必须两端并进，认识、实践中道，如知天知人，如知礼成性、变化气质等，达到"中行"高度。他说："修持之道，既须虚心，又须得礼，内外发明，此合内外之道也。"（《经学理窟·气质》，第270页）这是说要内外发明，知行并进。

在认识上，要立志和为学并进。张载说："形而后有气质之性，善反之则天地之性存焉。"（《正蒙·诚明篇》，第23页）根于气质之性的饮食男女情欲，能满足人身体的物质需要，孟子说君子不将它们视为人性。张载也说："气质之性，君子有弗性者焉。"（《正蒙·诚明篇》，第23页）人皆有饮食男女的需要，但有修养的人不会满足于此，而要树立做人成人、尽性立道的远大志向。一旦人性升华，上达天理、天道高度，便"能至诚则性尽而神可穷矣"（《正蒙·乾称篇》，第63页）。天人合一，穷神知化，才是真正的尽性成性。

在实践上，要穷神和知化并进。人们进行人性修养和文明教化，应在立志和为学基础上，让自己知天德，觉良知，明白义理是非。张载说："己不勉明，则人无从倡，道无从弘，教无从成矣。"（《正蒙·至当篇》，第36页）

张载强调要求立志为人，做圣人，他提出"为天地立志，为生民立道，为往圣继绝学，为万世开太平"命题。"立道"，就是立人性，尽人性，提高民众的人性修养和文明素养，帮助他们认识和掌握自己的命运。他认为，人们"不论天资美恶，亦不专在勤苦，但观其趣向着心处如何"（《经学理窟·学大原下》，第286页），志向决定了人生的方向和规模、格局。又说："学者当须立人之性。仁者人也，当辨其人之所谓人。学者学所以为人。"（《张子语录·语录中》，第321页）历史上圣人，如"孔子、文王、尧、舜，皆则是在此立志，此中道也，更勿疑圣人于此上别有心"（《经学理窟·气质》，第267页）。所以，人们立志，要远大，能持久。他鼓励人们说，"志大则才大、事业大""志久则才气久、德性久"（《正蒙·至当篇》，第35页），立志如此，而后用功学习，改过迁善，自然有成。

尽性成性修养，内容众多，但张载认为，学习才是关键。他说："立本既正，然后修持。……当是畏圣人之言，考前言往行以畜其德，度义择善而行之。致文于事业而能尽义者，只是要学，晓夕参详比较，所以尽义。惟博学然后有可得以参校琢磨，学博则转密察，钻之弥坚，于实处转笃实，转诚转信。故只是要博学，学愈博则义愈精微；舜好问，好察迩言，皆所以尽精微也。"（《经学理窟·气质》，第270页）故张载论学习、学术研究材料十分丰富。

在实践上，还必须知礼和守礼并进。张载说："圣人亦必知礼成性，然后道义从此出。""成性须是知礼。"（《横渠易说·系辞上》，第191页）知礼是成性修养的条件。因为人们如果知礼、守礼，就能帮助自己"持性，反本"而"不畔道"，保持人性不异化，追本溯源有根底，坚守底线不背离。因为"礼即天地之德也"，"礼非止著见于外，亦有无体之礼。盖礼之原在心，礼者圣人之成法也；除了礼，天下更无道矣。"（《经学理窟·礼乐》，第264页）礼本原于天德，根于人的心性，礼乃是圣人的成法、与时偕行的现实中道。故知礼可谓知中道，守礼可谓守中道。

在张载看来，知礼、守礼是中道修养的现实要求，守礼可谓中行。他认为，守礼的核心是克制、消除私欲，引导欲望健康成长和表达;"用心不私",可谓中行。他说:"中行者,不私于应,无所偏系也。"(《横渠易说·下经》,第142页)在为人处世方面,张载提出了中行无私三术,即"以责人之心责己则尽道""以爱己之心爱人则尽仁""以众人望人则易从"(《正蒙·中正篇》,第32页)。中行三术,正是无私的"庸言庸行"(《横渠易说·上经》,第73页)。他耐心解释说:"只有责己,无责人"(《经学理窟·学大原下》,第288页),"己未正而正人,便是有意、我、固、必"(《经学理窟·学大原下》,第285页)。董仲舒曾说以仁安人,以义正我,后来程朱强调居敬、持敬,皆有此意。守礼、无私,是变化气质的关键。张载说:"克己,下学上达交相养也……克己要当以理义战退私己。盖理乃天德,克己者必有刚强壮健之德乃胜己。"(《横渠易说·下经》,第130页)验证无私与否的标识,就是自己是否以身作则,"以理义战退私己",克己奉公,严格要求自己。

五 "德性所知"是中道认识的根本内容

在张载看来,尽性成性,必须知人知天;而欲知人,"当先知天德,知天德则知圣人、知鬼神"(《正蒙·乾称篇》,第64页),知天德,则晓天道。又据《周易》,"大率知昼夜阴阳则能知性命,能知性命则能知圣人,知鬼神"(《正蒙·乾称篇》,第65页)。欲知天,应由阴阳入手,以知性命、知圣人、知鬼神,不能躐等直达。或欲越阴阳而"直语太虚",张载断定这不符合易道;不合易道,而欲超越阴阳,也不可能。可见,照张载的意思,欲知天,必先知阴阳,认识阴阳变化的规律。而知天、知阴阳、知性命,核心在知德。他说:"知德以大中为极,可谓知至矣;择中庸而固执之,乃至之之渐也。"(《正蒙·中正篇》,第27页)德即人性与天道统一的天德,它既是天的本性、本心,也是人的本性、本心;故知天德即知天性和人性、天心和民心。他说:"《诗》《书》所谓帝天之命,主于民心而已焉。"

(《正蒙·天道篇》，第 14 页）又言："天无心，心都在人之心。一人私见固不足尽，至于众人之心同一则却是义理，总之则却是天。"（《经学理窟·诗书》，第 256 页）简言之，欲知天，知民心民意即可，因为民心民意反映天意。张载直言："大抵天道不可得而见，惟占之于民，人所悦则天必悦之，所恶则天必恶之，只为人心至公也，至众也。民虽至愚无知，惟于私己然后昏而不明，至于事不干碍处则自是公明。大抵众所向者必是理也，理则天道存焉；故欲知天者，占之于人可也。"（《经学理窟·诗书》，第 256—257 页）民心所向即是天意所在，也是天德义理所在。张载的天德观没有向上走向信仰、祈祷的神学，而是向下落实为尽性成性的人学，具体化为民本意识和思想，这是他中道观彻底的人文、理性特征的表现。

在认识内容上，知天知人，知性知命，都要归结为知中道。而认识中道，必须研究二端，如"原始要终，究两端以求其中"（《横渠易说·系辞下》，第 229 页）。求中，认识把握中道，就是知天德。中道有似人们修养活动中应注意认识和把握的一个度，即天人合一的义理标准，过或不及皆非；对中道的认识，张载称为"天德良能"，或"德性所知"。他断定，中道认识不能用一般耳目闻见的经验认识方法，"立心求之"。因为中道依天而立，借人而显；认识把握中道，必须从天德良知入手。他认为，"与天为一"的最高修养境界，"乃盛德而自致尔"，是"德盛仁熟之致，非智力能强也"（《正蒙·神化篇》，第 17 页），是人们道德修养积累到极致时自然发生的质变，不是用小智、使蛮力能勉强达到的。

关于中道认识，张载还强调以下几点：

（一）"感"通是核心能力

张载发掘了"感"通能力的中道认识意义。此前的感应说研究事物之间的联系，有世界观等意义。张载早年即从感的角度，讨论二端统一。感，出于《周易·咸·彖》："天地感而万物化生，圣人感人心而天下和平，观其所感而天地万物之情可见矣。"感，指阴阳之间的联系；推而广之，天人、男女等的联系皆可谓感应关系；圣人感人心而天下和平，"感"还有人文化成的文明教化意义。张载说："感之道不一：或以同而感，圣人感人心以道，此是以同也；或以异而应，男女是也，二女同居则无感也；或以相悦而感，或以相畏而感，如虎先见犬，犬自不能去，犬若见虎则能避之；又如磁石引针，相应而感也。若以爱心而来者自相亲，以害心而来者相见容色自别。'圣人感人心而天下和平'，是风动之也；圣人老吾老以及人之老，而人欲老其老，此是以事相感也。感如影响，有动必感，感感而应。"（《横渠易说·下经》，第125页）感，包含应在内，全称"感应"。董仲舒天人感应论多言阴阳五行的中和，张载言感应，则强调天人合一的中道。张载研究感应，发现：有同感、异感，有情感、事感；一事物运动，必有感应；凡运动的事物，必然相互联系，而互生感应。张载讲出了一套虚气相即的世界观和中道观，感应只是其中道认识论的一部分。这就丰富和充实了我国古代感应论的理性内容。

张载说："若圣人则不专以闻见为心，故能不专以闻见为用。无所不感者虚也，感即合也，咸也。以万物本一，故一能合异；以其能合异，故谓之感；若非有异，则无合。天性，乾坤、阴阳也，二端故有感，本一故能合。"（《正蒙·乾称篇》，第63页）张载发现，"感"是一种超越耳目"闻见"经验认识的能力，一种感通万物而"合异"的理性认识能力。如果说中道的本质特征是合一，那么中道认识能力的本质特征则是"合异"，这是一种认识上的合一能力。它需要具备两个条件：一是万物本一，一能合异。人能认识事物，是因为人和事物"本一"，在本原上相同；二是有不同事物存在，尤其是要由对象性事物存在。有异，即万物有区别。万物本一而又有区别，才能进行对象性"感"通认识，实现认识上的统一。张载说："感亦须待有物，有物则有感，无物则何所感！""无有勿事空感者"（《张子语录·语录上》，第313页）。没有对象性事物存在，就没有感通认识。

张载特别强调"感"通能力的人性修养和文明教化意义。在他看来，感，不仅是感觉、感知、感性认识，而且是理性认识基础上对本体、道、性理的感通直观。这种感通能力，其内容不仅是感性认识能力，而且还包括理智的、理性的直观认识能力在内，应是一种综合的体验能力。其实感是一种朴素的中道直观认识能力。感在方法上的本质特征就是"合异"，故它还是文明教化的重要方式。感不仅是感知、感情、感物，尤其要能感人化人，"诚于此，动于彼"，风吹草动，人文化成。故文明教化正是"感"的应用，即所谓感化。张载说："有两则须有感，然天之感有何思虑？莫非自然。圣人则能用感，何谓用感？凡教化设施，皆是用感也，作于此化于彼者，皆感之道，圣人以神道设教是也。"（《横渠易说·上经》，第107页）

在张载看来，人的感通、感化能力源于人性天赋。他说："感者性之神，性者感之体。"（《正蒙·乾称篇》，第63页）"感皆出于性，性之流也。"（《横渠易说·系辞上》，第200页）感通的中道直观能力、感化的文明教化能力，只是人性固有的性能（"神"）及表现，人性才是感通、感化能力的本体和主体。

（二）"大其心"是前提和收获

张载相信，"大其心"是认识中道的前提。他说："以我视物则我大，以道体物我则道大。君子之大也大于道，大于我者不免狂而已。"（《正蒙·大心篇》，第26页）何谓大？他说："塞乎天地之谓大"（《正蒙·中正篇》，第27页），大即如同天地宇宙。从理想人格看，"人能以大为心，常以圣人之规模为己任，久于其道，则须化而至圣人，理之必然，如此，其大即是天也。"（《横渠易说·上经》，第77页）在"全备天理"上，大人和圣人接近，故大人有圣人规模，"所以接人者与圣同"；至于"变通无穷"（《横渠易说·说卦》，第236页），唯有圣人才能做到，而大人便有所不足。大即"大于道""大即是天"，而不是个人主观想象的大。

为什么要"大其心"?因为"大达于天,则成性成身矣"(《正蒙·至当篇》,第34页)。"大能成性""成性则跻圣而位天德"(《正蒙·大易篇》,第51页),故人们希贤成圣必先大其心;还因为道大,天大,故欲知道、知天,必先大其心。张载说:"大其心则能体天下之物。物有未体,则心为有外。"认识活动就是作为认识主体的人心和作为认识对象的"天心"合一,而"天大无外,有外之心不足以合天心"(《正蒙·大心篇》,第24页)。现实认识经验是,"以有限之心,止可求有限之事;欲以致博大之事,则当以博大求之,知周乎万物而道济天下也。"(《经学理窟·义理》,第272页)这说明,在认识上,人心的大小,和人认识对象的多少相关;人认识的正确与否,和心的大小也有很大关联。张载说:"盖心弘则是,不弘则不是。心大则百物皆通,心小则百物皆病。"(《经学理窟·气质》,第269页)必须有博大胸怀、宏阔心境、宽广视野,才能做到"体天下之物"。"体天下之物",认识上就是知天德,实践上则与天地相似,"肖天地而不离"(《正蒙·至当篇》,第35页)。"大其心"是认识中道的前提,而且是中道认识的固有内涵和外在表现。所以,张载发现,中道和"大"有内在联系。他说:"极其大而后中可求,止其中而后大可有。"(《正蒙·中正篇》,第28页)根本上说,人修养达到中道,才能真正大其心。

张载也注意克服和消除制约"大其心"的消极因素,这就是他的无我、无心、无私说。他说:"无我而后大,大成性而后圣,圣位天德不可致知谓神。"(《正蒙·神化篇》,第17页)如何达到"无我"?张载说:"天地合德,日月合明,然后能无方无体,然后无我,先后天而不违,顺至理以推行,知无不合也。"(《横渠易说·上经》,第80页)人们之所以"小",不是因为人在宇宙中个人渺小,而是因为有些人自私自利,小我之私张狂肆虐,遮蔽了自己本有的"大"。无我就是没有小我之私,甚至没有现实局限的我。无我,则必然"无心"。所谓无心,指没有私心,人心主观认识、私意情感等被克制、消除,人心被引导向天地之心。张载说:"强学者往往心多好胜,必无心处之乃善也。"

无心指无好胜心；推此则如孔子，意必固我皆无，只是"率性之谓道"，只是"天下之良心"（《张子语录·语录中》，第318页）。在认识上，"人心多则无由光明"（《横渠易说·上经》，第117页）。认识上无心，近于荀子所谓"虚壹而静"，其实就是虚心。道德上无心，只是无私心，"心既虚则公平，公平则是非较然易见，当为不当为之事自知"（《经学理窟·学大原上》，第280页）。人无私心，则公心自显，"用心存公，无所偏系"（《横渠易说·下经》，第137页）。这些修养内容，无非孔子克己、孟子寡欲说之引申发挥。

（三）"穷理""见道"是核心任务

在张载看来，中道认识，归根结底要穷理、见道。从认识对象说，"知天德"要和知几结合；从实践说，穷理要和知礼结合，这些都是重要的中道修养。

张载观察阴阳变化，发现阴阳之理有二：一是性理，为阴阳之主宰。他说："性通极于无，气其一物尔。……人一己百，人十己千，然有不至，犹难语性，可以言气。"（《正蒙·乾称篇》，第64页）气是性的实然部分，性包含气而超越气。人们要知性、尽性，必须认识气之理，认识事物的本质；否则，可以言气，却难语性。他说："易乃是性与天道""不见易则何以知天道？不知天道则何以语性？"（《横渠易说·系辞上》，第206页）这是性理，有价值色彩，属于"善道"。二为事理，为阴阳之展示。他说："不见易则不识造化，不识造化则不知性命。"（《横渠易说·佚文》，第242页）这是"造化"事理，客观而中性。张载比较事理和性理说："挤人者人挤之，侮人者人侮之。出乎尔者反乎尔，理也；势不得反，亦理也。"（《正蒙·有德篇》，第46页）出尔反尔，因果必然，为事理；因果必然，也不能完全决定人之所以为人，更不能规定人做人成人，不能反对人文价值，泯灭人性，这蕴含着性理。现实中知事理者众，多见闻之知，但却无性理觉悟；缺乏人性修养的人们，相互交往，皆为功利计算，自然出尔反尔，如交易然。若穷理而尽性，则是德性之知，超越功利计算，尽皆真理的实践和传播、仁爱的践行和推广，必然超越出尔反尔因果"势"理的局限。

知天德可谓穷理，"识造化"可谓知几，两者理应结合。事物运动变化的条件、关键环节和趋势，即"几"；张载认为，知几，要注意认识"几"的理，尤其是其中的"义理"。换言之，知几，要注意知善之几，非恶之几，目的是"知善道"，使德性之知具体化。张载说："观其几者，善之几也，恶不可谓之几。如曰几者动之微，吉之先见，亦止言吉耳。"（《横渠易说·佚文》，第242页）如孝弟为仁之本，造端乎夫妇，亲亲而尊贤，皆可以言几。在张载看来，善之几乃是天德的集中表现。

在张载看来，中道认识的核心是"明道"或"见道"。性理、事理统一，理和势结合，是为道；知天德和知几结合，就可见道。张载言："道至有难明处而能明之，此则在人也。"（《横渠易说·系辞上》，第208—209页）道和人不离，道之明在人。又说："合内外，平物我，自见道之大端。"其为学特征是"闻见之善者，谓之学则可，谓之道则不可。须是自求，己能寻见义理，则自有旨趣，自得之则居之安矣"（《经学理窟·义理》，第273页）。明道就是在认识上悟道，"悟则有义有命，均死生，一天人，惟知昼夜，道阴阳，体之不二。"（《文集佚存·与吕微仲书》，第351页）人能见道明道，就能在认识上统一德和几、性理和事理两端。

（四）"天德良知"是核心内容

张载注意到见闻之知在知识论上有客观性、必要性。他发现，真理有普遍性，不会只对个别人开放。一人"独见独闻"，总不如多人"共见共闻"公正可靠。他说："独见独闻，虽小异，怪也，出于疾与妄也；共见共闻，虽大异，诚也，出阴阳之正也。"（《正蒙·动物篇》，第20页）所以，见闻之知的可靠性在于其对普通人而言的大众性，和德性之知有赖于较高的人性修养和文明教化不同。他还发现见闻之知"乃物交而知，非德性所知；德性所知，不萌于见闻"（《正蒙·大心篇》，第 24 页）。"若以闻见为心，则止是感得所闻见。"（《张子语录·语录上》，第 313 页）见闻之知是对象性的经验认识，是"耳目有受""内外之合"（《正蒙·大心篇》，第 25 页）的产物，德性之知则是主体的反思性体验，是人本性在认识活动中的直接展示；见闻之知是对部分现象的局部认识，德性之知则是对人本性和天道统一的整体直观；见闻之知产生于闻见及其积累，德性之知则不萌生于见闻之知。但张载推崇德性之知，却也肯定见闻之知的必要地位和作用。他说："闻见不足以尽物，然又须要他。耳目不得则是木石，要他便合得内外之道，若不闻不见又何验？"（《张子语录·语录上》，第 313 页）这是正面肯定见闻之知对于人们理性认识的必要性，是很正确的。张载也发现，人们若只靠耳目，而不用心反思，容易"止于闻见之狭"，限于"闻见小知"，以致"以见闻梏其心"（《正蒙·大心篇》，第 24 页），或"以耳目见闻累其心，而不务尽其心"（《正蒙·大心篇》，第 25 页），结果是干扰修养活动，遮蔽本心的呈现。后来王阳明强调向内用力致良知，或由此而发。

超越见闻之知，就必须超越认识结论的狭隘性，以及认识方法的片面性、认识对象的局部性，而达到全面、整体的通达认识，这就是德性之知。① 德性之知，张载也称为"诚明所知"，而"诚明所知乃天德良知，非闻见小知而已"（《正蒙·大心篇》，第 20 页）。德性所知就是天德良知，是天人合一的感通直观。

（五）明道和知礼结合

在张载看来，知几则变化气质有入口，知礼则道德实践有遵循。他说："时措之宜便是礼，礼即时措时中见之事业者。非礼之礼，非义之义，但非时中者皆是也。……时中之义甚大，须是精义入神以致用，始得观其会通以行其典礼，此则真义理也。"（《经学理窟·礼

---

① 参见张茂泽《论德性之知》，《孔子研究》2019 年第 6 期。

乐》，第264页）中行是知礼守礼之行，时中则是礼法依据和遵循的"真义理"；义、礼就是时中的规范准则，非礼非义，即非时中。就礼的根源言，礼是内之人情欲望、外之天叙天秩、社会政治需要和文化传统习惯等的统一，这种统一的结构，就是"合内外之道"。就礼的本质言，"礼者理也，须是学穷理，礼则所以行其义，知理则能制礼，然则礼出于理之后"（《张子语录·语录下》，第327页）。就礼的修养条件言，必须精义入神而致用；持性、守仁，关键"在学礼"（《经学理窟·礼乐》，第265页）。因为学礼可以多方面提高人的综合修养。如"学者且须观礼，盖礼者滋养人德性，又使人有常业，守得定，又可学便可行，又可集得义。养浩然之气，须是集义，集义然后可以得浩然之气。严正刚大，必须得礼上下达。"（《经学理窟·学大原上》，第279页）学礼好处多多，可以使人有德有业，有守可行，集义养气。就此结果言，礼是现实的义理，"除了礼，天下更无道矣"（《经学理窟·礼乐》，第264页），"从容中礼"（《经学理窟·礼乐》，第265页）就是人们心性符合时中，表现于外，便是在实践上的中行。内则穷理尽性，天人合一，外则从容中礼，与时偕行；人若如此，便可谓理想境界了。

在修养次序上，张载认为，学礼当为先。张载说："某所以使学者先学礼者，只为学礼则便除去了世俗一副当世习熟缠绕。譬之延蔓之物，解缠绕即上去，上去即是理明矣，又何求！苟能除去了一副当世习，便自然脱洒也。又学礼则可以守得定。所谓长而学谓之学者，谓有所立自能知向学，如孔子十五而志于学是学也。"（《张子语录·语录下》，第330页）学礼可以摆脱世俗缠绕，自然洒脱，直达本性，而后能坚守原则。张载说："今闻说到中道，无去处，不守定，又上面更求，则过中也，过则犹不及也。"（《经学理窟·气质》，第266页）行礼正是遵行现实社会规范的中道表现。

（原载《船山学刊》2021年第3期）

张载的公共性思想述论

朱 承[*]

摘 要：公共性思想是张载哲学体系中的重要组成部分。张载构造的"气本论"为多样性的生活世界奠定了同一性的本体论基础，崇公抑私的价值选择表现了其"公共性优先"的立场，宗法、封建和井田的复古性制度设计是其公共治理方略的展现，而"民胞物与"思想代表了他对公共生活的一种理想。张载的公共性思想是儒家公共性思想的传承和发展。

关键词：张载 公共性 儒家

在儒家哲学史上，张载是一位做出了开创性贡献的哲学家，程颐称道："横渠道尽高，言尽醇，自孟子后儒者，都无他见识。"[②] 张载在儒家立场上从本体论上对佛教哲学予以回应，将魏晋以来的玄学、佛学中的"有无之辨"推进到理学意义上的"理气之辨"。关于张载的哲学贡献，王夫之在概括并总结张载哲学的意义时说道："《正蒙》特揭阴阳之固有，屈伸之必然，以立中道，而至当百顺之大经，皆率此以成，故曰'率性之谓道'。天之外无道，气之外无神，神之外无化……张子之学，上承孔、孟之志，下救来兹之失，如皎日丽天，无

---

[*] 朱承，华东师范大学哲学系教授，博士生导师。
[②] 程颢、程颐：《河南程氏遗书》卷18，《二程集》，中华书局1981年版，第196页。

幽不烛，圣人复起，未有能易焉者也。"① 冯契先生也曾指出："张载在哲学上的突出贡献，是明确地提出'理依存于气'的观点，在气一元论的基础上比较正确地解决了'有无（动静）之辨'。"② 应该说，张载在哲学史上的崇高地位主要是因为其在宇宙论、本体论上的突出创造。但除此之外，作为心怀经世之志、情系家国天下并期许为万世开太平的儒者，张载更有着强烈的现实关怀，他继承了儒家重视公共生活的传统，对于人类公共生活的本体基础、价值取向、治理方略和美好理想等也有着深入的思考，本文拟对此予以梳理阐述，以揭示张载思想中的公共性维度何以可能及其在儒家公共性思想脉络具有何种地位的问题。

一 气本而神化的本体论基础

在中国哲学史上，张载创造性地提出"太虚即气"，认为"气"是有无、动静的统一，并以"气"作为本体来统摄世界的多样性。从理论上看，张载的思想一方面破除了以"无"为本的本体论，另一方面也建立起以"气"为统一根源的新世界观。由此而言，张载既反对针对现实生活的虚幻性解释，更为多样化的生活世界建构了确定的、统一的公共源头和本体。

隋唐以来，广为流行的佛教哲学以"无"作为本体，强调世界产生是因为"缘起"，从本源上看世界是空无，因而否定现实生活的伦理价值，主张超越现实生活而追求虚幻的智性解脱。从儒家所重视的公共生活角度看，佛教的空无说否定了宇宙人生的实在性意义，因而构成了对于儒家生活伦理的根本性挑战。张载针对这一说法进行了理论上的批判，他认为佛教从纯粹主观的角度来解释世界及其变化，这

---

① 王夫之：《张子正蒙注》，《船山全书》第 12 册，岳麓书社 1996 年版，第 11 页。
② 冯契：《中国古代哲学的逻辑发展》，《冯契文集》（增订版），华东师范大学出版社 2016 年版，第 34 页。

是一种识见上的"幻妄",必须予以反驳。他说:

> 释氏不知天命而以心法起灭天地,以小缘大,以末缘本,其不能穷而谓之幻妄,真所谓疑冰者与! 释氏妄意天性而不知范围天用,反以六根之微因缘天地。明不能尽,则诬天地日月为幻妄,蔽其用于一身之小,溺其志于虚空之大,所以语大语小,流遁失中。其过于大也,尘芥六合;其蔽于小也,梦幻人世。①

在张载看来,佛教哲学把客观存在的世界当成是"心"之所识,否认了世界存在的真实性,由此导致了对于客观世界的否定,把天地宇宙当成幻相,把人世生活当成梦幻。既然宇宙人生都是幻灭,那么人类现实的公私生活都失去意义和价值,也不必执着于血亲宗法、人伦礼仪。从价值观上看,佛教的这种观点显然是儒家所不能接受的。儒家承认现实世界的客观性、实在性,并希望每个人通过道德努力,维护礼乐文明,使现实世界变得更加美好。由此,张载提出"气本论"来破除关于"无"的学说。张载认为,世界不是以"无"作为本体,看上去无形的太虚实际上充满着"气","气"的氤氲聚散就是万物的变化,这是天之常理,"太虚无形,气之本体,其聚其散,变化之客形尔"②。关于无形和有形的关系,杨立华教授曾认为,"太虚与气的关系就是无形之气与有形之气之间的关系"③。无论"太虚"还是"气"的有形还是无形,其实质都在于"有"而非"无"。由此,张载否定了以"无"为本的佛教世界观,他指出:"知太虚即气,则无无。故圣人语性与天道之极,尽于参伍之神变易而已。诸子浅妄,有有无之分,非穷理之学也。"④ 张载对于作为本原的"无"之否定,从公共性角度来看,具有为现实公共生活寻找实在根据的意义。基于

---

① 张载:《正蒙·太和》,章锡琛点校:《张载集》,中华书局1978年版,第26页。
② 张载:《正蒙·太和》,《张载集》,第7页。
③ 杨立华:《气本与神化——张载哲学述论》,北京大学出版社2008年版,第40页。
④ 张载:《正蒙·太和》,《张载集》,第8—9页。

"空无"的世界观和"虚幻"的宇宙观,佛教主张否定现世生活的终极意义,对于儒家所珍视的人伦关系和礼乐文明也表示否定,从而在根本上动摇了儒家公私伦理的意义,而张载对于"无"的否定,则是重新强调世界源出于"有",从而为重建儒家本体论和现实生活的意义提供了前提。既然世界的本原为"气",则佛教"空无"的世界观自然不能成立,那么人们依然要重视现实的真实性生活,终其一生来履行现世的责任伦理,同时顺应人伦物理,所谓"存,吾顺事;没,吾宁也"①。

张载破"无"是为了建"有",批判佛教的虚妄是为了重光儒家的真切笃实。在张载哲学里,所谓"有"就是"气"。他说:"凡可状,皆有也;凡有,皆象也;凡象,皆气也。"② "气"是世界的根源,"气"的变化造就了世界的多样性,而多样的世界也能统一于"气",从而有了统一的"理"。张载说:

> 天地之气,虽聚散、攻取百涂,然其为理也顺而不妄。气之为物,散入无形,适得吾体;聚为有象,不失吾常。太虚不能无气,气不能不聚而为万物,万物不能不散而为太虚。循是出入,是皆不得已而然也。③

所谓"不得已而然",指的就是世界的存在是客观性的,并不是以人的意志为转移的。由此,张载所构建的世界图式大体如是:太虚即气—气聚而为万物—万物散而为太虚,如此往复循环。在这种世界观下,宇宙和人世的存在都是实存实有的,并非佛教所说的"心法起灭"。既然多样性的世界统一实存于"气",同时"神与性乃气所固有"④,为了更好地理解实存实有的世界,那么"性与天道"也是值

---

① 张载:《正蒙·乾称》,《张载集》,第63页。
② 张载:《正蒙·乾称》,《张载集》,第63页。
③ 张载:《正蒙·太和》,《张载集》,第7页。
④ 张载:《正蒙·乾称》,《张载集》,第63页。

得探究的,所谓"聚亦吾体,散亦吾体,知死之不亡者,可与言性矣"①。张载认为,由于存在统一的"气"之本原,故而复杂的世界在本质上是具有同一性的,因而具有可以从总体上把握和理解的可能性,他指出:

  有无一,内外合,庸圣同……以万物本一,故一能合异;以其能合异,故谓之感;若非有异则无合。天性、乾坤、阴阳也,二端故有感,本一故能合。天地生万物,所受虽不同,皆无须臾之不感,所谓性即天道也。②

  万物形色,神之糟粕,性与天道云者,易而已矣。心所以万殊者,感外物为不一也,天大无外,其为感者絪缊二端而已。物之所以相感者,利用出入,莫知其乡,一万物之妙者与!③

万物本于一气,所以"存异"的世界能够"合同"。世间万物各有其对应性的存在,对应性的存在互相感应,并由于有共同的本原之气,所以能够实现统合。性即天道以及天与人的合一,正是在这个意义上实现的。在儒家看来,"性与天道"是世界统一性的根本原理。多变的宇宙、复杂的人生背后的原理,从根本上而言无外乎"性与天道"。在这个意义上,生活世界便有了共通的基础。既然生活世界从本质上有着同一性,人世间的矛盾和冲突必将获得解决。张载认为:

  气本之虚则湛(本)无形,感而生则聚而有象。有象斯有对,对必反其为;有反斯有仇,仇必和而解。④

---

① 张载:《正蒙·太和》,《张载集》,第7页。
② 张载:《正蒙·乾称》,《张载集》,第63页。
③ 张载:《正蒙·太和》,《张载集》,第10页。
④ 张载:《正蒙·太和》,《张载集》,第10页。

在张载的思考中，宇宙万物、人世万事都呈现为具象，而具象都是结对而生，成为对应性的存在，互为冲突，但由于互为对应的存在有着根本的同一性，故而最终还是会走向一致。概言之，张载认为世界同源于"气"，由"气"的聚散演变成万物形色，由"气"的神化抽象出"性与天道"，由"气"生成的世间万物各有其对应性存在，对应性存在的事实造成了现实生活世界的分裂和冲突，但因为世界本是同一的，最终这种分裂和冲突还是会消弭。

从上述气本论的世界观出发，便可自然推出现实人类生活具有实在性意义，其现存的各种冲突也是可以理解的，但这些冲突最终会得到解决，人类生活将重回同一性。在同一性的视域里，人类有序的良好公共生活是可能的，也是必要的，只有通过有序的公共生活，才能重归同一之境。张载还认为，儒家所强调之"仁"和"诚"是人类生活中的公共性价值得以实现的共同原则，保证了公共生活的有序和稳定。他说："天体物不遗，犹仁体事无不在也。'礼仪三百，威仪三千'，无一物而非，仁也。"① "仁"是人世万事中公共的原则，也是复杂人类事务中最为普遍存在的原则，能够贯通多样的人类生活，为人们所共同遵守。与"仁"相类似的公共原则还有"诚"，他说：

> 诚明所知乃天德良知，非闻见小知而已。天人异用，不足以言诚；天人异知，不足以尽明。所谓诚明者，性与天道不见乎小大之别也。义命合一存乎理，仁智合一存乎圣，动静合一存乎神，阴阳合一存乎道，性与天道合一存乎诚。天所以长久不已之道，乃所谓诚。仁人孝子所以事天诚身，不过不已于仁孝而已。故君子诚之为贵。②

"诚"由于体现的是天德良知，因而具有普遍性，为天道与人道所公

---

① 张载：《正蒙·天道》，《张载集》，第13页。
② 张载：《正蒙·诚明》，《张载集》，第20—21页。

共具有。因此,"诚"是人与天的沟通、人与人的交往中所必备之德,人们在社会生活中所表现的仁、孝之德都是"诚"的具体体现。由于人的生活世界里有着"仁""诚"这样的公共性原则,可以使得不同的人在共同的原则下进行交往、沟通,从冲突走向融合,如此,有序良好的公共生活就成为可能。

从张载的气本论来看,世界具有同一性,同一性的"气"通过相互感应、相互作用而神化为天地万物、人世万事,宇宙人生秉持着"性与天道"的公共性原理,人们在生活世界中遵循"仁"与"诚"的公共性原则,一个多样而有序的生活世界由此产生。在这个意义上,人类的公共生活由于具有共同的本原、公共的原则而得以展开,并走向优良。在张载公共性思想的本体论基础里,"气"论是儒家哲学的一个创造性发展,而众所周知,"仁"与"诚"则是儒家传统的继承。张载所建构的同一性,和先秦儒家的仁礼之说、性善论等一样,在一定意义上,都是为了人类生活提供一个共同的基础,为良好的人类生活提供共同遵循的原则,从而使得人们的公共生活既具有了必要性,又具有了可能性。其必要性在于为了重归同一性的本原,有必要通过公共的生活来弥合现实的冲突;而其可能性在于,有着共同的原则,使得人们在公共生活中能够形成共识,求同合异,实现人与世界的一体。世界本原的同一性、人与世界的一体化,这些思想在先秦儒家那里就有发端,可见,张载公共性思想的本体论是在先秦儒家思想基础上发展起来的,同时,由于"气"是不同于"仁"和"诚"这些抽象原则的客观实在,因而也是儒家思想的重要创新。

二 崇公而抑私的价值论取向

张载的气本论为人类公共生活奠定了共同的世界观基础,在公共生活里的价值选择上,张载也表现了"崇公而抑私"的取向。就个人生活而言,他是以"公共性优先"而自居的,他曾经说:"某平生于公勇，于私怯，于公道有义，真是无所惧。大凡事不惟于法有不得，更有义之不可，尤所当避。"① 不仅在他个人生活里坚持公道高于私利，而且这种"公共性优先"的原则也体现在他的哲学思想里，他主张仁道原则不能停留在私人领域，而应该博施济众、扩之天下，所谓"仁道有本，近譬诸身，推以及人，乃其方也。必欲博施济众，扩之天下，施之无穷，必有圣人之才，能弘其道"②。也就是说，从应然的角度，我们要向圣人学习，把仁爱的原则推广到公共生活中。

日常生活中的冲突，往往从人们固守于自己的私见、私意开始，如同庄子所说人们总是执着于"己是而人非"，从而导致了公共交往中的冲突。张载对私见、私意有所批评，他的"公共性优先"原则也首先体现在他对于私意、成心的省察上。他主张人们不要局限于自己的"成心"，而要"以道体物"，他说：

> 成心忘然后可与进于道。成心者，私意也。化则无成心矣。成心者，意之谓与！无成心者，时中而已矣。心存无尽性之理，故圣不可知谓神。此章言心者亦指私心为言也。以我视物则我大，以道体物我则道大。故君子之大也大于道，大于我者容不免狂而已。③

在张载看来，"以我视物"就是以"私心"体察世界，处处以"我"为中心；而"以道体物"则是忘掉自己的成心，而以公共之道来体察世界，处处以公共之道为依据来认知和评判外部世界。张载认为，君子的自我挺立是因为"据于道"而挺立，而不是因为"据于我"而挺立，如果被成心、私意所迷惑，那就是"狂妄"了。张载认为，圣人无我，而是以与天下人共通的公共性心志来与天下人交往："能通

---

① 张载：《经学理窟·自道》，《张载集》，第292页。
② 张载：《正蒙·至当》，《张载集》，第34页。
③ 张载：《正蒙·大心》，《张载集》，第25页。

天下之志者为能感人心,圣人同乎人而无我,故和平天下,莫盛于感人心。"① 显然,张载是主张人们"以道体物",坚持"同乎人而无我"的公共性原则,所以他提出"成心忘然后可与进于道",主张从公共之道而不是从自我的私意出发来理解世界。除此之外,张载还专门以《论语》提到的"子绝四:毋意,毋必,毋固,毋我"(《论语·子罕》)来说明去除私意的重要性。他说道:

> 意,有思也;必,有待也;固,不化也;我,有方也。四者有一焉,则与天地为不相似。天理一贯,则无意、必、固、我之凿。意、必、固、我,一物存焉,非诚也;四者尽去,则直养而无害矣。②

张载认为,意、必、固、我都是私意的表现,与天地之道、天理不相一致,因而也不是"诚"德的体现,在人的修养过程中要去除之。张载对于意、必、固、我的分析,也是儒家一贯之道的再次强调,说明他对于私意、成心的警惕和批评,与先儒也是一脉相承的。关于公心,从先秦儒家的话语出发,他所畅想的理想精神境界就表现为:

> 穷理尽性,然后至于命;尽人物之性,然后耳顺;与天地参,无意、必、固、我,然后范围天地之化,从心而不踰矩;老而安死,然后不梦周公。③

这一理想的境界,穷理尽性、顺应人物、与天地参、范围天地、老而安死,由于摆脱了个人的私见和私意,在精神上便不再局限于小我,而成为上下与天地同流的大我,便达到了公而忘私、自由自在的

---

① 张载:《正蒙·至当》,《张载集》,第34页。
② 张载:《正蒙·中正》,《张载集》,第28页。
③ 张载:《正蒙·三十》,《张载集》,第40页。

境界。

张载的"公共性优先"原则还体现在他对"私利"的拒斥上。张载不否定"利"对于社会的重要性,但他认为,只有公利意义上的"利民"才是合乎道义的,"利,利于民则可谓利,利于身利于国皆非利也。利之言利犹言美之为美,利诚难言,不可以概而言"①。张载承认,谈"利"的问题与谈"美"的问题一样,往往会因为立场不一,而很难取得一致性意见。但他认为,从一般性而言,"利身""利国"都具有立场性,因为不论是个体还是一姓之国,实质上都是具有私人性的,只有"民众"才具有真正的公共性,因此,"利身""利国"都可能会囿于私人性,只有"利民",不会限于特定的个体和一姓之国,而因其开放的公共性而合乎道义。张载指出,人们对于利益的追求都是自寻烦恼,只有"道义"具有无穷性,才是值得追求的,"天下之富贵,假外者皆有穷已,盖人欲无餍而外物有限,惟道义则无爵而贵,取之无穷矣"②。张载认为,人欲无穷和外物有限,追求个体富贵会因为欲望的无穷而满足的有限产生痛苦,追求公共"道义"则不然,因为"道义"是无止境,值得永恒追求。另外,张载还指出,追求私利导致了"天下不治",而追求公利则有利于"天下之治",他说:"报者,天下之利,率德而致。善有劝,不善有沮,皆天下之利也。小人私己,利于不治;君子公物,利于治。"③ 张载的这段话是在《正蒙·有司》篇里提出的,"有司"是指为政者、官吏。他主张为政者要依靠自身德性来实现天下之利,劝善抑恶,不计较个人私利,而以天下公利作为追求,这样,天下才能"利于治"。可见,区分公利与私利对于为政者尤其重要,因为为政者掌握公共权力的运用和公共资源的分配,如果以此谋私利的话,那么公共政治生活必然变成为政者营私舞弊的领域。张载对于人们特别是为政者利用公权力

---

① 张载:《张子语录·语录中》,《张载集》,第323页。
② 张载:《经学理窟·学大原下》,《张载集》,第282页。
③ 张载:《正蒙·有司》,《张载集》,第48页。

谋取"私利"表现了高度的警惕，这也是儒家"公共性优先"传统的一个重要体现。

在"公共性优先"原则下，与摒除"成心""私意"以及"私利"相关的是对于"公义"的推崇。张载指出，"无私系，故能动必择义，善与人同者也"①。不被个人的"私欲"牵绊，故而在行动中就会处处以"公义"作为原则，以公共善作为追求的目标。在张载思想里，所谓"公义""公共善"的原则，指的都是儒家所推崇的价值观念，他说："仁统天下之善，礼嘉天下之会，义公天下之利，信一天下之动。"② 在儒家哲学里，"天下"是最具有普遍性、公共性的指称，是包含一切差异性的统一存在，张载认为，"仁""礼""义""信"等是"天下"场域中的价值准则，具有崇高性和统一性，能够取得最大范围、最大限度的共识并指导人们的行动。张载认为，在崇尚公义的前提下，人们才能成就"大人之道"。何为"大人之道"？他说：

> 性者万物之一源，非有我之得私也。惟大人为能尽其道，是故立必俱立，知必周知，爱必兼爱，成不独成。彼自蔽塞而不知顺吾理者，则亦末如之何矣。③

张载认为，万物有共同的本性之源，这一本源不是个体之私所能独占的，所以理想的人生是"尽其道"而成为"大人"，"大人之道"的关键在于推崇"公义"，即推崇"公共性优先"，所谓"立必俱立，知必周知，爱必兼爱，成不独成"，把他人的成就、成全作为自己之成就、成全的必要条件。顺从"公共之理"，并对公共之立、公共之知、公共之爱、公共之成展现了高度重视，这也体现了张载的反对囿

---

① 张载：《横渠易说·系辞上》，《张载集》，第103页。
② 张载：《正蒙·大易》，《张载集》，第50页。
③ 张载：《正蒙·诚明》，《张载集》，第21页。

◎ 张载研究

于自我闭塞的"公义"思想。

从破除私意、拒斥私利和崇尚公义等几个方面,张载展现了其"公共性优先"的基本原则,他曾集中阐述他的这一原则,说道:

> 人当平物我,合内外,如是以身鉴物便偏见,以天理中鉴则人与己皆见,犹持镜在此,但可鉴彼,于己莫能见也,以镜居中则尽照。只为天理常在,身与物均见,则不自私,己亦是一物,人常脱去己身则自明。然身与心常相随,无奈何有此身,假以接物则举措须要是。今见人意、我、固、必以为当绝,于己乃不能绝,即是私己。是以大人正己而物正,须待自己者皆是著见,于人物自然而正。以诚而明者,既实而行之明也,明则民斯信矣。己未正而正人,便是有意、我、固、必。鉴己与物皆见,则自然心弘而公平。意、我、固、必只为有身便有此,至如恐惧、忧患、忿愤、好乐,亦只是为其身处,亦欲忘其身贼害而不顾。只是两公平,不私于己,无适无莫,义之与比也。①

天理是公共性的,不属于个人私见,是人们共同的原则和标准,为人们所公共认同。在儒家话语系统中,天理是公利、公义、公意的集中代表。在这段话里,张载指出要以公共性的"天理"作为观察世界、立身处世的最终原则。他认为,"以身鉴物"必然流于私见,而"以理鉴物"则能形成公意并将自己与外物等同,不会陷入"意、必、固、我"的偏执和自私。这样,人处于世,才能符合孔子所说:"君子之于天下也,无适也,无莫也,义之与比。"(《论语·里仁》)真正以公心来对待万物和居处人世,做到公平、公正而不自私。在这种状态下,张载主张人们要循着公共之天理,"循理者共悦之,不循理者共改之"②。总之,在公共生活中,要以公共性的天理作为一切言行

---

① 张载:《经学理窟·学大原下》,《张载集》,第285页。
② 张载:《正蒙·中正》,《张载集》,第29页。

的最终标准,而不是依据权力、私见、利益等进行评判。

"中正贯天下之道"①,不囿于私,循公共天理而为,这是张载"崇公抑私"思想的集中表达。张载继承了传统儒家反对私意成心、拒斥私利、崇尚公义的思想传统,将"公共性优先"原则作为价值取向,无论是在观察世界的认知上还是在改造世界的行动上,都主张"崇公"而"抑私",这体现了张载的价值选择。

三 宗法、封建和井田的治理方略

张载的公共性思想除了表现在其本体论和价值论层面外,也特别表现在他的公共治理方略上。虽然从政时间不长,但在公共性的国家治理问题上,张载也有着其一定的认知。与大多数儒家一样,张载推崇"三代之治",他曾对宋神宗说过:"为政不法三代者,终苟道也。"② 吕大临总结张载平生时认为,"先生慨然有意三代之治,望道而欲见"③。在张载的理解中,"三代之治"是与宗法、封建和井田联系在一起的,换言之,只有相互支撑的宗法、封建和井田制度才能落实"三代之治"的复古治理④,从而实现良好的公共生活。

宗法依血缘而来,是一种确立家族身份、权力和财产关系的制度,其核心在于嫡长子继承制,在中国古代社会生活中曾起到基础性的制度作用。张载认为确定了宗法即是在一定意义上明确了根本的身份差异和统治秩序。因此,张载的公共治理思想中特别重视去巩固"宗法制",他把宗法置于崇高的"天理"位置,认为宗法在生活秩序中具有正本清源的作用,他说道:

---

① 张载:《正蒙·中正》,《张载集》,第26页。
② 脱脱:《宋史》第36册,中华书局1977年版,第12723页。
③ 吕大临:《横渠先生行状》,《张载集》附录,第384页。
④ 关于张载所强调的宗法、封建、井田的相互支撑,参见李蕉《守道与思归:从张载政治蓝图的复古倾向论其内在追寻》,《政治学研究》2010年第1期,第106—116页。

> 天子建国，诸侯建宗，亦天理也。譬之于木，其上下挺立者本也，若是旁枝大段茂盛，则本自是须低摧；又譬之于河，其正流者河身，若是泾流泛滥，则自然后河身转而随泾流也。宗之相承固理也，及旁支昌大，则须是却为宗主。①

宗法既保证了统治秩序的一脉相承，又保证了统治秩序中的正宗位置，对于权力的延续、传承具有重要意义，杨立华教授曾称这一作用为"巩固国本"②，确有所见。宗法对于最高权力的传承不可或缺，对于政治权力的参与者也具有重要意义，张载认为："宗子之法不立，则朝廷无世臣。且如公卿一日崛起于贫贱之中以至于公相，宗法不立，身死遂族散，其家不传。宗法若立，则人人各知来处，朝廷大有所益。"③ 儒家认为"慎终追远，民德归厚"（《论语·学而》），将人对于祖先的追念作为道德风气淳厚以及社会秩序稳定的前提之一，而宗法对于人们慎终追远具有不可或缺的作用，能够使人明确家族的来源和流传。正是在这个意义上，张载认为宗法有利于政治治理，为此他指出：

> 管摄天下人心，收宗族，厚风俗，使人不忘本，须是明谱系世族与立宗子法。宗法不立，则人不知统系来处。古人亦鲜有不知来处者，宗子法废，后世尚谱牒，犹有遗风。谱牒又废，人家不知来处，无百年之家，骨肉无统，虽至亲，恩亦薄。④

宗法制度里的谱系记载和宗子传承，使人们明确了自己的来处，能够保证人心的收摄与人员的聚集。换言之，宗法确立了血缘共同体不随时间的流逝和空间的分散而消失，能让人们对自己的"来处"有所敬

---

① 张载：《经学理窟·宗法》，《张载集》，第259—260页。
② 杨立华：《气本与神化——张载哲学述论》，第150页。
③ 张载：《经学理窟·宗法》，《张载集》，第259页。
④ 张载：《经学理窟·宗法》，《张载集》，第258—259页。

畏，因而可以保证人心的统一、风俗的淳厚，故而有利于治理秩序的稳定性。

宗法之外，张载还强调周礼中的封建制。封建制，即按照血缘宗法进行分封建国，分散最高权力给宗子之外的旁支，从而来完善政治治理。从"公天下"的角度来看，张载认为封建制具有必要性，他说道：

> 所以必要封建者，天下之事，分得简则治之精，不简则不精。故圣人必以天下分之于人，则事无不治者。圣人立法，必计后世子孙，使周公当轴，虽揽天下之政，治之必精，后世安得如此！且为天下者，奚为纷纷必亲天下之事？今便封建，不肖者复逐之，有何害？岂有以天下之势不能正一百里之国，使诸侯得以交结以乱天下！自非朝廷大不能治，安得如此？而后世乃谓秦不封建为得策，此不知圣人之意也。①

张载所面对的政治体制是秦汉以来的郡县制，中央政府集中了最高权力进行政治治理。而张载认为封建制优于郡县制，理由有二：一是天下有必要分权治之，天子不必事必躬亲，天子将"治权"分之于子孙，由简而精，从而提高天下的治理效率；二是天子可以裁汰不肖的诸侯，同时天子占据天下大势，其实力可以抑制百里之国，故而不必担心诸侯勾结、作乱。既有简政放权的好处，又能规避诸侯争权的坏处，故而，张载认为封建制是一套优良的政治制度，可惜为秦所坏。众所周知，封建制是周代的政治体制，秦以郡县制代之。关于封建和郡县之争，历代思想家认识不一，如王夫之虽然称道张载的哲学思想，但对封建制这一政治体制却不认同，他认为郡县制是大势所趋，"郡县之制，垂二千年而弗能改矣，合古今上下

---

① 张载：《经学理窟·周礼》，《张载集》，第251页。

皆安之，势之所趋，岂非理而能然哉？"① 在这个问题上，张载以古典之制来反思现实之制，虽然表现出其强烈的公共关怀，但也显示了其对于政治问题的认识过于理想化，特别是对为政者道德品质的败坏与权力欲望的膨胀，明显是估计不足的。当然，这也是先秦孔孟儒家道德理想主义的一种传承。

就具体的政治治理而言，张载认为国家进行政治治理的目的是要让人们生活富足，只有生活富足，才能保证稳定的社会秩序，"故为政者在乎足民，使无所不足，不见可欲而盗必息矣"②。那么，如何让民众富足呢？张载的治理方案是首先解决生产关系的问题，即对当时的土地所有权制度进行改革。在土地制度问题上，张载的理论根据也是《周礼》，而具体措施就是恢复井田制。井田制是《周礼》中所记述的一种土地所有制度，即土地的私人产权与国家公共产权的结合。自周代到北宋，很多人在土地制度上都对井田制抱有期望，刘复生教授曾撰文指出，宋代思想家不少人希望恢复井田制，而张载表现得尤为突出。③ 张载认为："治天下不由井地，终无由得平。周道止是均平。"④ 又说："欲养民当自井田始。"⑤ 在他看来，井田制是最能满足公共平等的政治理想，"井田亦无他术，但先以天下之地棋布画定，使人受一方，则自是均"⑥。他认为，井田制可以明确公私边界，使得国家和民众都受益：

> 井田至易行，但朝廷出一令，可以不笞一人而定。盖人无敢据土者，又须使民悦从，其多有田者，使不失其为富。借如大臣

---

① 王夫之：《读通鉴论》，《船山全书》第 10 册，第 67 页。
② 张载：《正蒙·有司》，《张载集》，第 47 页。
③ 参见刘复生《理想与现实之间：宋人的井田梦以及均田、限田和正经界》，《四川大学学报》（哲学社会科学版）2006 年第 6 期，第 92—98 页。
④ 张载：《经学理窟·周礼》《张载集》，第 248 页。
⑤ 张载：《经学理窟·礼乐》，《张载集》，第 264 页。
⑥ 张载：《经学理窟·周礼》，《张载集》，第 250—251 页。

有据土千顷者，不过封与五十里之国，则已过旧所有；其他随土多少与一官，使有租税人不失故物。治天下之术，必自此始。今以天下之土棋画分布，人授一方，养民之本也。后世不制其产，止使其力，又反以天子之贵专利，公自公，民自民，不相为计。"百姓足，君孰与不足！百姓不足，君孰与足！"①

"人授一方"的意思是国家将土地分配给人民，凡是耕者皆有其田。私人土地产权的保障，使得人们有动力进行生产劳动，能够极大地解放生产的能力，从而提高社会财富水平。而同时，人们又能为公共产权的土地劳作，从而保证国家的公共利益。如此，公、私的界限明确了，百姓个人利益得到满足，则国家的公共利益自然也能实现。张载还认为，井田制保证了财产的延续性，"不制其产"，百姓的私人财产得到了保护，也有信心来耕种属于自己的土地，这样，家族在世代累积中聚集财富，国家也在这种延续性的稳定生产中获得了安定。"公自公，民自民"，在明确了私人财产、财富的基础上实现了公私界限的清晰，也有利于百姓和国家都能从中受益。张载曾试图为此"买田"进行试验，希望验证井田制可以更好地兼顾公私、增进福祉、扶危济困、化民成俗，吕大临记述道：

> 论治人先务，未始不以经界为急，讲求法制，粲然备具，要之可以行于今，如有用我者，举而措之尔……乃言曰："纵不能行之天下，犹可验之一乡。"方与学者议古之法，共买田一方，画为数井，上不失公家之赋役，退以其私正经界，分宅里，立敛法，广储蓄，兴学校，成礼俗，救灾恤患，敦本抑末，足以推先王之遗法，明当今之可行。此皆有志未就。②

---

① 张载：《经学理窟·周礼》，《张载集》，第249页。
② 吕大临：《横渠先生行状》，《张载集》附录，第384页。

张载这一想法虽然"有志未就",但从其设想来看,他真诚地认为井田制可以改变当时的社会经济基础,由古法变成现实的政策,进而明确公私界限,私人的土地产权得到保护,而公共的赋役也能得到满足,从而实现更好的公私生活。同样地,张载在井田上的复古设想,也是先秦儒家政治经济传统的传承。

在上述三项治理方略中,宗法是封建的前提,而封建与井田又是需要并重的,张载说:"井田而不封建,犹能养而不能教;封建而不井田,犹能教而不能养。"① 这是说,如果仅推行井田,那么只能养民而不能使之促进教化;如果仅推行封建,那么只能教化而不能养民,故而二者应该配合使用,以达到公共治理和公共教化的目的。宗法、封建和井田都不是张载的思想创造,而是来源于《周礼》的制度设计,张载对这些传统的发挥,主要是为公共治理领域寻找传统的思想资源,借助这些制度的历史合理性来论证其政治经济主张的现实合理性。这也说明,儒家在公共治理上,容易回到思想传统中去寻找资源,张载也不例外。

四 "民胞物与"的生活理想

传统儒家对于良好公共生活形态的设想主要集中于"大同",并认为"三代之治"就是"大同社会"的范本。前文已述,在政治理想上,张载也是秉持了"三代之治"的信念。而对于良好公共生活的形态,张载一方面继承了儒家的大同理想,另一方面还创造性地提出"民胞物与"的公共生活理想,把儒家对于公共生活的设想推进了一步。

"民胞物与"的思想其核心在于如何看待个体在世界中的位置以及自我和世界的关系。如何来看待自我和世界的关系呢?张载主张,首先要以"大心"体察天下之物,从而突破人我之别,从而正确地对

---

① 张载:《经学理窟·月令统》,《张载集》,第297页。

待自己在世界中的位置，他说：

> 大其心则能体天下之物，物有未体，则心为有外。世人之心，止于闻见之狭。圣人尽性，不以见闻梏其心，其视天下无一物非我，孟子谓尽心则知性知天以此。天大无外，故有外之心不足以合天心。①

张载认为，之所以现实生活中人们执着于人物之分、人我之别，从"分别"之差异性的视角来看待自我与世界的关系，这是因为人们囿于偏狭的闻见之知带来的后果。如果我们从最本原的角度来看，天下万物、世上众人都是与"我"无分的。张载认为："一人私见固不足尽，至于众人之心同一则却是义理，总之则却是天。"② 个体的私见总是有限的，而众人的共同之心则能符合公义、符合天理，因此，人们应该以"同一"的义理来看待世界，如果以充满私见的"见外"之心就不能体察到世界的本原。从"大心"出发，张载为"民胞物与"思想建构了认识论的基础。

"民胞物与"的思想阐发于《正蒙·乾称》，又称《西铭》，程颐认为该文是"横渠文之粹者也"③。关于"民胞物与"的理想生活图景，张载的基本表述如下：

> 乾称父，坤称母；予兹藐焉，乃混然中处。故天地之塞，吾其体；天地之帅，吾其性。民吾同胞，物吾与也。大君者，吾父母宗子；其大臣，宗子之家相也。尊高年，所以长其长；慈孤弱，所以幼其幼。圣其合德，贤其秀也。凡天下疲癃残疾、惸独鳏寡，皆吾兄弟之颠连而无告者也。④

---

① 张载：《正蒙·大心》，《张载集》，第24页。
② 张载：《经学理窟·诗书》，《张载集》，第256页。
③ 程颢、程颐：《河南程氏遗书》卷18，《二程集》，第196页。
④ 张载：《正蒙·乾称》，《张载集》，第62—63页。

在现实生活中，人们囿于私欲和血亲之局限，倾向于将他人看成是对手并与之争夺，将自己与世界的关系看作征服、斗争的关系。而如前所述，如果以"大心"视之，人与世界在本质上是同一的。为了克服现实生活中人们因为差异性而造成的分裂与对抗，张载为个体与世界建立了一整套基于血缘宗法的同一关系，并以超迈的公共情怀来为自我与他人之间构建一致性的伦理基础。张载认为，从同一性的视角来看，自我与他人之间具有共同的来源，这个共同来源就是天、地，天为父、地为母，人都是天地的子女，在天地这个大家庭里，所有人都是同胞，所有物都与自己同体相连，自己和天地宇宙、他人外物是血脉相连的。考虑到现实中的政治等级的伦理，张载还从宗法角度特别强调，君主是这个大家庭的"宗子"，群臣是"宗子"的家仆。如此，张载就重构了社会伦理关系，将整个社会看成是同一血缘宗法下的家庭关系，人们不再是你死我活的争夺关系，而是家庭内部的同胞关系，君主代表天地执掌血亲共同体的统治权，人们应该以同胞一体的视角来看待他人。于是，对于老弱的关爱是自己的道德义务，对于疲癃残疾、惸独鳏寡的救济，也是自己不可推卸的伦理责任。通过对人与他人关系的转化式理解，张载将从原来对他人的道德同情变成了自己的伦理义务，这样，儒家的仁爱就不仅仅是一个可做可不做的崇高行为，而成了一个人们必须履行的义务和责任。在张载的"民胞物与"思想里，公共生活中的他人不再是与我们无关的"陌生人"，"他者的痛"不再是我们观望和同情的对象，而变成了我们自身无可推卸的伦理义务，因为"他者的痛"就是我们自己兄弟同胞的痛。在这里，张载为人们之间的仁爱精神变成伦理责任，建构了人们互爱互敬的公共性基础，为和谐美好的公共生活赋予了更加强烈的道德合理性与必要性。

从张载构建的理想人际关系和良好公共生活可以看出，张载认为人类社会最好的制度模式还是宗法制，即以血缘共同体为纽带所形成的公共生活，宗法融个体私人情感与公共规则于一体，既重视从血缘出发的私人关系纽带，也重视以嫡庶长幼之序为规则的公共生活制度。在这个基础上，他把人与人在世界上的公共生活关系理解成兄弟同胞的血缘宗法关系，并由此来发挥儒家宗法伦理在公共生活中的效用。张载试图把现实中陌生人的公共生活转化成理想中的血缘宗法共同体的公共生活，以此来保证儒家伦理能被每个人心悦诚服地接受，并转化为人们的内在道德情感和道德意志。张载认为，人们只有确信所有人的命运跟自己相关，所有人都和自己有着共同的基础才可能"良善地对待他人"，故而以"民胞物与"的思想来为良好的公共生活奠定基础，构建一种以宗法制为基础"家与天下一体"的人类公共生活。

张载"民胞物与"的思想，从血脉相连的角度来看待自己与世界的关系，从天人一体、人我一体、人物一体的维度来理解自己在宇宙里的处境，跳出了自我的局限，展现了宏大的公共性情怀。张载所设想的"民胞物与"思想，也深刻地刻画了人类命运与共的处境，对于实现良好公共生活具有启发性意义。

小　结

"为天地立志（心），为生民立道（命），为去（往）圣继绝学，为万世开太平。"① 通过"横渠四句"，张载精练地表达了儒者深沉的公共情怀，天地、生民、去（往）圣、万世，从根本上看，这些语词体现的都是担负世界的公共性精神，可以说，儒家事业最重要的精神也在于此。② 公共情怀是儒家思想的出发点，对于公共权力、公共交往、公共礼仪、公共文化等问题的焦虑和忧思，推动了一代又一代儒

---

① 张载：《张子语录·语录中》，《张载集》，第320页。
② 《西北大学学报》（哲学社会科学版）2019年第3期上曾刊出研究"横渠四句"的四篇专题性文章，刘学智、林乐昌、赵馥洁、韩星四位教授分别做了探讨，对其文句及其义理都做了深入的研究，并认为这是儒家乃至中国知识分子的家国情怀、使命担当、理想追求的经典表达，在儒家思想史上具有崇高的地位。

者积极地修身进德、更新思想、设计制度、参与治世。张载本人也是如此，在他的思想中也浸润着公共性关怀与致思，体现着"横渠四句"的精神。张载提出了"气本"哲学，以"气"作为多样性世界的本原，并通过推演"气"的变化，构造了世界图景，为人们的公共生活得以可能奠定了本体论的基础，可谓"为天地立志（心）"。在价值选择上，张载提倡崇公而抑私，要求人们摒弃个人的私见、成心而服从于公共性的天理、公意，强调有利于民众的公利、公义要高于个体的私利，展现了"公共性优先"的价值原则，可谓是"为生民立道（命）"。在公共治理方略上，张载推崇《周礼》的治理制度，将宗法制、封建制和井田制作为理想的政治治理方案，并认为由此可以实现优良的公共制度，从而带来理想的治理效果，对于《周礼》中传统治理方略的执着，可谓"为去（往）圣继绝学"。在理想公共生活的设计上，张载提出"民胞物与"的思想，明确了个体在宇宙天地中的位置和处境，将自我与天地、他人、万物都当作血脉相连的血缘共同体主张成员，并按宗法制明确了成员之间的关系，畅想一种"家与天下一体""自我与他人命运与共"的理想生活，可谓"为万世开太平"。由此足见，在张载思想体系里，公共性思想占据了相当大的比重，他的公共性思想既有其自己的创见，如气本论、"民胞物与"等，是在儒家传统思想基础上的创新；也有对儒家公共性思想传统的继承与发挥，如"公共性优先"的价值选择，宗法、封建和井田的制度回溯等，则是对儒家传统的复归。在这个意义上，张载的公共性思想构成了儒家公共性思想体系发展变化中的一个重要节点。

（原载《船山学刊》2020年第6期）

从"性又大于心"到"心能尽性"*
——论张载心性大小之辨及其价值

田智忠**

摘　要：心性大小之辨是张载心性思想的重要一环。程颐批评张载的"以体会为非心"是主张将见闻排斥在心之外，意味着"心小性大"、析心与理为二。据二程弟子时紫芝的注释，程颐的这一批评系针对张载的"心御见闻，不弘于性"而发。程颐的批评建立在将"御"字释为"扞格""防御"之上，但程颐的这一解释并不符合张载的本意。张载"心御见闻"中的"御"字当为"桎梏""滞碍"之意，故不能从"心御见闻，不弘于性"中推出张载主张析心与理为二的结论。但另一方面，张载又确实有"性又大于心"的主张，但此论并不意味着完全排斥见闻。张载的心性大小之辨的本质是天人之辨，既包含天人、心性的本末源流、分合同异、主从关系之辨，具体涉及对于心与见闻、诚与心、道与身的关系之辨；又包含天人、心性的自在与自为之辨。由此，张载的天人、心性之辨就动态地展开为由本源层面的无分，到当前实际表现层面的有分，再到极致表现层面的重回无分的复杂过程，而人积极主动修养工夫是实现从天人、心性在实际

---

* 本文系国家社会科学基金重大项目"近现代中国价值观念史"（编号18ZDA020）的阶段性成果。

** 田智忠，北京师范大学哲学学院副教授。

表现上的相分重回极致表现上的无分的不二法门，此即"心能尽性"说。张载此论从万物一体的高度推进了儒学对于天人关系的理解，也是对孟子尽心尽性思想的继承与发展。

关键词：心性大小之辨　性又大于心　心统性情者也　心能尽性

心性大小之辨是张载心性思想的重要一环，此问题自程颐批评张载"心小性大"开始，中间经过朱子的放大，遂引发了学界的激烈争论。近年来，向世陵、杨立华、丁为祥和林乐昌等学者都曾讨论过这一话题，却仍有很多争论未能平息，如程颐对张载的批评是否准确，双方的分歧何在？张载确实主张"性又大于心"，这与程颐的批评是否相关？是否如朱子所疑，张载的"心统性情者也"与"性又大于心"存在矛盾？张载的心性、天人之辨的独特性何在？本文从分析程颐与朱子对张载"心小性大"的批评出发，试图对张载的心性大小之辨问题做出详尽的梳理。

一　问题缘起：程朱对张载"心小性大"说的批评

理学中对于心性大小之辨问题的关注，由程颐对张载"心小性大"说的批评开始，程颐的这一批评也成为后世聚讼不已的悬案：

> 正叔言："不当以体会为非心，以体会为非心，故有心小性大之说。圣人之神与天为一，安得有二？至于不勉而中，不思而得，莫不在此。此心即与天地无异，不可小了佗。不可将心滞在知识上，故反以心为小。"时本注云："横渠云：'心御见闻，不弘于性。'"①

---

① 程颢、程颐：《二程集》，《河南程氏遗书》卷2上，中华书局1981年版，第22页，下同。

从"性又大于心"到"心能尽性"

这条材料之所以会造成后世的聚讼不已,是因为缺少对"以体会为非心"的详细说明,导致后人对这句话的解读上难有定论。不过,程颐反对"以体会为非心"的态度则是明确的。他认为"以体会为非心"意味着"心小性大",会使本来"与天地无异"的心有亏,也会导致心与性割裂。这条材料的正文部分并未点明所批评的对象是谁,但二程门人时紫芝在记录这条材料时已经注明,程颐的批评系针对张载的"心御见闻,不弘于性"而发。从后世围绕这条材料仍然争论不休的情况来看,时紫芝的标注并未引起多数学者的重视。如《朱子语类》就记录下了朱子的困惑:

> 问:"不当以体会为非心"是如何?"曰:此句晓未得。它本是辟横渠'心小性大'之说。心性则一,岂有小大?横渠却自说'心统性情',不知怎生却恁地说。"[1]

朱子的困惑在于,"心统性情"实有"心大性小"之意,因此张载不应该有"心小性大"的主张,因此他表示无法理解"以体会为非心"为何意。朱子并强调:"'体会非心'不见横渠本语。"[2] 朱子此言表明,"以体会为非心"不是张载的原话,而是程颐对于张载某些论点的个人概括。

再如,向世陵也曾提出自己的困惑:"'体会'可以说是从形而上方面说的'大心',把大心的形而上方面排除在外,也就意味着将心滞在知识上,陷泥于见闻中,导致心小性大的痼疾,结果便不能像圣人的神明那样与性体天道相通"。问题是,大家都知道张载的标志性观点就是"大其心",因此向先生也意识到了此言之牵强,故又补充说:"程颐批评的'以体会为非心'的'心小性大'之说,朱熹推断

---

[1] 黎靖德编《朱子语类》,中华书局1986年版,第2502页,下同。
[2] 朱熹撰,朱杰人等编《朱文公文集》卷40,《答何叔京·尽心知性知天》,载《朱子全书》第22册,上海古籍出版社、安徽教育出版社2010年版,第1830页,下同。在《朱子语类》卷97中,朱子亦曾怀疑"此必是横渠有此语,今其书中失之矣"。

是已经失传的张载的观点。倘如此，则与张载的'大心'说是明显冲突的，即变成见闻'小心'而不是天地'大心'了。朱熹于此也颇感迷惑，但他认为这是张载思想自身本有的矛盾。"① 其实张载思想本身并无矛盾，问题的关键在于此处的"体会"是否指"从形而上方面说的'大心'"。向先生对此关键点却无论证。朱子和向世陵都注意到，张载理应主张"心统性"的大心说，而不应该有"心小性大"的主张。这一点，几乎困扰了所有的学者。

又如，林乐昌又提出："在张载的观点'体会非心'中，'非'不作常见的'否定'义，而作'鄙薄'义。'体会非心'是说在体会中鄙薄心的作用。程颐批评张载强调'体会'必须合'性'以言'心'，而没有像他那样认为'体会'完全依赖于'心'，这就贬低了'心'，抬高了'性'，从而导致了'心小性大'"。② 林的解释没有触及"体会"究竟是何意这一核心问题，故认为程颐和张载都赞同"体会"，分歧只是程颐认为张载有鄙薄心的倾向。问题是，张载明确强调"心能尽性……性不知检其心"③，这显然不是在贬低心而抬高性，因此林的观点难以自圆其说。

上述诸贤都没有怀疑程颐对张载思想的概括和批评存在失误的可能性，但这一点却是需要我们辨析的。再者，大家对于时紫芝的小注重视不够，因此很少有学者注意到程颐的批评系针对张载的"心御见闻，不弘于性"而发。当然，向世陵注意到了这条小注，但他对此小注的解读则存在可商榷之处："杨时所以会在这一段后注上张载的'心御见闻，不弘于性'，就是想要说明，要避免出现心小性大的问题，心不为见闻所束缚是必需的条件。"④ 问题是，张载不大可能在主

---

① 向世陵：《宋代理学的心性小大之辨》，《中国人民大学学报》2012年第6期，第130页。
② 林乐昌：《张载心学论纲》，《哲学研究》2020年第6期，第47页。
③ 《张载集》，中华书局1978年版，第22页，下同。
④ 向世陵：《宋代经学哲学研究 基本理论卷》，上海科学技术文献出版社2015年版，第189页。

张"心小性大"的同时,又提出"心御见闻,不弘于性"的主张来避免出现心小性大的问题,这在逻辑上很难自洽。另外,在朱子整理的《程氏遗书》《程氏外书》当中,"时本"都是指由二程门人时紫芝所记录的"二程语录",而非由杨时所整理的"粹言",杨的传世文献中并没有这条小注。比较而言,唐君毅和潘富恩对于这条小注的解读则是正确的。唐认为:"再如《遗书》二上记伊川言:'以体会为非心,故有心小性大之说,'其下时本注云:此乃指横渠'心御见闻,不弘于性'。"① 虽然唐先生对此小注的转述略有失误,但其解读是正确的。潘富恩亦认为:"张载曾说'心御见闻,不弘于性',实际上是说'心小性大',对此,二程提出了批评:'正叔言,不当以体会为非心……'"②

总之,由时紫芝的小注可知,程颐正是将张载的"心御见闻,不弘于性"解读为"以体会为非心",进而批评张载此论是析心与性为二的"心小性大"说,这是要将闻见之知排除在心之外。这里的"体会"一词指的就是"见闻"。那么,程颐又是如何将"心御见闻,不弘于性"等同于"以体会为非心"的呢?最大的可能是,他把"御"字解释为"扞格"、"防御"和"拒斥"③。如此,"心御见闻"也就意味着"以体会为非心"了。问题是,程颐又为什么会用"体会"一词来指"见闻"呢?通常认为,"体会"即体悟领会之意,更接近张载直觉式的"大心"说,很难与见闻相对应。但是对程颐本人来说,他本能的排斥逆觉体证工夫,也不认为"体会"一词含有体悟之意。这背后是程颐、朱子与张载对于心的认识大有不同。由此,程颐对于"体会"一词的理解就是以可见闻者为

---

① 唐君毅:《唐君毅全集》卷22,《中国哲学原论·原教篇》,九州出版社2016年版,第93—94页。
② 潘富恩、徐余庆:《程颢程颐理学思想研究》,复旦大学出版社1988年版,第348页。
③ 程颐有将"御"字作此释的实例,如《程氏遗书》卷一中就有"吕与叔尝言患思虑多不能驱除,曰:'此正如破屋中御寇'"的说法,见《二程集》,第8页。

对象的格物致知活动，自然会将"体会"等同于"见闻"，这并不令人感到意外。

二 "心御见闻，不弘于性"与心与见闻之辨

那么，程颐将"心御见闻，不弘于性"解读为"以体会为非心"是否符合张载的本意？他对张载的批评是否反映出二人对于见闻的不同态度？问题集中在如何准确解读"心御见闻，不弘于性"上。张载的完整论述为：

> 利者为神，滞者为物，是故风雷有象，不速于心，心御见闻，不弘于性。①

张载此言旨在比较"利者为神"与"滞者为物"：神无形而物有象，故前者常"利"后者常"滞"。因为风雷有象，就比原本无象的心更显滞碍；不过，但是心若"徇象"就会由"利"转"滞"。可见，"心御见闻，不弘于性"正是说明"利者为神，滞者为物"的例证，意为如果心被见闻所左右、驾驭、桎梏的话，就会有"不再弘于性"的后果，"心御见闻，不弘于性"即是"徇象丧心"②之意。朱子对这句话的解读也是如此：

> 大雅云："横渠言'心御见闻，不弘于性'，则又是心小性大也。"曰："'御'字不可作'止'字与'当'字解，御有'桎'之意，云'心桎于见闻，反不弘于性耳。'"大雅录。③
> 问："'不当以体会为非心，故有心小性大之说'，如何是体

---

① 《张载集》，第23页。
② 《张载集》，第24页。
③ 《朱子语类》卷60，《孟子十》，第1423页。

会?"曰:"此必是横渠有此语,今其书中失之矣。横渠云:'心御见闻,不弘于性'却做两般说。渠说'人能弘道,非道弘人'处,云:'心能检其性,人能弘道也;性不知检其心,非道弘人也',此意却好。又不知它当初把此心性作如何分。横渠说话有差处,多如此。"可学录。①

在第一条材料中,余大雅之问也正是程颐的意思,但朱子在两条材料中的回答则认为"心御见闻,不弘于性"与"以体会为非心"是"却做两般说",意为二者正好相反。朱子对"心御见闻,不弘于性"持肯定态度,这与程颐正好相反。向世陵也赞同朱子的说法,认为"心御见闻,不弘于性"即"如果被见闻所束缚,则不能弘扬彰显本性"②之意。因此说,张载这句话只是提醒人不能被见闻所束缚,却未必主张将见闻排斥在心之外。

当然,要想彻底厘清张载对于见闻的态度,还需全面考察张载对于心与见闻关系的讨论。张载的心论主要有两个命题:"心统性情者也"和"合性与知觉,有心之名"。那么,这两个命题又是什么关系?张岱年先生在对"心统性情"的释文中强调"……他认为'合性与知觉,有心之名'(《正蒙·太和》),知觉为心之特质,能综合内外万殊,性之发为情,情亦在心中,也包含着性与情"③。陈来先生也认为:"……张载还说过'心统性情者也',这里的'统'也就是'合',而'情'即指知觉而言,也是说'心'包括内在本性与知觉活动两个方面,这个提法后来在理学史上被广为接受"④。二人都认为,情与知觉相通,心既是性与情之合,亦是性与知觉之合,故这两个命题可相通。这两个命题都是对心之结构之刻画:心的本质是天赋

---

① 《朱子语类》卷97,《程子之书三》,第2502页。
② 向世陵:《宋代理学的心性小大之辨》,《中国人民大学学报》2012年第6期,第128页。
③ 张岱年主编:《中国哲学大辞典》(修订本),上海辞书出版社2014年版,第177页。
④ 陈来:《宋明理学》,华东师范大学出版社2004年版,第54页。

之性，故其本性即是"虚""通""无滞碍"；性之发为情、为知觉。知觉亦有二重性：对气之本然的知觉而有德性之知，特征是万物一体的通性；对有形世界的知觉则生闻见之知，特征是万物各自异体的间隔，张载称其为"闻见小知"。

这里需要辨明一点，张载虽然认为德性之知与闻见之知有大小之别，但绝不认为见闻之知是虚妄之知，毫无意义。从儒学与佛老之辨出发，张载充分肯定有形世界、人世礼乐纲常（这都与闻见之知相关联）的实有与价值，也承认闻见是人实现合内外之道的重要媒介。张载强调，"感亦需待有物，有物则有感，无物则何所感？"① 无感通则无心可言，而感通却以有物为前提，故人不能弃物，不能舍弃心物感通而生的闻见："闻见不足以尽物，然又须要他。耳目不得，则是木石。要他，便合得内外之道。若不闻不见，又何验？"② "耳目虽为性累，然合内外之德，知其为启之之要也"③。由此，张载固然承认"闻见不足以尽物"，甚至闻见会遮蔽人的本然之心，故心不可桎于见闻，亦不可只以见闻为心。但又并不主张将见闻完全排除在心之外，"心御见闻，不弘于性"亦是此意。

这里还有一个问题需要辨析。朱子曾提出："（张载）其曰：'舍此见闻，别自立见，始谓之心'，此亦可疑"④，认为张载有舍弃见闻的观点，而这完全就是"以体会为非心"的另一种表述。那么，程颐是否就是因为这句话而批评张载的"以体会为非心"呢？对此材料尚需存疑，因为《孟子或问》中的这条材料不但是孤证，而且还属于间接性史料。学界向来就有"孤证不立"、间接性史料不成定论的原则，因此张载是否主张"舍此见闻，别自立见，始谓之心"，还需更多材料的支持。

---

① 《张载集》，第313页。
② 《张载集》，第313页。
③ 《张载集》，第25页。
④ 《朱子全书》6册，《孟子或问》卷13，第995页。

三 张载确有"性又大于心"的主张

从上文可知,程颐和朱子都把"以体会为非心"和"心小性大"联系起来,进而对张载提出批评,认为张载主张排斥闻见,造成"反以心为小"的后果,但张载并无彻底排斥闻见的主张。不过值得玩味的是,张载本人确实有"心小性大"的主张,只是张载此论实与程朱所批评者无关:

> 尽天下之物,且未须道穷理,只是人寻常据所闻,有拘管局杀心,便以此为心。如此,则耳目安能尽天下之物?尽耳目之才,如是而已。须知耳目外更有物,尽得物,方去穷理,尽了心。性又大于心,方知得性,便未说尽性。须有次叙,便去知得性,性即天也。①

《张子语录上》中的这条材料旨在梳理"尽物""穷理""尽心""尽性"的关系,颇有指示为学之序的意味。《张子语录下》中亦有一条材料与此相关。综合这两条材料,我们大致可以把握张载的基本逻辑:想要"尽物",首要的不是直接去穷理,而是要"尽心",因为"今所言尽物,盖欲其尽心耳","尽物"的关键和本质是"尽心"。在张载看来,想要通过"穷理"的方式来"尽物",最终无法摆脱"但据闻见上推类却去"的弊端,不可能做到"尽天下之物"。反之,只有先去"尽心",才能明白"耳目之外更有物""盈天地之间者皆物也"的道理,才能做到心不滞于见闻,不只以见闻为心,如此才能"尽天下之物"。这相当于"自诚而明"的为学路径。当然,"尽物"只是做到了"但知其大总",而"穷理"则是随后的"更去

---

① 《张载集》,第311页。

其间比较，方尽其细理"，① 如此才能彻底"尽心""尽物"。这里，"尽物"与"尽心"是一而二、二而一的关系。又因为"性又大于心"，故在"尽物""尽心"之后，还要去做"尽性""知天"的工夫。可惜张载视"性又大于心"为不证而自明者，并未给出详细的说明。

要想充分了解张载的这一观点，我们尚需全面考察张载的心性关系论。张载的心性关系论既有对于心与性的定位，也有对心与性之所从来这一问题的说明。张载对于心与性的定位是多层面的，动态的。正如唐君毅所言，"于此首当知横渠之言性，有自其来源说者，有自其具于我而就其德说者，有自其当前之表现说者，有自尽性之极说者。由是而其与心、命、气、理、德、欲等之关系，亦即有不同方面之说"②。张载对于性的定位涵盖论本源、论当前和论极致三个层面：论本源，性即天性是太虚之气的本质属性，以"一故神"为体，以"两故化"为用，实即"有无、虚实通为一物者"③，故天性不等于虚无；论"自其具于我而就其德说者"，天性之赋予人者则是人的本性，也是人的本质；论当前，人性深受气质之蔽的影响，表现为气质之性，此气质之性并不是人的本性，故"君子有弗性者焉"；论极致，则人可以通过变化气质工夫而使气质之性复归其本然。张载对心的定位同样包含论本源、论当前和论极致三个层面：论本源，心的本然状态虚而神；论当前，人心从诞生之初就不可避免地受到气质之蔽的影响而"止于闻见之狭"；而论极致，则人心可以通过"大心"工夫而复归其本然状态。就此而言，心性关系同样也是一个在本源上一体不分，在当前之表现上相分，而在极致上复归为一的复杂关系。由此，张载主张"性又大于心"，实际上揭示出天性与人心之间一本与万殊、

---

① 《张载集》，第333页。
② 《中国哲学原论·原教篇》，第82页。
③ 《张载集》，第63页。

源与流的关系，这又被张载归纳为："性，源也；心，脉也。"① 这是心性大小之辨的第一个方面。

张载把对于心与性之所从来这一问题的阐释纳入"由太虚，有天之名；由气化，有道之名；合虚与气，有性之名；合性与知觉，有心之名"②的框架当中。林乐昌称张载的这四句话为"《太和》四句"，并认为"'《太和》四句'自上而下地界定了'天''道''性''心'四个基本概念。这四个基本概念，构成了张载的理学纲领"③。在"《太和》四句"中，张载以天、道、性、心层层下贯的次序搭建起一个个完整的天人框架结构，也给出了心与性之所从来的解答：天是指代太虚之名，这是"一物"之体，其性虚而神；道是指代气化流行之名，这是"两体"之用，其性"两故化"；性则合"一物"之性与"两体"之性为一；而心以性为本质，而其实际体现为人的知觉活动，故心为性与知觉之合。张载虽然只称"由太虚，有天之名"，但因为"一物"与"两体"是体用关系，"神，天德；化，天道。德，其体；道，其用，一于气而已"④，因此气化之道同样属于天道范畴，只有心才是兼具形而上的性与形而下的知觉于一身。从此框架的逻辑次序上说，性要先于心，故"性又大于心"。如此，对于程朱来说不可接受的观点，对张载来说则可自圆其说。

四 "诚"与"心"、"道"与"身"所主之辨

张载的心性大小之辨的第二个方面，是在工夫论层面"诚"与"心"、"道"与"身"的主从关系之辨。只不过，我们只能在程朱文献的转述中一窥相关信息，而张载自己的文献中却没有相关的记载。

---

① 《朱子全书》6册，《孟子或问》卷13，第995页。
② 《张载集》，第9页。
③ 林乐昌：《太和之道·虚气关系·理学纲领》，《中共宁波市委党校学报》2020年第4期，第81页。
④ 《张载集》，第15页。

值得注意的是，程颐与朱熹的相关转述文献又存在相互矛盾之处，这也使得张载在此问题上真正态度如何的问题显得扑朔迷离。朱子认为张载主张"以心包诚"：

> 横渠云："以诚包心，不若以心包诚"，是他看得忒重，故他有"心小性大"说。道夫录。①

朱子认为张载主张"以心包诚"正是"心小性大"之意。为什么诚与性可以相通？张载主张"至诚，天性也"②，这是"诚"与"性"在天道层面的关联。同时，张载又强调"'自明诚'，由穷理而尽性也；'自诚明'，由尽性而穷理也"③，这是"诚"与"尽性"在工夫层面的关联。因此，"诚"与"性"相通，诚与心的包与被包之辨实即心性大小之辨，但问题是，"以心包性"似乎意味着"心大性小"，而非"心小性大"。正如上文所述，朱子亦怀疑"心统性情"意味着"心大性小"之意。那么，"以心包诚"又怎么可能"正如'心小性大'之意"？这个问题让朱子深感困惑。只不过，造成朱子困惑的原因却很可能是朱子自己对张载观点的转述有误。

程颐则认为，张载主张的是"以诚包心"：

> 道一本也。或谓"以心包诚，不若以诚包心，以至诚参天地，不若以至诚体万物"，是二本也。④

唐君毅认为，"《遗书》又以'或谓以心包诚，不若以诚包心'为'非是'（《遗书》十一）。此并当是疑横渠之论"⑤，姜国柱和郑万耕

---

① 《朱子语类》卷99，《张子书二》，第2540页。
② 《张载集》，第63页。
③ 《张载集》，第21页。
④ 《二程集》，第117—118页。
⑤ 《中国哲学导论·原教篇》，第93页。

先生亦持相同看法①，故上述判断基本上并无争议。程颐批评张载的"以诚包心"是析心与诚、天与人为二的"二本"之论，这与其对张载"心小性大"的批评是一致的。

那么，程朱的这两种不同转述，哪一个更接近张载的本意？在缺乏直接文献证据的情况下，我们无法对此做出确切的判断。不过，假如张载确有类似表述的话，显然是程颐的记录更接近张载的立场。这不仅是因为程颐的记录更为完整、程颐与张载的交流更为畅通，还因为张载对于"以心包诚"还是"以诚包心"的取舍，体现出其对于天人关系的基本理解：人心不能凌驾在天道之上，因此只能是以天包人，而非以人包天。这是其思想框架在逻辑上讲求自天到人层层下贯之下的必然选择。

从"以心包诚，不若以诚包心，以至诚参天地，不若以至诚体万物"的句式来看，"以"字当是"用……来"之意，而"以至诚参天地"和"以至诚体万物"即是"用至诚来参天地"和"用至诚来体万物"之意，因此"以诚包心"也就是"用诚来包心"之意。这里，"包"不是名词"包括""涵盖"之意，而是与"参"字和"体"字一样都是动词，是"统摄"和"主导"之意，"以诚包心"即是要以诚之天道来统摄人心，这是一个工夫论层面的命题。

我们注意到，朱子文献中亦提到，张载又有"以道体身，非以身体道"的命题，这与"以心包诚，不若以诚包心"的立场相通：

> 横渠云："以道体身，非以身体道。"盖是主于义理，只知有义理，却将身只做物样看待。谓如先理会身上利害是非，便是以身体道，如颜子非礼勿视，便只知有礼不知有己耳。②

---

① 郑万耕：长江学术文献大系之《易学与哲学》，上海科学技术文献出版社2013年版，第197页。姜国柱：《张载关学》，陕西人民出版社2001年版，第347页。
② 《朱子语类》卷99，《张子书二》，第2540页。

"以道体身"就是"主于义理,只知有义理",实即"道心常为一身之主宰"之意;与之相对,"以身体道"则是"理会身上利害是非",因此"以道体身"还是"以身体道"之辨,即是"道心胜"还是"人欲肆"之别。朱子对于张载这个命题的判断是正确的,虽然这一表述同样不见于张载的文献,但张载的文献中却不乏相似的表述:

> 成吾身者,天之神也。不知以性成身而自谓因身发智,贪天功为己力,吾不知其也。①
> 体物体身,道之本也,身而体道,其为人也大矣。道能物身故大,不能物身而累于身,则藐乎其卑矣。②
> 以我视物则我大,以道体物我则道大,故君子之大也大于道,大于我者容不免狂而已。③

"以性成身"还是"因身发智""以我视物"还是"以道体物我"之辨,本质上仍然是心性的主从之辨。张载强调人身本于天、道大于身,人心本于天性,性大于心,故必然主张"以道物身""以道体物我"。唐君毅提出,这里的"物"字"如'物物而不物于物'之'物',故有主宰运用义"④,此"物"字的运用实与"以诚包心"中的"包"字相通,都是对诚与心、道与身之主从关系的界定。由此,"以道体身,非以身体道"与"以心包诚,不若以诚包心"相通,体现出张载希望以天性统摄人心,而使二者重回一体之意。

五 心性大小之辨本质是天人之辨

张载的心与性、诚与心、道与身之辨,最终都指向了天人之辨,

---

① 《张载集》,第25页。
② 《张载集》,第25页。
③ 《张载集》,第26页。
④ 《中国哲学原论·原教篇》,第61页。

体现出张载"推天道以明人事"的基本逻辑。那么，何为天？何为人？张载天人之辨的特质何在？张载对于天的论述较为复杂：一方面，张载提出天地与乾坤之辨，认为"不曰'天地'而曰'乾坤'，言天地则有体，言乾坤则无形"①，强调天地与乾坤对比，属于有"形体"者阵营，而乾坤则是纯粹的德性，故无形体可言。但另一方面，张载则又强调"人鲜识天，天竟不可方体，姑指日月星辰处，视以为天"②"由太虚，有天之名""地物也，天神也，物无踰神之理"③，并以"天之不测谓神，神而有常谓天。运于无形之谓道，形而下者不足以言之"④的特征来解说天道。总体来说，张载认为天属于形而上的无形体者。张载对于人的论述则无争议：人自气聚而生七尺之躯，生而就要面对形气之蔽，人生而又有天赋之善性，故人兼具形上与形下的双重属性。在张载看来，天人之分既是形上者与杂形上与形下为一者之分，又展开为天与人的本末源流之辨。与程朱不同，张载认为形上与形下之分实质是未形与有形之分："形而上是无形体者也，故形而上者谓之道也；形而下是有形体者，故形而下者谓之器。无形迹者即道也，如大德敦化是也；有形迹者即器也，见于事实即礼义是也。"⑤ 由此，天人之辨是有层次的。论本源，人本于天，人心本于天性，天人本自一体，心性亦相通无碍；论形质，人生而即有气质之蔽，不但天与人实际处于相隔状态，人心亦"止于闻见之狭"，而无法与天性直接同一；论尽性的极致，则天人、心性又可复归于一体无分。

当然，天与人、心与性在形质层面的相隔状态并不会自动转向尽性之极致的相合状态，人只有通过积极主动的心性修养工夫才能实现上述转化。由此，张载就赋予心性、天人之辨的第三个层面：天与

---

① 《张载集》，第69页。张载的这一观点在王夫之那里得到进一步的发挥。
② 《张载集》，第177页。
③ 《张载集》，第11页。
④ 《张载集》，第14页。
⑤ 《张载集》，第207页。

人、心与性的自在与自为之辨。天是自在的，并不会主动主宰什么、成就什么，更不会替人来实现什么；天又是自足的，并无有无、增损可言；人与天不同，人生下来就有形而下的一面，存在或被天赋善性所主导，或被气质之蔽所主导的双向可能性，人的这种可塑性也意味着人既有沉沦于形气之私的可能性，也有着"成就自身"的必要性。不过，人是自为的，心亦具有主体性和主动性，可以通过积极主动的心性工夫主导自己的"成性"大业。由此，张载尤其强调"心能尽性，'人能弘道'也；性不知检其心，'非道弘人'也"①。这也意味着，人谋贵于天能，"成圣"之学是个人"本分事"，不依赖他者的怜悯和救赎。张载此论正是对孔子"为仁由己"说的进一步发挥，其"四为论"能够至今传诵不绝，正为此也。

结　论

程颐批评张载的"心小性大"说造成心与性的割裂，反以心为小，但是从张载自己的逻辑来看，其"性又大于心"的主张自有其独特的价值，可以自圆其说。我们应该对张载思想的固有逻辑持同情理解的态度，不可陷入以程朱之逻辑来解张的窠臼。张载的心性大小之辨包含"大心"以体天下之物的逻辑，体现出对孟子尽心思想的继承，更从万物一体的高度推进了儒学对于天人关系的理解。

[原载《中山大学学报》（社会科学版）2021年第5期]

---

① 《张载集》，第22页。

张子仁论与美德伦理*

张新国**

摘　要： 学界已注意到以现代美德伦理学为视域考察宋明理学具有广阔的理论前景。与程朱理学主要以"理"即价值规范与道德法则论仁不同，张载通过诠释思孟"仁者人也"以"人之所谓人"论仁，聚焦的问题在于一个人应该培养什么样的品德来成为一个好人，显示的是一种以美德论为中心而容纳道德情感与道德法则的规范论伦理学。中国传统美德伦理兼容形而上学，是出于为在生活世界中落实具体行动与实践奠定先验基础。这也构成宋明理学美德论在整个现代美德伦理学谱系中的思想特性。

关键词： 张载　仁论　太虚　美德伦理学

麦金泰尔（Alasdair MacIntyre）1984年出版《追寻美德》，以"美德"为视角重申伦理学史，随之也成为中国哲学研究者的自觉意识。南乐山（Robert Cummings Neville）在其近著《善一分殊》中对"儒家可以被富有成效地认作是一种美德伦理学"表示怀疑③。而黄

---

* 本文系国家社科基金青年项目"永嘉朱子学研究"（18CZX033），国家社科基金重大项目"朱子门人后学研究"（14ZDB008）。
** 张新国，南昌大学哲学系暨江右哲学研究中心副教授。
③ Robert Cumming Neville, *The Goodness Is One, Its Manifestation Many: Confucian Essays on Metaphysics, Morals, Rituals, Institutions, and Gender*. Albany, NY: The State University of New York Press, 2016, p.14.

勇则认为"美德伦理的特征之一就是其主要关心的是行为者之好坏，即其具有什么样的品格：美德还是恶德"①。据此，他认为："根据这个特征，我们可以说儒家是一种美德伦理。"② 这一论断无疑是深刻的。因为就其理论实质上说，"德性伦理学区别于现代义务论和功利主义伦理学最为重要的地方，在于德性伦理学强调以行为者为中心，而现代规范伦理学则是以行为为中心"③。这里说的"以行为者为中心"即以行为者的品德、美德或曰品格为中心，即"德性伦理学可以从卓越的品格意义加以说明"④。赵汀阳就较为强调中国传统伦理学重视"做人"的特性，他说："中国哲学在分析伦理学问题时，不会把'如此这般的一个行为是不是合乎规范'当作是要命的问题，而是更关心'什么样的人才是道德的人'。"⑤ 道德的人即是有卓越品格即美德的人。赵汀阳的阐释涉及孔子的"仁"德，讨论未深入宋明理学。在其《当代美德伦理：古代儒家的贡献》一书中，黄勇以现代西方美德伦理学为视域系统考察了儒学美德理论，其中对于宋明理学着墨最多。惜其未对张载仁学美德论展开研究。陈来先生在阐释《儒学的人论与仁论》中注意到，"对'仁者人也'的义理解释先见于张载"⑥，但转而重点阐释朱熹以"所以"即理训仁的理论。应当说朱熹以"人之所以为人"与张载的"人之所谓人"来训仁还是不完全相同的。以现代伦理学视之，朱熹的"所以"还主要是从"理"即道德规范来训仁，而张载以"人之所谓人"来训仁德则主要就人心之德即品质而言。以此观之，是张载而非朱熹的仁德论更切合现代美德伦理学的核心理念。

---

① 黄勇：《当代美德伦理：古代儒家的贡献》，东方出版中心2019年版，第6页。
② 黄勇：《当代美德伦理：古代儒家的贡献》，东方出版中心2019年版，第6页。
③ 龚群、陈真：《当代西方伦理思想研究》，北京大学出版社2013年版，第440页。
④ 龚群、陈真：《当代西方伦理思想研究》，北京大学出版社2013年版，第454页。
⑤ 赵汀阳：《论可能生活》，中国人民大学出版社2010年版，第45页。
⑥ 陈来：《儒学美德论》，生活·读书·新知三联书店2019年版，第321页。

张子仁论与美德伦理

一 仁德与太虚

对仁德、仁体和仁论的阐发，应当说构成了儒学史的中心线索。伴随这一思想历程的，是关于行仁之方、求仁之道和实践仁之美德的工夫、行动理论。可一言以蔽之，仁在儒学是首要的和统一性的美德①。从伦理学上看，儒者在人与仁之间建立了本质的关联，认为人之为人者在于仁德品质的实现、体现。从经学史上看，张载首次以"人之所谓人"阐释仁，对后世影响深远。"人之所谓人"内在地关涉"人是什么"以及"人应当是什么"，这一点契合现代美德伦理学对于"我应当成为什么样的人"的思考。张子仁论所包含的美德理论还关涉理学形上学这一儒学特质。他认为仁体、仁道不仅关联人道、伦理学，而且关联天道、本体论，是一个人道与天道的连续体。

张载曾明确指出："圣门，学者以仁为己任。"② 从仁的伦理学与宇宙论意义上来诠释张载哲学精神，也是历代学者的共识。以《西铭》为例，程颢说："《订顽》一篇，意极完备，乃仁之体也。"③ 仁之体意思即仁德本来的样子，仁德在本来之德意义上可以称之为美德。杨时曾说："横渠做《西铭》，亦只有要学者求仁而已。"④ 杨时认为张载写作《西铭》的意思是教导学者做求取仁德的功夫。明代沈自彰曾在其《张子二铭题辞》中说：

> 孔门之学，求仁而已，仁者人也。学不识仁，终非真悟。故孔子以之于仁甚于水火，孟子于放心不求者哀之。后世关洛，实得其宗。而《西铭》数语，程门辄取以教学者。虽其所指，若不

---

① 张新国：《美德统一性视域中的朱子仁论研究》，《哲学门》总第40辑，2020年12月。
② 张载：《张子全书》，西北大学出版社2015年版，第248页。
③ 程颢、程颐：《二程集》第1册，中华书局1981年版，第15页。
④ 杨时：《杨时集》，林海权点校，福建人民出版社1993年版，第319页。

过君臣、长幼、贫富、屋漏之近，然把其规度，包三才之广大。充其精蕴，体天人为一源，学者所当默识而固有之也。①

在沈自彰看来，儒学的实质在于实践仁德，他认为这正是《中庸》《孟子》"仁者人也"的要义。他指出，研习学问，若不能领悟仁的意味，就不能说是把握了学问之道。他说这是孔子、孟子重视仁并以此望人的深意所在。沈自彰在这里明确指出，张载关学和二程洛学，真正在这一点上继承了孔孟道学精神。张载《西铭》文字不繁，因其包含仁孝至理而成为程门教学蓝本。《西铭》具体表述虽然只是明家国道德、政治之伦常，而沈自彰却认为，张载的阐释规模宏富，蕴含天道、地道与人道的整全，充拓此义，则可见天人本自一源一体之仁德，学者为学即当以此为重。应当说，沈自彰联系"识仁"和"天仁一源"诠释张载思想，是很有见地的。

"太虚"是张载的宇宙论核心范畴，张载说："天地以虚为德。至善者，虚也。虚者，天地之祖，天地从虚中来。"② 在张载看来，虚乃天地的德性，至善说的正是太虚。张载甚至认为太虚是天地的来源，即天地是从太虚中来的。这一思想对后世理气关系以及良知与形气的关系学说都有深刻的影响。关于天地与太虚，张载讲："天地之道，无非以至虚为实。人须于虚中求出实。圣人，虚之至，故择善自精。"③ 意思是天地之道，虚实相应，人应当把握这种虚实之前的相应关系，这种虚不是佛教讲的绝对的空无，人应当从无声无臭的太虚中领悟充塞弥满的实理。他说圣人生知安行，同于天地之虚实，所以能够正确地继承天道之善而无爽失。林乐昌教授认为："张载所谓'太虚'或'天'，是涵盖了精神性实在和物质性实体的最高本体，而不是单纯的物质性；'太虚'或'天'既是自然本体（万物化生的本

---

① 张载：《张子全书》，西北大学出版社2015年版，第485页。
② 张载：《张子全书》，西北大学出版社2015年版，第263页。
③ 张载：《张子全书》，西北大学出版社2015年版，第263页。

原），又是价值本体（道德性命的本原），是宇宙间一切存在的终极根源。"① 有时"太虚"被简称为"虚"，张载在"虚"与"仁"之间建立了紧密的理论关联。这正是说太虚既是万物化生本原又是道德性命的本原的意思。张载说："虚者，仁之原。"② "虚则生仁。仁在，理以成之。"③ 这是说太虚是仁德的根源，太虚具有化生仁德的功能，人把握到仁德即当因其内在之理来践行和体现仁德。张载指出："静者，善之本；虚者，静之本。静犹对动，虚则至一。"④ 在张载看来，至善即最高的善，不应当是有所对待的善，而是无所对待的善。而最高的善应当是虚静的、无声无臭的。他说，静是善的本来状态，而虚又是静的基础。如果说静仍有动与之相对待而不足以为万化之根，那只有把握了虚即太虚才能达到最高与整全。作为人性的源头，张载认为太虚是至善的，即"性之本原，莫非至善"。⑤ 虚是性之源，虚是至善的，所以人性是善的。张载不仅强调自然性善说，还强调这种善需要人在伦理行动中体现。张载在阐释孟子"夫仁，亦在乎熟之而已"时说："敦笃虚静者仁之本，不轻妄则是敦厚也。无所系阂昏塞，则是虚静也，此难以顿悟。苟知之，须久于道，实体之，方知其味。"⑥ 即敦实笃诚、清虚寂静是仁德之本源，那么怎样算是敦实笃诚、清虚寂静呢？张载认为切实循理即是敦厚、不被私欲杂念障蔽就是虚静。张载说敦厚虚静需要人下实落落的伦理实践工夫，不能靠禅宗式的顿悟来把握。了解这一道理后，人应该做集义行动，将仁德实有诸己，便能体会其境界。张载也在仁、性与无之间建立了联系，他说："仁通极其性，故能致养而静以安。"⑦ 又说："性通极于无。"⑧

---

① 张载：《张子全书》，西北大学出版社 2015 年版，第 8 页。
② 张载：《张子全书》，西北大学出版社 2015 年版，第 262 页。
③ 张载：《张子全书》，西北大学出版社 2015 年版，第 263 页。
④ 张载：《张子全书》，西北大学出版社 2015 年版，第 263 页。
⑤ 林乐昌：《张载佚书孟子说辑考》，《中国哲学史》2003 年第 4 期。
⑥ 张载：《张子全书》，西北大学出版社 2015 年版，第 446 页。
⑦ 张载：《张子全书》，西北大学出版社 2015 年版，第 27 页。
⑧ 张载：《张子全书》，西北大学出版社 2015 年版，第 54 页。

◎ 张载研究

在张载思想中,"无"实际上不仅表达了本体的实质,同时也表达了本体的性状。无下贯而有性,性下贯而有仁。张载往往将性诠释为具有本体性的范畴,这与后来理本论和心本论都不同。要之,这个从无到性再到仁,可能对应于张载天地—圣人—学者即普通人的三层架构。张载说:

> 老子言"天地不仁,万物为刍狗",此是也;"圣人不仁,以百姓为刍狗",此则异矣。圣人岂有不仁?所患者不仁也。天地则何意于仁?鼓万物而已。圣人则仁耳,此其未能弘道也。天不能皆生善人,正以天无意也。①

在张载,批判与建构是同时进行的。这里张载认为,老子所说"天地不仁,万物为刍狗",在太虚至善、无声无臭的意义上是对的。这里的"不仁"主要还不是一个伦理学的范畴,而是一个本体论的范畴。张载说老子讲"圣人不仁,以百姓为刍狗"是不对的,这里的"仁"已涉伦理义。圣人以兴发仁德为则,所以不能说圣人是不仁的。天地以生为德,无意为仁而无不仁。圣人则有忧患于人不能皆行仁,故以道自任。

关于"礼",他指出有的人认为礼出于人是不对的,主张礼是本于天理自然的。张载曾说:"大海无润,因渴者有润;至仁无恩,因不足者有恩。乐天安土,所居而安,不累于物也。"② 这里他以大海和至仁来譬喻太虚的实质及其特性,说明的是太虚的"无"的一面、虚静的一面,"居"说明的是人的主体工夫实践,是"有"的一面、实体的一面,而"乐""安"以及"不累于物"正说明的是人的主体实践应当顺应义理。在谈到张载礼学时,林乐昌教授认为:"所谓'立',其目标是主体道德人格的确立,而'立'的根基

---

① 张载:《张子全书》,西北大学出版社2015年版,第210页。
② 张载:《张子全书》,西北大学出版社2015年版,第27页。

就在于'礼'。"① 在张载心目中，太虚本体并非高于人之上与人不相关涉的孤悬的理，而是内在于人心的。从人心之德即品质来探讨仁德而不是像程朱理学以情感的形而上本体即理来探讨仁德，实际上构成了关洛仁学的不同进路，而这一点也正是张子仁论可以被现代美德伦理学合理阐扬的理论基点。礼关联于太虚又内在于人心的说法，深刻地印证了儒学内在超越的思想模式。内在超越，实则天人合一理念的实质。在张载看来，礼本源于自然性的天理，天理无声无臭，无形无状，清虚一大，人遵循理具体地体现为遵循礼，他说这才是知礼。可见，张载实际上为当时社会的礼奠立了形而上的根基。可见，张载将太虚和实理诠释为一个统一体。这个太虚凸显"无"的向度，实理凸显"有"的向度。这个"无"是作为"有"的基础和本源，经常被诠释为"自然"。这个虚壹而静的"自然"不仅是天地的本性，实际上也是圣人的秉性以及圣人对常人的要求。葛艾儒说：

> 圣人讲虚怀，意思是说：首先他是"无知"的。照这么去理解，他们就好比洪钟，寂如静如，击之则鸣，一旦被请教，他的答复既全面又允当——因为他的智慧大明。其次，圣人超出主观的见解，获得无我之智，使他能够在纷繁万象的背后，抓住那个统一体，那个统诸万有的"一"，因此，他实际上是在扮演一个关键性的角色——他必须"成天之功"，因为只有圣人，才会示人以运化移易之序，换句话说，他是在向众人揭示变易是永恒之"道"，并且他为了规范人类的秩序，不仅创制礼仪规矩，还用自己的道德加以感召，以便使百姓遵循天道。②

在葛艾儒看来，在张载的思想中，天理自然无为，圣人体知天理，心

---

① 张载：《张子全书》，西北大学出版社2015年版，第21页。
② ［美］葛艾儒：《张载的思想》，罗立刚译，上海古籍出版社2015年版，第148页。

怀虚静。圣人行动完全出于天理之公，而无一毫人欲之私。这个公理便是"无我之智"，私欲便是"主观的见解"，在纷繁万象背后的统一体，即"统诸万有的'一'"，实际指的正是虚实兼体的道体、仁体。人"成天之功"，指示的正是人顺应自然天理，以其主体实践所成就的事业。可见，张载思想中的"太虚"具有存有和价值两个内在关联的范畴。方光华教授与曹振明教授在论到张载的"太虚"概念时认为：

> 从价值角度而言，宇宙的内在本性及其运行法则表现为"天秩"，现实的人间秩序即本源于此。"天秩""天序"也就是理。不难发现，张载所谓的"太虚"，不仅是客观存在的自然实体，而且也是精神世界的价值本原，是自然实体与价值本原合二为一的超越本体。①

在方光华和曹振明看来，太虚本体作为天然秩序是人间礼法秩序的究竟根源，人间礼法是自然天理的具体展现。如果说前者即太虚更多彰显的是理之"自然"，那么礼义更多彰显的是"事"之当然。自然与当然指示的正是这里谈到的自然实体与价值本原。自然实体指示的是"天"的一面，价值本原指示的是"人"的一面。这一自然实体与价值本原融合为一的超越本体是形上学的，非朱熹所批判的落在了形而下的一边。需要注意的是，这个超越的本体并非柏拉图的理念世界那样冷冰冰、死气沉沉的世界，相反，这个本体是一个天人相通的连续世界的总体与整体。这个总体和整体，亦即这个超越本体，实质上指示的就是儒家的仁本体亦曰仁体。陈来教授曾说：

> 张载的天人合一境界，是以其气一元论为基础的，不是脱离了实体的一元论而独立的境界论，《西铭》的民胞物与的境界，

---

① 方光华、曹振明：《张载思想研究》，西北大学出版社2014年版，第90页。

是以一气贯通的实体论为前提的，明道说《西铭》备言此体，此体即是仁体。①

所谓融自然实体与价值本原为一的超越本体，实际上指示的就是陈先生在此所说的融入了气一元论的天人合一"境界"。这一"境界"指的就不再是狭义的工夫效验，而是同时指向存在，即一种价值性的存在或曰存在中的价值，也即一种活的、有生命力的存在，实际上就是儒家讲的生生不息的仁体。这一思想充斥在张载哲学思想中，明道先生识破其义，并予以阐扬。

至此可见，张载的形上学是一种基础主义亦即实体论的形上学，这种基础或曰实体是一种具有生化功能即有生意的内在深微的机制。同时，张载的太虚学说实际上是其价值论即仁德思想的基底和根源。以此来看，张子仁德思想所展现出的美德伦理显示出与现代西方美德伦理学的特异之处，即张子美德思想与形而上学天然耦合为一体，这与现代西方美德伦理学不预设法则、规范的形而上学本质不同。这其实也构成中西美德伦理思想的主要区别。黄勇教授称谓二程的美德思想为"理学的本体论美德伦理学"②，应当说张载的美德理论可称之为气学的或者仁学的本体论美德伦理学。需要指出的是，张子仁德理论具有形而上学性，并不排斥其思想"将美德概念视为基本概念并且追求理论自足性的伦理学"③。因为将"美德"视为基本概念是说将"仁德""义德"等这些具体德目视为基本概念，而非只是从字面上将"美德"这个词作为基本概念。

二 仁人与好恶

在张载的思想中，仁者即仁人是具有和展现仁德的人，这一展现

---

① 陈来：《仁学本体论》，生活·读书·新知三联书店 2014 年版，第 173 页。
② 陈来：《仁学本体论》，生活·读书·新知三联书店 2014 年版，第 173 页。
③ 陈真：《何谓美德伦理学》，《哲学研究》2016 年第 6 期。

主要是通过好仁与恶不仁,即喜好、效仿仁爱的人与事并自然厌恶背离仁德的人与事且以此自警。张载以"人之所谓人者"解释仁,对后世学者尤其是朱熹影响很大。朱熹的仁论思想虽主理,但仁作为德的首要性要求,朱熹关联理与心一起论仁,其相关思想潜在地表现出对张载仁论的复归。从美德伦理学上看,以人之为人来论仁必然表现为以人心即人的品德与品格为中心,而非以"理"即价值规范为中心。

《礼记·中庸》道:"为政在人,取人以身,修身以道,修道以仁。仁者人也。"① 于此可见,《中庸》的作者较为注重将人的价值系于内心的仁德,并以之作为政治施为的基础。到了孟子,可以说更进一步。孟子曰:"仁也者,人也;合而言之,道也。"(《孟子·尽心下》)孟子不仅将"仁"诠释为最主要的德目,还把它把握为人的本质,并认为"道"不过是人对仁德的践行。赵岐注此曰:"能行仁恩者,人也。人与仁合而言之,可以谓之有道也。"② 在赵岐看来,只有能够向外施行仁慈恩惠的人,才算是真正意义上的人。人与仁合即人以其行动践履来接近仁、拥有仁。张载深谙思孟之学的精神旨趣,他对此诠释曰:"学者当须立人之性。仁者人也,当辨其人之所谓人。学者,学所以为人。"③ 张载的诠释与此前诠释的最大不同,就是将仁德与人内在深微的本性接通起来。他提倡学者应当挺立仁性,主张学者应当严格辨析人之所以为人的关键,即在于是否以其行动将仁德实有诸己,认为学问的最高目的是成为这样的人。这一重要诠释具有深刻的性理学特征,对于后世儒学影响深远。朱子曰:

> 仁者,人之所以为人之理也。然仁,理也;人,物也。以仁之理,合于人之身而言之,乃所谓道者也。程子曰:"《中庸》所

---

① 《礼记正义》,郑玄注、孔颖达正义,吕友仁整理,上海古籍出版社2008年版,第2012页。
② 焦循:《孟子正义》,中华书局1987年版,第977页。
③ 张载:《张子全书》,西北大学出版社2015年版,第258页。

谓'率性之谓道'是也。"(《孟子集注·尽心下》)①

与张载将仁与性关联起来讲相比，朱熹顺着二程的思路以"理"释仁，认为仁是人之所以为人的道理。他说仁指示的是理，而人是万物中的一种。人与仁合，等于说物与理合，而道就是将人物合于仁理的过程。可见，朱熹主要是以"理"即道德规范来说仁以及仁与人的内在关联。从伦理学上看，这是规范论的典型思维，即"规范伦理学所研究的就是行为问题或指导行为的规范或原则问题"②。朱熹也说："人之所以得名，以其仁也。言仁而不言人，则不见理之所寓；言人而不言仁，则人不过是一块血肉耳。必合而言之，方见得道理出来。"③ 朱熹认为，如果只强调仁而不说人，则不知理挂搭安顿在何处；而如果只强调人而不说仁，则人就成了没有灵明主宰的血肉空壳了。只有将人与其仁结合为一体，才能成就现实的善的人格。对于"仁者人也"的阐释，朱熹注重将以"理"解释"仁"与从"身体"的维度解释"人"结合起来，陈淳曾记述：

> 问"仁也者人也"。曰："此'仁'字不是别物，即是这人底道理。将这仁与人合，便是道。程子谓此犹'率性之谓道'也。如中庸'仁者人也'，是对'义者宜也'，意又不同。'人'字是以人身言之。'仁'字有生意，是言人之生道也。《中庸》说'仁'字又密。止言'修身以道，修道以仁'，便说'仁者人也'，是切己言之。"④

可见，朱熹以"这人底道理"解释"仁"，并以此将仁与人关联在一

---

① 朱熹：《四书章句集注》，中华书局1983年版，第367页。
② 龚群、陈真：《当代西方伦理思想研究》，北京大学出版社2013年版，第377页。
③ 朱熹：《朱子语类》，黎靖德编，王星贤点校，中华书局1986年版，第1459页。
④ 朱熹：《朱子语类》，黎靖德编，王星贤点校，中华书局1986年版，第1459页。

起，说明仁是人的本质，人生活的历程就是修身的过程，而修身的过程就是人自觉将仁体察于己、实有诸己的过程，认为这就是"道"的体现。身体是人的最切近的实存，所以涵养身体的行动就是人首要的义务。这是朱熹以"切己"阐释经典中"仁者人也"的立意所在。需要指出的是，在儒学中，修养绝不仅仅是指向身体，心灵的一面亦未可轻视。所以朱熹的论述逻辑还要转回对"心"的解释。朱熹说："'仁者，人也。'人之所以为人者，以其有此而已。一心之间，浑然天理，动容周旋，造次颠沛，不可违也。一违，则私欲间乎其间，为不仁矣。虽曰二物，其实一理。盖仁即心也，不是心外别有仁也。"① 意思是说，人之所以称得上是人，正是由于人有仁德。人有仁德是说人有仁德于心中。所以他说，人之一心，弥满道理，则言语行动无不合宜。一旦私欲隔断道理，则心失其德。真当一理主导其心，也就是仁主导其心，此时心与仁是相"即"的关系。主导、主宰表示理与心合二为一，即"心固是主宰底意，然所谓主宰者，即是理也，不是心外别有个理，理外别有个心"②。这个"即"在这里虽然不是系词"是"，但与"仁就是心"就没有实质的区别了。而仁就是理，"心即是理"的结论呼之欲出。朱子曾指出："仁者理即是心，心即是理。"③ 应该说，朱熹成熟时期在以"理"即价值规范训"仁"的同时，愈加重视从"心"即心灵品质来训"仁"。应该说，这正是朱熹以"心之德，爱之理"④ 解释儒家之"仁"的定本心意所在。同时，这也显示出朱熹从"人之所以为人"即情感的深层原理来训仁向张载的"人之所谓人"即人类存在的本质训仁的复归。相比较而言，张载之意整全，朱熹之意细密，有可互相发明者。儒家身心兼修即重视

---

① 朱熹：《朱子语类》，黎靖德编，王星贤点校，中华书局1986年版，第1460页。
② 朱熹：《朱子语类》，黎靖德编，王星贤点校，中华书局1986年版，第117页。
③ 朱熹：《朱子语类》，黎靖德编，王星贤点校，中华书局1986年版，第1372页。
④ 朱熹：《四书章句集注》，中华书局1983年版，第201页。

"身体、心灵与自然的融通"① 的修身实践精神得以传承。不唯如此，朱子又说：

> 仁者，天地生物之心，而人得以生者，所谓元者善之长也。……人，指人身而言。具此生理，自然便有恻怛慈爱之意，深体味之可见。②

可见，朱子不仅从天理的意义上讲仁，也从"天地之心"来讲仁。这就与张载从人心之仁和太虚之仁相交通的意思一致了。

张载说："恻隐，仁也；如天，亦仁也。故扩而充之，不可胜用。"③ 意思是见诸人心的恻隐之情是仁，扩而充之至于见天地生生不息之心，也是仁。张载又讲："仁道至大，但随人所取如何。学者之仁如此，更进则又至圣人之仁，皆可言仁，有能一日用其力于仁尤可谓之仁。"④ 困知勉行、学知利行，循循不已便可以到圣人生知安行之仁境。他又讲："圣人所以有忧者，圣人之仁也；不可以忧言者，天也。盖圣人成能，所以异于天地。"⑤ 即较之学者，圣人自然顺理，而较之天地，圣人忧而有迹，而天地之仁则虚静纯一、盎然生机。天地是不唯无言，更无心，故曰："天无心，心都在人之心。"⑥ 张载的意思不外是倡导人以其身来行担当之责。他说："中心安仁者，天下一人而已，盖责己一身当然耳。"⑦ 这个"安仁"即好恶均按照仁来行，故有曰："中心安仁，无欲而好仁，无畏而恶不仁。天人一人而已，

---

① 张新国：《身体、心灵与自然的融通——王阳明心学主体性的结构》，《哲学研究》2020 年第 2 期。
② 朱熹：《四书章句集注》，中华书局 1983 年版，第 28 页。
③ 张载：《张子全书》，西北大学出版社 2015 年版，第 37 页。
④ 张载：《张子全书》，西北大学出版社 2015 年版，第 94 页。
⑤ 张载：《张子全书》，西北大学出版社 2015 年版，第 212 页。
⑥ 张载：《张子全书》，西北大学出版社 2015 年版，第 66 页。
⑦ 张载：《张子全书》，西北大学出版社 2015 年版，第 394 页。

惟责己一身当然而。"① 他还提倡责己、责人、爱人君子三术，即"以责人之心责己则尽道""以爱己之心爱人则尽仁"和"以众人望人则易从"。② 于此可见，在张载的思想中，仁不仅是一种私己的即个人的美德，同时也是公共的即社会的美德。这涉及个人德性与社会德性的关系问题。正如江畅所论："只是重视个人德性或只是重视社会德性，是无法解决人类的德性问题的。"③ 我们可以断定，张载仁学美德论没有现代西方美德伦理学中只在私德意义上阐释美德的弊病。其具体方式是自觉将仁诠释为符合公共自然天理的品质。这也正是宋明理学中的形而上学理论公设的意义所在。

如果说仁人即具足和体现生生之仁德的人，那么"好仁恶不仁"即是人心之用的具体展开方式。应当说，"宋明理学家都将'好恶'理解为人生而具有的道德情感，亦即属于人性中先验的道德判断能力"④。张载认为，仁是最高的美德，这种美德具体表现于好仁与恶不仁，好仁与恶不仁具有修身学的意义，这一修身工夫主要指向反躬责己，他认为这种反身而诚的实践扩充到极致可以把握到天地仁德流行的境界。在张载看来，本体的仁是统一性的、统摄性的美德，故其曰："仁统天下之善。"⑤ 而在具体应用时，有仁，也有对仁的否定的一面即"不仁"，从人的判断来看，仁就应加以"是"即肯定，不仁就应当予以"不是"即否定。所以张载讲："夫道，仁与不仁，是与不是而已。"⑥ 因应于此，张载主张"好仁恶不仁"。而"不仁"的根源是什么呢？张载认为："仁之难成久矣，人人失其所好，盖人人有利欲之心，与学正相反驰。故学者要寡欲。"⑦ 这是说，人之不仁究极

---

① 张载：《张子全书》，西北大学出版社2015年版，第21页。
② 张载：《张子全书》，西北大学出版社2015年版，第24页。
③ 江畅：《西方德性思想史概论》，人民出版社2017年版，第274页。
④ 张新国：《陆九渊心学的体用论》，《中国哲学史》2020年第3期。
⑤ 张载：《张子全书》，西北大学出版社2015年版，第41页。
⑥ 张载：《张子全书》，西北大学出版社2015年版，第86页。
⑦ 张载：《张子全书》，西北大学出版社2015年版，第88页。

原因在于本能的趋利之心。张载认为对治的方法是学与寡欲。他认为这些具体工夫都应从自身开始，如其曰："仁道有本，近譬诸身，推以及人，乃其方也。"①"仁道"即行仁的方法，"本"即基础、开端，张载认为实践仁德的方法在于以己度人、推己及人。关于好仁恶不仁，张载说：

  恶不仁，故不善未尝不知；徒好仁而不恶不仁，则习不察、行不著。是故徒善未必尽义，徒是未必尽仁；好仁而恶不仁，然后尽仁义之道。②

  张载于此提出"仁义之道"即实行仁义的方式方法。他认为，厌恶和远离不仁之行与不仁之人，这就表明这样的人对分辨什么是不仁的事和人是充分掌握的。只是单方面地喜好和接近体现仁德的事和人而不知道厌恶和远离不仁的事和人，就难免模糊好的习性和难以彰显好的行为。张载接着孟子"徒善不足以为政，徒法不足以自行"（《孟子·离娄上》）的逻辑提出，单方面地注重良善之行最终是难以构筑正义之法的，只是强调肯定的一面最终也是难以充分掘发仁德意蕴。张载有时表达为"仁不得义则不行……此致一之道也"③，即张载认为只有同时注重好仁和恶不仁，才可能真正体现仁义的全部道理。这里的"义"与"仁义之道"涉及美德与价值、规范的问题。实际上张载认为，仁德作为美德与作为价值规范是相融一致的。换言之，儒学的美德论本身就是一种广义的规范论。江畅即指出美德伦理学只应研究德性问题是有失偏颇的，他认为："伦理学不仅要研究德性问题，也要研究价值问题、规范问题。"④张载认为只有充分展现好善恶恶的仁义之道才算是挺立人性亦即实现人之所以为人者。他还

---

① 张载：《张子全书》，西北大学出版社2015年版，第26页。
② 张载：《张子全书》，西北大学出版社2015年版，第22页。
③ 张载：《张子全书》，西北大学出版社2015年版，第82页。
④ 江畅：《西方德性思想史概论》，人民出版社2017年版，第273页。

讲:"'好德如好色',好仁为甚矣;见过而内自讼,恶不仁而不使加乎其身,恶不仁为甚矣。学者不如是不足以成身。"① 以此观之,张载讲的"恶不仁"主要还是为了防止不仁之事加乎其身,即从心之德的角度来说,这本质上还是一种修身的方式。现实人性有差别,张载据此说道:

> 性美而不好学者无之,好学而性不美者有之。盖向善急便是性美也,性不美则学得亦转了,故孔子要"好仁而恶不仁者"。只好仁则忽小者,只恶不仁则免过而已,故好恶两端并进。好仁则难遽见功,恶不仁则有近效,日见功。若颜子,是好仁而恶不仁者也。②

意思是,有好学而秉性不好的人,而秉性好而不好学是不存在的。其所谓秉性好指的是向善与求善的自然本性强烈,而那些所谓秉性不好的人,张载认为可以通过学习来弥补、转变。如果只是单方面地好仁,就容易忽略细微不当之处;如果只是单方面地恶不仁,也就只能是免于过错而已。张载认为好仁难收近效,而恶不仁则能时时集义、日日有功。主张好仁恶不仁、好善恶不善两者齐头并进。以上表述似乎显示出张载对于"非""恶""义"较之于"是""好""仁"更多的关注,其实不然。在张载思想中,他实质上是想保持一种仁义之间的反思平衡关系。这从他对仁义关系的阐释中可见一斑。他说:"义,仁之动也,流于义者于仁或伤;仁,体之常也,过于仁者于义或害。"③ 张载认为,义是仁之发动流行,如果过于倚重义,就会对仁本身构成损坏,意思就是如果过于强调义的一面,就会造成偏离仁的情况;仁是义之常体,如果过于倚重仁,就会对义本身造成伤害,意思

---

① 张载:《张子全书》,西北大学出版社 2015 年版,第 22 页。
② 张载:《张子全书》,西北大学出版社 2015 年版,第 268 页。
③ 张载:《张子全书》,西北大学出版社 2015 年版,第 27 页。

就是如果过于强调仁的一面,就会造成架空仁德的情况。所以张载主张应当在具体情境中敏锐地察辨何时和如何践履仁义,所以他讲:"逊其志于仁则得仁,逊其志于义则得义,惟其敏而已。"①"逊其志于仁"即以谦恭诚敬之心来行仁,"逊其志于义"同理。

值得强调的是,学者既不必因为张载的仁德论有道德情感的意味就单向度地从道德情感来解读之,也不必因为该理论属于德性论就仅仅从美德的一元视角来理解之,也不能因为看到张载结合"义"即公共价值规范就纯粹从道义论上来阐释之。实则张载仁德理论所显示的,是一种以美德论为中心而容纳道德情感向度的规范论伦理学。

三 仁爱与智慧

狭义来看,美德伦理学是一个不同于西方传统道义论和后果论的第三种伦理学新形态。而从更广的视域看,美德伦理学与传统的规范论伦理学、元伦理学同属于规范伦理学的不同形态,三者只是关注的首要观念和中心点有所差异。结合张载对"仁者人也"思想的诠释,再结合朱熹对张载这一思想的继承和发展,应当说,张载的相关学说可以美德伦理学来呈现其现代价值。质言之,这不只是西方现代美德伦理学的应用和翻版,而是一个美德伦理学的儒学形态,即理学的本体论的美德伦理学。

传统儒学认为,德行就是有德性即美德的人在其行动中所体现出来的卓越和完满品质和能力。这一点实际上也为现代西方美德理论(学)所认同,赫斯特豪斯就认为:"一个行为是正确的,当且仅当,它是一个有美德的行为者在这种环境中将会采取的典型行为。"②这样看来,这种美德行为的基础就既不是规范论讲的道德原则,也不是后

---

① 张载:《张子全书》,西北大学出版社 2015 年版,第 22 页。
② [新西兰]罗莎琳德·赫斯特豪斯:《美德伦理学》,李义天译,译林出版社 2016 年版,第 54 页。

果论讲的行为后果,而只是该文化语境下这一特定的而非抽象的美德拥有者。我们化用中国哲学"有真人而后有真知"的讲法(如果这里的"知"可以指良知、美德的话),那么似乎可以说,中国传统伦理学主张"先有有美德的人然后有美德的行为"。这与前述赫斯特豪斯的看法是一致的。江畅教授在阐释赫斯特豪斯美德伦理思想时说:"德性行为者是具有仁爱、诚实、公正等品质特性的行为者。"① 这一被置于首要地位的"仁爱"观念应该说与儒家讲的仁爱有相通之处,而仁爱、诚实与公正等公民品质的关联就是被称为可实践的"智慧"。赫斯特豪斯说:"就我自己的语言直觉而言,我们手头唯一能够确定属于美德术语的(即一种总能使其拥有者变善的东西)就是智慧。"② 赫氏在上述括号里所说"总能使其拥有者变善的东西"指的不是德性与人彼此外在,不是说德性是一种原则,人照着做。相反,人是德性的来源。联系张载上述理论,可以说作为实践智慧的仁爱德性是"人之所以为人者"。这么看,儒家的仁德以美德伦理来诠释,能够充分彰显其独特思想意蕴。陈真认为:"以义务论和后果论来诠释'仁慈'都是不能使其思想融贯的,因为从根本上说'仁慈本质上是一个美德概念'。"③ 这就是说,仁慈、仁爱既不是道义论讲的可普遍化法则,也不是后果论讲的可量化结果,而是体现为具有特定文化经验和传统的个体和群体。万俊人教授认为"美德伦理学"可以定义为:"它以人类个体或群体的道德品格和伦理德性为其基本研究宗旨,意在通过具体体现在某些特殊人类个体或社会群体的行为实践之中的卓越优异的道德品质,揭示人类作为道德存在所可能或者应该达成的美德成就或道德境界。"④ 如果分开来看,万教授认为"美德伦理"的概念有两个基本要素,一个就是价值学意义上的"崇高""卓越"和

---

① 江畅:《西方德性思想史》现代卷下,人民出版社2018年版,第288页。
② [新西兰]罗莎琳德·赫斯特豪斯:《美德伦理学》,李义天译,译林出版社2016年版,第15页。
③ 陈真:《何为美德伦理学》,《哲学研究》2016年第7期。
④ 万俊人:《关于美德伦理学研究的几个理论问题》,《道德与文明》2008年第3期。

"圆满"的道德评价标准；另一个是道德社会学意义上的"角色定位"，亦即：凡"美德"者必定是独特具体的、同道德行动主体的"特殊角色""特殊身份"和"特殊品格"直接相关联的。① 值得注意的是，行动者身上本有的美德按其之于行动的先后具有不同的形态。麦金太尔曾说：

> 在亚里士多德的目的论体系中，偶然所是的人（man-as-he-happen-to-be）与实现其本质而可能所是的人（man-as-he-could-be-if-he-realized-his-essential-nature）之间有一种根本的对比。伦理学就是一门使人们能够理解他们是如何从前一状态转化到后一状态的科学。因此，根据这种观点，伦理学预设了对潜能与行动、对作为理性动物的人的本质，以及更重要的，对人的目的（telos）的某种解释。②

这一"偶然所是的人"身上所体现的可以称为一种自然美德，而"实现其本质而可能所是的人"身上所"拥有"的则是人经过实践而实现其善的可能性的人格境界。目的论不仅是亚里士多德与麦金太尔共同拥有的，在其实质上这一目的论也为传统儒学如张载仁学所拥有，即张载所讲的仁德既是人的目的，也是宇宙自然的目的。只是儒学将这种"目的"自觉地诠释为人的行动的"本体"。这种本体实际上就是人的美德，有美德的人在其行动中所体现的品质就是美德。天有仁德，天生人即赋予之以仁德为其性，人尽心所知的性就是宇宙生生之仁德。黄勇认为："按照美德伦理学，一个道德的人是一个有美德的人，而一种道德行为正是出自一个有美德的人。一个有美德的人，他或她的所作所为既不是迫于命令，也不是因为行为能够带来好

---

① 万俊人：《美德伦理的现代意义》，《社会科学战线》2008 年第 5 期。
② 麦金太尔：《追寻美德》，宋继杰译，译林出版社 2003 年版，第 67 页。

的后果，而是由于内在的倾向。"① 张载以"仁"之理释人的本质彰显的儒家美德论与此相契。

张岱年先生认为张载的仁爱观因其"综合了孔子的仁与墨子的兼爱"②而是有进步意义的。应当说，孔子的仁，主要是从人内在的本质或本性，墨子的"兼爱"则更多地彰显的是一种人人都应该持守的伦理原则或法则，这二者的"综合"就表明人的内在本性与共有的超越法则在张载仁说中得到了贯通。张载对作为美德的仁的阐释，既指示人的当然本性，也指示人的行动法则，是人的内在本质与超越法则的合一。应当说，张载仁论，不仅是宋代儒学发展的理论新境，从现代美德伦理学视之，也具有丰富的理论蕴含。

（原载《人文杂志》2021 年第 12 期）

---

① 黄勇：《理学的本体论美德伦理学：二程的德性合一论》，《思想与文化》第 4 辑，2004 年 12 月。
② 张岱年：《中国哲学发微》，山西人民出版社 1981 年版，第 114 页。

张载与王夫之关于乾父坤母说的政治哲学差异

谷继明*

摘　要：周秦两汉的"亲亲"，是一套整全的制度，建立在封建或门阀基础之上。但宋代只讲"亲亲"则会有导致整个社会粉碎的后果，因为此时的"亲"只是规模很小的宗族，甚至是散户。如何聚合起这样的社会？从形上学而言，即是二程的"天理"学说；从实践操作而言，即是"大心""识仁""民胞物与"。《西铭》的立足点，在于如何确立与宗族之外的他者的伦理关系，而非关注在宗族内部特别是纵向的父母子女之间的感情。因为自然意义上的孝悌之情对大多数人来说不存在问题，关键就是如何聚合这些小的宗族使之成为一个整体，同时给"士"的角色加以定位。王夫之的问题意识在于"天地为父母"说可能带来的人伦瓦解。在他看来，普遍性的关怀和凝聚，必须奠基于人最根本的内在性情中，而这种自然且必然的根本性情，即是孝悌。唯有如此，才能体现人"继天成性"、创造文明的意义。

关键词：西铭　民胞物与　亲亲　理一分殊

---

* 谷继明，同济大学哲学系副教授。

一　北宋理学家的政治学使命

程颐为其兄所作墓表说：

> 周公没，圣人之道不行；孟轲死，圣人之学不传。道不行，百世无善治；学不传，千载无真儒。无善治，士犹得以明夫善治之道，以淑诸人，以传诸后；无真儒，天下贸贸焉莫知所之，人欲肆而天理灭矣。先生生千四百之后，得不传之学于遗经，志将斯道觉斯民。①

此段话是理学群体道统意识的集中表达。二程兄弟的新道统建构，是与其天理自觉、心性学说紧密联系在一起的。然而我们亦需注意的是此段表现出的政治诉求，即二程不仅要传圣人之学，还要行圣人之道。"得不传之学于遗经，志将斯道觉斯民"，通过学来行道，最后通向的目标是"善治"。

二程子的这种意识，是他们同时代的其他理学家共有的。故理学不仅是一种纯粹哲学的诉求或心性学的诉求，更是一种政治的诉求。②汉代通过经学塑造起"致太平"的理想，建立起名教的世界。随着帝国的崩解，"致太平"的理想严重受挫，但仍是各种宗教活动或政治行动奋斗的终极目标。自汉末至唐初，战乱近四百年。唐朝虽似可比汉代，然亦不过一百多年而遇安史之乱，下启五代乱局，所谓"及五季之衰，而坏乱极矣"。③ 在宋代理学家看来，自汉末至宋朝建立，整个漫长的时代是政治败坏的时代，是致太平之理想晦暗的时代。

汉代建立经学，依据五经。五经的形成固然漫长，其政治哲学的

---

①　程颢、程颐：《二程集》，中华书局1981年版，第640页。
②　当然也必须指出的是，理学家这种切实的政治哲学诉求最后要反思到形上学之变革与心性学之建立。
③　朱熹：《四书章句集注》，中华书局1983年版，第2页。

基础乃在封建。即使战国形成的诸经典如《周礼》《王制》，其理论有为后世制法的意味，其想象规划仍有封建的因素在。汉代经秦之变，封建易为郡县，但仍在某种程度上有封建之残存，即郡国并行的制度。汉代表彰五经，仍可经过诠释使五经与其郡国并行的制度加以调适，最后略可"文致太平"。先秦有诸侯，汉代有豪族，六朝有世族门阀，其社会属性悬殊，而皆重"亲亲"之义。它在政治哲学上意味着，国家是必要的，却并非是先验和绝对的。

《尚书·尧典》清楚地表明了这种政治展开的逻辑："克明俊德，以亲九族；九族既睦，平章百姓；百姓昭明，协和万邦，黎民于变时雍。"己德—九族—百姓—万邦，与《大学》里的"身—家—国—天下"逻辑一致。① 国家是以血缘为基础的族群/地域政治集团的联合，则亲亲必然是首要的原则。《诗经·棠棣》"凡今之人，莫如兄弟。死丧之戚，兄弟孔怀"，即指此而言。故富辰对周襄王说："庸勋亲亲，昵近尊贤，德之大者也。即聋从昧，与顽用嚚，奸之大者也。弃德崇奸，祸之大者也。……周之有懿德也，犹曰'莫如兄弟'，故封建之。其怀柔天下也，犹惧有外侮，扞御侮者莫如亲亲，故以亲屏周。"（僖公二十四年《左传》）所谓"周德既衰"，德也是指政治的向心力而言，而非一般伦理学意义上所谓的道德。仅凭亲亲犹不能建立起跨族群与地域的国乃至天下，故还须有整体的"民"的视野。"天下"是具有普遍性的政治体概念，这就意味着它面向的是超越地域和族群的"人"。当然这里的"人"不仅是生物学意义上的，更是文明意义上的。作为王，除了亲亲，他必须将目光从族群超越出来，关爱"天下"所有的人，为其负责任，此即"仁"德。理论上来说，周秦的"天下"是没有具体和固定边界的，其边界以人类文明来界定。先秦儒家特别是孟子，其一大贡献便在于，为这种政治结构及其"德"，奠定了心性的基础。恻隐之心，以及不忍人之心都是个体伦理，而孟子用以劝说战国君主以推行仁政，而"仁者无敌"的实际政

---

① 稍有差别的，是前者从天下之君主来说，后者从诸侯国来说。

治意涵是统一天下、实现治平。亲亲、仁民、爱物，实则是要君王以一种差等之责任心"王"天下。

汉代即是在地方集团基础上建立起来的，西汉成就于六国旧有集团的统合，东汉依然是得力于地方豪强的支持。汉朝为维持其统一性，压制地方集团和豪强话语，在经学诠释和官方的意识中固然要强调超越性的一面。然"以孝治天下"等说法，仍不免走向门阀政治。① 在六朝时期，维持自己门第，保护宗族不仅仅是观念的"应当"，而且是实现自己族群在乱世下生存的最佳功利性策略。虽然基于残存的经学意识形态的要求，不少人还不忘"戮力王室，克复神州"。但在现实的生存策略上，已不把这种普遍性的追求当作实际的政治方案以及必然性的选择。

《礼运》提到了两种政治模式，即大同和小康。大同社会，"天下为公，选贤与能，讲信修睦。故人不独亲其亲，不独子其子"；小康社会"天下为家，各亲其亲，各子其子，货力为己，大人世及以为礼，城郭沟池以为固"。小康社会的特征是"各亲其亲，各子其子"，人们分成许多不同的集团，彼此展开资源的争夺。这种社会如果有序的话便是汤、武；等而下之的乱世，则子弑父、臣弑君，更加败坏了。汉以后特别是六朝以后的社会，便是"各亲其亲，各子其子"的社会，宗族聚而自保，超越的天下概念只成为告朔饩羊。不过在地方集团的博弈分合中，中央政府也毕竟能组成，而且最后在霸力的作用下，竟然成就了一个堪比秦汉的唐帝国。

但唐朝在两点上与汉有不同。一者其统治基础——门阀，渐渐地削弱。② 安史之乱以后，社会上的强宗渐少，社会日趋分散化。更重

---

① 值得注意的是东汉末的清议集团特别注重"友"德，看似超出了孝悌之结构，但其交游，仍以相邻地域的宗族（当然也需要有相同的德操和趣味）为基础，可以视作宗族的联合。

② 门阀的消亡，历史学界一直有争议。或以为自武则天打压旧门阀、重用寒族开始，或以为黄巢之乱攻入长安才导致其团灭。（［美］谭凯：《中古中国门阀大族的消亡》，社会科学文献出版社 2017 年版）

要的是，其建国的意识形态是不清晰的。汉朝取天下的口号是"天下苦秦久矣"，而后以经学建立的目标是"孔子为汉制法""致太平"。唐朝在佛教、道教兴起之后，在思想上貌似多元，其实杂糅。与汉相比，唐的精神是不够挺立和鲜明的。深层的思想原因在于，"天""天命"在六朝时代的超越性已经被消解了。这既与政局有关，也与佛教带来的新形上学有关。由此，唐帝国在崩溃的时候，其失序混乱，比十六国时期更为严重。

宋在建立的时候，面临的即是这种在政治上和精神上都无比混乱、分散的状态，如何聚合、如何收拾，是思想家和政治家们最关键的课题。豪族或门阀的时代，通过"亲亲"到统一的政权，由社会上主要的集团通过战争、联姻、妥协等方式可以建立。但到了门阀分崩离析为小宗族的时代，亲亲已不具备政体建构的意义。换句话说，宋人在提到亲亲、仁民、爱物的时候，已经失去了原初作为政治—宗族集团建构天下的那种意义。政治哲学的话语转变为伦理学的话语。

周秦两汉的"亲亲"，是一套整全的制度，即便是只重视亲亲、漠视"天下"的普遍性，也不过是分裂。但宋代只讲"亲亲"则会有严重的后果，即整个社会的粉碎，因为此时的"亲"只是规模很小的宗族，甚至是散户。如何聚合起这样的社会？从形上学而言，即是二程的"天理"学说；从实践操作而言，即是"大心""识仁""民胞物与"。

庄子等早就用过"天理"一词，缘何二程兄弟自家体贴出来？除了其卓越精微的哲学建构，其实也缘于他们找到了重新聚合"天下"的理论，"天"已然失坠，而"天理"则以其超越性、必然性、普遍性重新将天下聚合起来，给其中所有的存在者以说明。给其作出说明，其实就是将之纳入统治。值得注意的是，天理不仅为汉族文明内部的分散性作保证，同时也为统合多民族重建"天下"统一性作理论保证，包弼德曾指出此点。[①] 不过此点非本文中心，故略之。

---

① [美] 包弼德：《历史上的理学》，王昌伟译，浙江大学出版社2010年版，第12页。

二 乾父坤母说的政治哲学意涵

政治的建构不能仅仅有形上概念的理论保障，还需有面向实践者的操作方法。在二程即是"识仁"，在张载即是"大心"。理学给人的一般印象是受到佛教刺激，汲汲于辨儒释之异同，并且理学家自觉地将此视为孟子辟杨墨的继续。若据此理解，佛教讲众生平等，墨家论兼爱，故理学家应该特别强调爱之差等。但这种理解，可能与北宋理学家的精神有些许差异。前面提到，北宋理学家首要的是对于一种此世之普遍性的追求，它在实践操作上的表现即是，不仅仅强调亲亲，更强调推扩的重要性。

由此我们可以理解程颢为何汲汲于倡言"仁者浑然与物同体"[1]，他又说：

> 医书言手足痿痹为不仁，此言最善名状。仁者，以天地万物为一体，莫非己也。认得为己，何所不至？若不有诸己，自不与己相干。如手足不仁，气已不贯，皆不属己。故"博施济众"，乃圣之功用。[2]

如果某人只知道爱自己或者爱父母，不知对其他人的责任，也可以称之为"麻痹不仁"。程颢特别重视仁之觉与通的特色。与此相关联的，是他对于"公"的强调。"公"固然是一种心性修养理论，然于政治实践而言，其实际意涵在于超克一己之私，最大限度地接纳万物，所谓"廓然而大公，物来而顺应"。[3] 人们如果有为了自己宗族计算的心，即是起了内外之分别，需要"定性"功夫来克服。二程强

---

[1] 程颢、程颐：《二程集》，第16页。
[2] 程颢、程颐：《二程集》，第15页。
[3] 程颢、程颐：《二程集》，第460页。

调"公",张载则强调"通"。通是感的结果,如杨立华谓,感是对自身有限形质的超越。① 张载又谓:

> 大其心则能体天下之物,物有未体,则心为有外。世人之心,止于闻见之狭。圣人尽性,不以见闻梏其心,其视天下无一物非我,孟子谓尽心则知性知天以此。②

此段引出了闻见之知与德性之知的区分,可视作心性论的论述。然其所谓"视天下无一物非我""体天下之物",则体现了对于"天下"的责任心,以及对于普遍性的追求。"世人之心,止于闻见之狭",即是从私我出发,仅仅限于爱自己或者自己的宗亲。大其心、超越闻见之狭的目的,是能实际地关爱众人;培育了德性之知,即能视天下无一物非我,真正地建立一种超越个体、亲族的共同体立场。

"大其心"只是一种笼统的说法,具体而言,如何组织"天下"使之成为一有序的结构呢?此即《乾称篇》所作的问题意识。北宋理学家固然要超越宗族之私,然其更普遍的诉求,仍然建立在对宗族的模拟之上:

> 乾称父,坤称母;予兹藐焉,乃混然中处。故天地之塞,吾其体;天地之帅,吾其性。民吾同胞,物吾与也。大君者,吾父母宗子;其大臣,宗子之家相也。尊高年,所以长其长;慈孤弱,所以幼吾幼。圣其合德,贤其秀也。凡天下疲癃残疾、惸独鳏寡,皆吾兄弟之颠连而无告者也。于时保之,子之翼也;乐且不忧,纯乎孝者也。③

---

① 杨立华:《气本与神化》,北京大学出版社2005年版,第95页。
② 《张载集》,第24页。
③ 《张载集》,第62页。

此段的形上学意义可参考丁为祥的阐发。① 就政治建构而言，此处的基本结构是：君主、大臣、我（士人）、普通百姓，作为整体的"人"，皆为天地所生，故以天地为父母。从整体"人"的角度来看，天生之，地成之，"人受天地之中以生"（成公十三年《左传》），天地为人之本，此说没有问题。若以天地为父母，则所有的人，俱成为兄弟般的关系。兄弟会给人以纯粹平等的疑惑，如此则君臣、父子不复有区别？张载很警惕此种论述，其实以宗法结构比拟更大的天下结构，也不会是平等的。兄弟之道，基本伦理是兄友弟恭，就宗法而言，则严别嫡庶。别子与宗子之间，有严格的尊卑之别。那么作为"别子"，我的责任在于维护"天下"此大家庭的统一性，关爱大家庭中的每一个兄弟，成为"子之翼"，即君主的好助手。

张载的比拟，有其新意。因为以往对君主多比作父母，《洪范》所谓"天子作民父母，以为天下王"。此后春秋学家有所谓"臣子一例"（僖公元年《公羊传》），何休解释说："僖公继成君，闵公继未踰年君。礼，诸侯臣诸父兄弟，以臣之继君，犹子之继父也，其服皆斩衰，故《传》称'臣子一例'。"② 伪古文《泰誓》谓："惟天地万物父母，惟人万物之灵。亶聪明作元后，元后作民父母。"此句很有意思，即以天地为父母的同时，又以君主为民之父母。

以君主为父母，与以君主为宗子，都不会消弭差等，但二者还是有差别。以君主为父母，意味着君主是本原性和绝对性的存在；以君主为宗子，则君主虽是至尊者，却并不具有绝对性。换句话说，前者是通过孝道推出，而后者是通过悌道推出。其实张载并非不用"君主为父母"的说法。如《答范巽之书》谓：

　　大都君相以父母天下为王道，不能推父母之心于百姓，谓之王道可乎？所谓父母之心，非徒见于言，必须视四海之民如己之

---

① 丁为祥：《虚气相即》，人民出版社2000年版，第199页。
② 何休注，徐彦疏：《春秋公羊传注疏》，北京大学出版社1999年版，第199页。

子。设使四海之内皆为己之子,则讲治之术,必不为秦汉之少恩,必不为五伯之假名。巽之为朝廷言,人不足与适,政不足与间,能使吾君爱天下之人如赤子,则治德必日新,人之进者必良士,帝王之道不必改途而成,学与政不殊心而得矣。①

"视四海之民如己之子",即《大学》所引《康诰》"如保赤子"之说。而张载仍要在《乾称篇》推出"大君宗子"说,则是他在此篇特殊的考量,即如何看待"天下"所有人的关系?如何给士作一自身定位?作为一个个体,我们与亲兄弟之间的关系很明确,即具有相同的父母。我与兄弟虽然不是生与被生的垂直关系,却因同为被生者,出于同一本原而具有某种先在的伦理义务。由此而推,我与某人有相同的四世祖,但他远在千里,生活环境不同,也从未有过交往,则我与他并无相处的感情,不会对他发生如亲兄弟程度般的"悌"之心,以及伦理责任感。然于理而言,我与他有密切的联系,如我足够明理,甚至还会努力地帮助他,程度超过路人。此时我的伦理责任感,不是因长久居处产生的感情(这种感情是属于躯壳的正面之情),乃是通过"明理"而产生的一种更高级别的情。此种在七情之上,顺理而发,驱使我去做超越"亲近"的事情。再推而广之,既然所有人皆本乎天地,我与张三完全是路人,却也因同为被生者,出于同一本原而具有先在的伦理关系。如果我能明此理,则当对张三也有一种伦理感情。

也就是说,张载此处的立足点,在于如何确立与宗族之外的他者的伦理关系,而非关注在宗族内部特别是纵向的父母子女之间的感情。因为自然意义上的孝悌之情对大多数人来说不存在问题,关键就是如何聚合这些小的宗族使之成为一个整体,同时给"士"的角色加以定位。在先秦乃至六朝,"士"一方面有面向天下的普遍性,然也有属于自己门阀、宗族、地域的特殊性。到了唐代中后期及宋,这个

---

① 《张载集》,第39页。

特殊性的内容越来越缩小，甚至缩小为士之个体自身。理学的兴起，即要求"士"超越其特殊性，不代表任何集团、阶层、地域和家族的利益。他是"道"的传承者，因"道"的普遍性要求而使自己具有普遍性。"圣希天，贤希圣，士希贤"，士人原则上来说可以担任除皇帝以外的任何职位，亦需要培养能适应这些职位的才能。"志伊尹之所志，学颜子之所学"①，颜子是普遍性的德性者，伊尹作为丞相是普遍性的行道者，颜子只不过是时运问题，其能力与伊尹同。士人要培养普遍性的德性与能力，遇到机会要成为伊尹那样普遍性的行道者，"一夫不得其所，若挞于市"，此精神与"凡天下疲癃残疾、惸独鳏寡，于时保之"是一致的。

三　杨时与程子的讨论

《西铭》以天下人为兄弟的论述，固然会引起人的疑惑，如杨时谓："《西铭》之书，发明圣人微意至深，然而言体而不及用，恐其流遂至于兼爱。"② 更具体地说："前书所论，谓《西铭》之书以民为同胞，长其长，幼其幼，以鳏寡孤独为兄弟之无告者，所谓明理一也。然其弊无亲亲之杀，非明者默识于言意之表，乌知所谓理一而分殊哉。故窃恐其流遂至于兼爱。非谓《西铭》之书为兼爱，而发与墨氏同也。"③

程颐对杨时疑问的解答，既可以视作对张载的辩护，亦可视作补充性的解释："《西铭》明理一而分殊，墨氏则二本而无分。老幼及人，理一也；爱无差等，本二也。分殊之蔽，私胜而失仁；无分之罪，兼爱而无义。分立而推理一，以止私胜之流，仁之方也；无别而迷兼爱，至于无父之极，义之贼也。"④ 因此文本提出了"理一分殊"

---

① 《周敦颐集》，中华书局2009年版，第23页。
② 《杨时集》，第450页。
③ 《杨时集》，第452页。
④ 《杨时集》，第451页。

之说，故获得了哲学史较高的关注，尤其是李存山的研究①。回到讨论的语境，我们可以发现他们集中在"老幼及人"问题上。《西铭》的"长其长、幼吾幼"是互文，大家都知道从孟子"及人之老幼"而来。但《礼运》的"不独亲其亲，不独子其子"更符合张载的问题意识，这关系着《礼运》大同社会的理想。其"圣人耐以天下为一家，以中国为一人者"的观念，也正是张载以家庭伦理推扩于天下的经典依据。

儒家的大同，当然不是平均主义；《礼运》的主题，正是以人伦为核心的礼制运转演变。②然大同社会的传贤和不独亲其亲等，与后世的小康当然也不同。其中一个重大差别在于，《礼运》设想的大同，发生在前封建时代。如果从实际历史考察，最早的文明或许接近于"部落联盟"或所谓"广域王权国家"的形态③，人们对自己的集团当然是"各亲其亲，各子其子"的。然就《礼运》描述的前封建时代（大同），没有提到诸侯国和强宗。由此我们可以推测，张载"民胞物与""长其长、幼吾幼"类似大同的叙述，恰恰是试图利用前封建时代的伦理—政治资源，来解决后封建时代的聚合难题，或者说普遍性难题。《礼运》并非对于前封建时代的忠实描述，不然，纯粹过去的风俗记录，如何可以应用到几千年以后的宋朝。《礼运》是其作者身处封建即将解体的战国时代，依托前封建时代的一些传说碎片，对未来社会超越封建作的一次构想。因其构想性质，大同的说法才能在宋代仍有其借鉴意义。

程颐说"分殊之蔽，私胜而失仁；无分之罪，兼爱而无义"，以显示理一分殊乃是至正之中道。实则这句话的轻重并非完全一样。"私胜而失仁"，是二程、张载等更为在意的问题，其病端在于分殊。故二程提出"仁者浑然与物同体""廓然而大公"，张载提出"大其

---

① 李存山：《程颐与杨时关于〈西铭〉的讨论》，《人文论丛》2017年第2期。
② 吴飞：《大同抑或人伦？现代中国文明理想的探索》，《读书》2018年第2期。
③ 许宏：《何以中国》，生活·读书·新知三联书店2014年版，第148页。

心则能体天下之物"加以应对。然问题还在于，仅仅凭借自然的爱慕父母之情推扩之天下，具有很大的困难。多数人，往往至于自己的父母兄弟，或者宗族，就止步了。杨时发现了这个问题：

> "老吾老以及人之老，幼吾幼以及人之幼"，所谓推之也。孔子曰"老者安之，少者怀之"，则无事乎推矣。无事乎推者，理一故也。理一而分殊，故圣人称物而平施之。兹所以为仁之至、义之尽也。何谓称物？亲疏远近各当其分，所谓称也。何谓平施？所以施之，其心一焉，所谓平也。①

自然之情，在形下的经验中发生，当情发动，指向情感对象时，虽时间和空间呈现递减关系，情感在指向的过程中需要像水波一样推荡出去，此即孟子所谓"推"。我们通过实践的经验可以知道，真正推扩出去是非常难的。是故若通过"推"为道德实践奠基，不具备必然性。杨时提出另一种思路，举孔子的"老者安之，少者怀之"——孟子提到了"吾老"和"人之老"，孔子则不复区分，直接称老、幼。不区分，不代表不存在差别，而是不采取形下时间经验的"推"的思路。将等差看作先验的，从而使伦理主体在面对对象时，根据不同的对象采取不同的应对，此应对先验地存在于我的性情结构中，对机而发，不必需要一个线性的递推过程。

杨时以此思路来批评，但我以为，张载恰恰蕴含着杨时的思路。因为按照自然情感来理解君主、官员、陌生他者，无法发生兄弟一般的情感。对《西铭》此段的理解，除了将之看作"比拟"之外，还须采取另外一种思路。即超越自然情感，获得对于"应当"之认识后，发生的责任心。此种责任心不能是空洞的，而是以自然情感为基础，规约自然情感并依托它发显出来。由此我们的道德情感才获得一种普遍性，使社会产生一种普遍性连接。

---

① 《杨时集》，第452页。

然需要注意的是，张载此言是对"士"说的，其要求颇高，此种情感的获得也并不容易。在社会制度设计方面，不仅要考虑到学道和行道的士人，还要考虑到一般人。面对一般的自然感情者，张载提出的制度建议是宗法：

> 管摄天下人心，收宗族，厚风俗，使人不忘本，须是明谱系世族与立宗子法。宗法不立，则人不知统系来处。古人亦鲜有不知来处者，宗子法废，后世尚谱牒，犹有遗风。谱牒又废，人家不知来处，无百年之家，骨肉无统，虽至亲，恩亦薄。①

张载时代的社会基础已远不及封建时代以及门阀时代。如曾亦所指出的，"宗法本是一种以兄统弟的制度，即在兄弟一体中确立嫡长子的至尊地位，并将此种尊尊之义扩充到宗子与族人之间，从而在整个宗族中形成一种等级尊卑的关系。……随着封建制度的破坏，以及国家权力的延伸，宗法组织亦随之瓦解"②。是故张载的宗族建立规则也不同，比如他认为"旁支昌大，则须是却为宗主""宗子不善，则别择其次贤者立之"。这都与以兄统弟、严别嫡庶的旧宗法制度不同，表现了在小宗族背景下不得已的变通。因在先秦两汉社会中，强宗就是相对独立自主的经济政治实体，嫡长子自然尊贵，享有此实体的支配权，不易发生"微贱"的问题。宋代以后则以个体或小家庭为实体，人之显达富贵多由科举，不以他是某一强盛经济政治体的嫡子而论。此时若要维持宗族的强盛，只有采取一种变通的方法，谁能为宗族带来声誉地位即以谁为宗。最终目的是保持家族的传承和繁荣。至于宗族对国家建构的益处，张载说："公卿各保其家，忠义岂有不立。忠义既立，朝廷岂有不固。今骤得富贵者，止能为三四十年之计，造宅一区及其所有，既死则众子分裂，未几荡尽，则家遂不存。如此则

---

① 《张载集》，第258页。
② 曾亦：《儒家伦理与中国社会》，上海三联书店2018年版，第86页。

家且不能保,又安能保国家。"① 张载也试图恢复封建,以保持井田,重新凝聚共同体,但正如杨立华所指出的,这种封建和井田的具体规划与周代大不相同。②

由此可见,《西铭》对"予"(士)提出的要求是普遍性(大心、超越的道德情感)与特殊性(宗族保聚)的统一体,以期在新的社会结构下,使共同体抟聚起来。

四 王夫之:天人相继之理

明末王夫之"希张横渠之正学",为张载之功臣。其《张子正蒙注》尤能体贴张载之精义并能张大发皇其说。但王夫之的注解,与张载本意亦有差别,其中一关键的微妙处即在《西铭》之解读。

王夫之的问题意识在于"天地为父母"说可能带来的人伦瓦解。《周易·系辞传》说"乾道成男,坤道成女",周敦颐《太极图说》推阐之,以男女继天地,未专门言及人伦。故王夫之说:

> 自太极分为两仪,运为五行,而乾道成男,坤道成女,皆乾、坤之大德,资生资始;则人皆天地之生,而父母特其所禅之几。则人可以不父其父而父天,不母其母而母地,与《六经》《语》《孟》之言相为龃龉,而与释氏真如缘起之说虽异而同。则濂溪之旨,必有为推本天亲合一者,而后可以合乎人心、顺乎天理而无敝;故张子此篇不容不作,而程子一本之说,诚得其立言之奥而释学者之疑。③

如果只讲人本于天地,不凸显父母的作用,仅仅把父母看作是上

---

① 《张载集》,第259页。
② 杨立华:《气本与神化》,第149页。
③ 王夫之:《张子正蒙注》,《船山全书》第12册,第351页。

张载与王夫之关于乾父坤母说的政治哲学差异

天生化我自身的一个工具性阶段（所谓"所禅之几"），则"生生"这件事本身会无法落实而失去其必然性，与佛教缘起性空之说（其实也包括"无生"、轮回之说）殊途同归。王夫之认为，张载讲"乾称父、坤称母"恰恰是对周濂溪"乾道成男，坤道成女"所未发的人伦维度的补充。如果以小程概括的宗旨来理解的话，张载《西铭》的本义是偏重"理一"，王夫之则偏重"分殊"。《西铭》以父母来解释天地，王夫之注文则以天地来解释父母。王夫之谓：

> 其曰"乾称父，坤称母"，初不曰"天吾父，地吾母"也。从其大者而言之，则乾坤为父母，人物之胥生，生于天地之德也固然矣；从其切者而言之，则别无所谓乾，父即生我之乾，别无所谓坤，母即成我之坤；惟生我者其德统天以流形，故称之曰父，惟成我者其德顺天而厚载，故称之曰母。①

王夫之善于对经典的通俗理解作翻转性的解读以创辟新义，而又不违背原文之可能意涵，此处亦然。《西铭》"乾称父，坤称母"本来自《说卦》"乾天也，故称乎父；坤地也，故称乎母"。《说卦》的原意，也确实是以父母子女为八卦结构的一种象征，所以说"称"（"乾可以看作是父亲"），而没用实然的判断句"乾就是我的父亲"之类。更进一步，王夫之认为乾坤虽然是普遍性的，但它必然要落实在具体中，对某人而言，他的父母即是天地。于实践的逻辑而言，事父母比事天地更具有先在性。对于此种理解，王夫之给出了两方面的论证。一是说明其存在论根据，二是说明此种理解对于道德实践的必要性。

若以父母理解天地，则天地不免具有位格意义，成为能生化、能主宰甚至有意志的实体。先秦及两汉对于"天"的理解与此类似。如此，则天地与万物实为两种不同的东西——正如父母与子女不同那样。二程等理学家取消掉"天"的经验意义（或者说把"气"分离），断言之曰

---

① 王夫之：《张子正蒙注》，《船山全书》第12册，第352页。

◎ 张载研究

"天者理也",固然取消掉了天的人格意义,但万物属形下之气,天属理,天与万物犹有二。王夫之则以"理在气中"解张载的"太和所谓道",则人、天皆有理气。父母生我,是一个生物学或者形下经验的事实,我的身体由气质组成,其最初来源于父母之气。是故我的气追溯其本原可至天地,但首先直接地源自父母。气在天地间是公共的,但一个人生成之后,他的气便暂时属于他自己。唯有如此,"父亲的气""母亲的气""我的气"一类的说法才能成立。我的身体(气)来自父母的气,又因理在气中,则我之所以具有天地之理,也是因为父母赋予我了气(人身)才使之成为可能。如此,则天与我,即不是理气那种体用截然二分,又非主宰与被主宰、创造与被创造的关系;天只是万物的理气之本源。是故就我之存在而言,首先本于父母。

其次以道德实践而言,孝心乃是最初始、最有力的道德情感。王夫之谓:"若舍父母而亲天地,虽极其心以扩大而企及之,而非有恻怛不容已之心动于所不可昧。是故于父而知乾元之大也,于母而知坤元之至也,此其诚之必几,禽兽且有觉焉,而况于人乎。"[1] 我如果越过父母而面对天地,无法产生那种"恻怛不容已之心";没有此心,则道德实践的动力无从谈起。如我们前面所指出,张载要通过"大心"超越人的自然情感,使之具有普遍的关怀意义,从而实现分散社会的聚合。王夫之新的解读方向,看重当下的道德动力,要以此来凝聚力量。

王夫之身处"天崩地解"的时代,其思考的一个主题即是明代如此大的一个国家,为何这么快灭亡;由此上推,为何宋代先匆匆亡于金,后又亡于蒙元。众所周知,在《读通鉴论》中他常常批判"孤秦陋宋",因为统治者总是关心自己皇族、小集团能不能把权力牢牢地攥在手里,根本不管文明、民族的大义。出于此种私心,政府把地方社会分割支离,一旦皇权及中央政府崩坏,地方根本无法组织起有效的抵抗。故他提出"分兵民而专其治,散列藩辅而制其用"[2] 的规划,以增

---

[1] 王夫之:《张子正蒙注》,《船山全书》第12册,第352页。
[2] 王夫之:《黄书》,《船山全书》第12册,第508页。

加地方的权重。对于孝悌人伦的强调，也有此种意识在其中，将此意识扩大，即是王夫之对于重建人类文明秩序的向往。他意识到，普遍性的关怀和凝聚，必须奠基于人最根本的内在性情中，而这种自然且必然的根本性情，即是孝悌。天化育万物是自然无心的，但人因理气结合而形成人类这个物种之后，具有了觉解的能力，要效仿、赞助天地的创生，人类自己也要成为创造者。人类文明秩序的形成，正是此种创造性的体现。为此种文明奠基的则是孝悌，在王夫之看来，这是最真实无妄的。《系辞传》说"一阴一阳之谓道，继之者善也，成之者性也"，王夫之将此理解为：只有通过继、成，人才能凸显出自己的特殊性，在顺天地的同时做出与天地不一样的事业。人去理解世界，首先立足自己最根源处的孝悌之心，由此建立的文明才是真实的，而非从天地推回来，那样则有错认本源、解构伦理的风险。

王夫之特别强调"天人相继"之道。丁耘以为，王夫之以"继"解"生生"，以明天人非二本。[①] 此判断甚是，然"继"所体现的不仅仅是人与天之间的连续性，更是凸显出人在天地间的责任感。就如《中庸》说孝是"继志述事"，人对于天的继承，肯定不是与天保持同一性，禽兽那样的自然生活才是与天保持同一性；人之能继，在于人的创造性。所以"继"其实给人天之间设置了一定的阶梯差，这也是他一直反对"躐等"，所谓"天地之高明博厚，非可躐等而与之亲"[②]，所谓"不敢亢人以混于杳冥，不敢绝天以安于卑陋"[③]。其实除了《西铭》的解释，如下一章更能表现差异。《诚明篇》谓"性者万物之一源，非有我之得私也。惟大人为能尽其道，是故立必俱立，知必周知，爱必兼爱，成不独成。彼自蔽塞而不知顺吾理者，则亦末如之何矣"，王夫之解释说：

---

① 丁耘：《易传与生生》，《哲学研究》2018 年第 1 期。
② 王夫之：《张子正蒙注》，《船山全书》第 12 册，第 352 页。
③ 王夫之：《周易外传》，《船山全书》第 1 册，第 1015 页。

> 此章统万物于一源，溯其始而言之，固合人物而言。而曰立、曰成，则专乎人之辞尔。知之必有详略，爱之必有区别，理一分殊亦存乎其中矣。亲疏贵贱之不同，所谓顺理也。虽周知博爱，而必顺其理。盖自天命以来，秩叙分焉。知其一源，则必知其分流。故穷理尽性交相为功，异于墨释之教，漫灭天理之节文，而谓会万物于一己也。①

张载的立足点是针对那些"自蔽塞"之人，亦即为自己私利所束缚而不能怀有公心、泛爱众的人。但里面提及了"兼爱"，则难免使人觉得杨时批评其近乎墨家。故王夫之在解释时，特地将之引入另一个方向："知之必有详略，爱之必有区别，理一分殊亦存乎其中"。王夫之虽然主张张载的"太虚即气"说，然张载更偏重于我的气与天地的"一体感"；王夫之则侧重于气灌注于我自身之后，我自己所具有的责任感、层次感。

五 余论

吴飞在与丁耘讨论生生问题时，即以王夫之此说为根据，并解释说："生生之德最核心的含义，就是父母生子这件事，是一切中国哲学思考的起点，也是一切人伦关系的始点。"② 我们通过上文分析则要指出的是，张载与王夫之对此问题呈现出略显差异的思考，来源于不同的政治关怀。而如今，张载与王夫之时代的小宗族皆已不复存在，共同体联合之方式亦纷纭多变。以伦理为起点的思考，与民胞物与的推扩，或许还可以给我们一个不同的参照。

（原载《人文杂志》2021 年第 1 期）

---

① 王夫之：《张子正蒙注》，《船山全书》第 12 册，第 117 页。
② 吴飞：《论生生》，《中国文化研究》2018 年春之卷。

万物本原与人生价值：
论张载儒佛之辨的核心问题*

江求流**

摘　要： 儒佛之辨构成了张载哲学的重要内容，而对万物本原的追问与对人生价值的安顿则是其中的两个核心问题。就前者而言，佛教主张"真如缘起"，以真如本心为万物的本原，但在张载看来，这一思想实质上是以精神实体作为万物的本原，不具有真理性。因此张载重新肯定了儒家以气为万物本原的思想，并对其真理性进行了论证；就后一问题而言，佛教以"涅槃寂灭"为人生价值安顿的根本方式，并以"真如缘起"思想为人生价值的理论基础。在张载看来，既然真如缘起思想不具有真理性，这种价值安顿方式的理论基础也就难以成立。张载进一步批判了涅槃寂灭思想的消极无为及其产生的消极影响，并基于气化流行的生命共同体思想，对"存顺没宁"这一儒家式人生价值安顿方式进行了阐发。

关键词： 张载　儒佛之辨　万物本原　人生价值

正如冯契先生所指出的，真正的哲学总是哲学家们带着那种"非

---

* 本文系国家哲学社会科学基金项目"宋代理学的佛教批判及其现代意义研究"（编号：17XZX012）成果。
** 江求流，陕西师范大学哲学学院副教授，硕士生导师。

把问题解决不可的心情"对"时代的问题"作出的回答①。但哲学家们所面对的具体问题为何，则因他们所处的时代而异。张载作为中国哲学史上最为深刻的哲学家之一，他的哲学体系的诞生也同样离不开其对时代问题的思考与回答。众所周知，在张载的成学过程中，曾有较长时间"访诸释老之书"②经历，从而受到佛教与道家（教）的重要影响。不过，在其思想成熟之后，对佛道的批判，尤其是与佛教"较是非"③却成为其学术思考的重要内容。"是非"问题的实质关联着真理，而对张载而言，真理只有一个："道一而已，此是则彼非，此非则彼是"④，因此他与佛教的"较是非"实质上是在一般哲学理论层面上进行的真理性探讨。需要进一步追问的是，张载与佛教的理论较量所涉及的核心问题是什么？正如下文所论，在本文看来，其中主要涉及万物的本原与人生的价值安顿两个问题。

一 心 vs 气：何为万物的本原

柏格森在思考存在与虚无之间的关系时曾经提到："任何存在的东西从何而来？如何理解它？"⑤哲学总是离不开对存在的追问，而柏格森的上述发问则涉及存在论的核心问题，即经验世界中的万物从何而来？事实上，真正意义上的哲学思考都不可避免地涉及这一问题。张载与佛教之间的较量所涉及的首要问题正是这一存在论的核心问题。

就儒学而言，在前张载时代，对万物从何而来这一问题的回答，主要是以元气论为代表。而儒家的元气论在唐代达到了一个高峰，如韩愈说"形于上者谓之天，形于下者谓之地，命于其两间者谓之人。

---

① 冯契：《冯契文集》（增订版）第一卷，华东师范大学出版社2015年版，第5页。
② 张载：《张子全书》，林乐昌编校，西北大学出版社2015年版，第455页。
③ 张载：《张子全书》，第483页。
④ 张载：《张子全书》，第483页。
⑤ [法]亨利·柏格森：《创造的进化》，肖聿译，译林出版社2014年版，第256页。

万物本原与人生价值：论张载儒佛之辨的核心问题

形于上，日月星辰皆天也；形于下，草木山川皆地也；命于其两间，夷狄禽兽皆人也"①，这实际上即是以元气论作为万物的本原。李翱也明确指出"天地之间，万物生焉。人之于万物，一物也，其所以异于禽兽虫鱼者，岂非道德之性乎哉？受一气而成其形，一为物而一为人"②，即是说人与万物虽然有别，但就其本原而言，都是元气所化。此外，刘禹锡、柳宗元等都有类似的观念。然而，与韩愈等人同时期的宗密却从佛教的理论出发对儒家学者所主张的元气论提出了严厉的批判③，他指出：

> 今习儒道者，只知近则乃祖乃父，传体相续，受得此身，远则混沌一气，剖为阴阳之二，二生天地人三，三生万物，万物与人皆气为本。④

在宗密看来，元气论对万物从何而来这一问题的回答并没有找到天地万物的真正本原，从而并不具有真理性。当然，宗密的真正不满在于，元气论未能对人这种特殊存在者的"本原"做出恰当的回答。在他看来，人这一存在者的特殊性在于，人具有身、心两种构成因素，然而，元气论只是回答了人的身体的来源，但未能回答人的心灵来源问题。在宗密看来，"身心各有其本，二类和合方成一人"⑤，基于这

---

① 韩愈：《韩昌黎文集校注》（上册），马其昶校注，马茂元整理，上海古籍出版社2014年版，第386页。
② 李翱：《李翱集》，郝润华点校，甘肃人民出版社1992年版，第15页。
③ 关于唐代儒家元气论以及宗密对儒家元气论的批判，可以参考董群《融合的佛教：圭峰宗密的佛学思想研究》，宗教文化出版社2000年版，第60—66页。此外，韩愈（768—824）与宗密（780—841）基本是同时代人，而且都生活在长安。韩愈作《原人》［作于803—805年，韩愈贬居阳山期间。参见张清华《韩愈的道、道统说及〈五原〉的写作时间辨析》，《韩山师范学院学报》（社会科学版）2005年第4期］，宗密则以《华严原人论》（学界一般都认定《华严原人论》是宗密的晚期作品，因此，其成书时间一定晚于韩愈的《原人》）名其篇。由此可见，宗密批判的矛头明确指向韩愈。
④ 宗密：《华严原人论》，载石峻等编《中国佛教思想资料选编》（三），中华书局2014年版，第386页。
⑤ 宗密：《华严原人论》，第393页。

一前提，他虽然认为就人的身体这一层面的来源而言，仍然要"以气为本"①，但人的心灵则来自"不生不灭"的"本觉真心"②，从而，作为具有身、心两种要素的存在者，人的生成过程是"元气"与"真心"共同作用的结果："禀气受质，气则顿具四大，渐成诸根；心则顿具四蕴，渐成诸识，十月满足，生来名人，即我等今者身心是也"。不过，宗密并不承认元气在存在论上的根本性地位，在他看来，"究实而言，心外的无别法，元气亦从心之所变"③。在这一意义上，对宗密而言，只有"本觉真心"才是存在论上的根本性存在，也正是它构成了人与万物的真正本原。

宗密的上述思想实质上是以大乘佛学的"真如缘起"思想为基础的。"真如缘起"中的"真如"指的是"心真如"（又被称为"众生心"或"如来藏"等），"缘起"则是说真如不守自性，忽然起念，从而幻化出天地间的万物④。将真如本心或本觉真心作为万物的最终本原，实质上是预设了一种先于天地万物的超验精神实体，并以这种精神实体作为创生万物的本原。然而，张载对这一思想并不认同，他曾经批评道：

> 释氏不知天命而以心法起灭天地，以小缘大，以末缘本，其不能穷而谓之幻妄，真所谓疑冰者与！⑤

"以心法起灭天地"这一概括显然是针对唐宋时期佛学中流行的"真如缘起"思想，而宗密正是这一思想的代表性人物。张载虽然从未提到过宗密，但在他长时间"访诸释老"的过程中，不可能不了解宗密

---

① 宗密：《华严原人论》，第393页。
② 宗密：《华严原人论》，第392—393页。
③ 宗密：《华严原人论》，第394页。
④ 参见高振农先生为《大乘起信论校释》（真谛：《大乘起信论校释》，高振农校释，中华书局1992年版）一书所做的序。
⑤ 张载：《张子全书》，第19页。

万物本原与人生价值：论张载儒佛之辨的核心问题

的相关观点①，而"真如缘起"思想首先涉及的正是"万物从哪里来"的问题，这就迫使张载不得不正视、回应这一问题。

张载对万物本原问题的回答，重新回到了宗密所严厉批判过的元气论②，并从气化的角度来回答万物的生成问题，他说："天地之始，固未尝先有人也，则人固有化而生者矣。盖天地之气生之也。"③ "天地之始"固然"未尝有人"，当然也未尝有人之外的其他存在物，而人与万物从何而来呢？张载的回答是"天地之气生之"。不难发现，张载将气化看作是人的生成的原初方式。张载还进一步指出："游气纷扰，合而成质者，生人、物之万殊。"④ 换言之，无论是人这种特殊的存在者，还是天地间芸芸众生、千差万别的其他存在者，从本原上说，都是气化的产物。

以气作为万物的根源，一方面具有历史的合法性，因为正如李存山所指出的，"中国哲学的'气'概念，含义极广，几乎举凡世间一

---

① 张载所说的"以心为法起灭天地"是不是针对以宗密为代表的"真如缘起"思想，从现有的文献看，确实没有直接的证据。但从思想史的角度看，韩愈作有《原人》，而宗密以《华严原人论》名其篇，显然是针对韩愈的《原人》。这一思想史上的重大事件，张载不可能不关注到，因此也不可能不关注到宗密的这篇名作。另一方面，宗密明确批判韩愈、李翱等儒家学者所主张的元气论，而张载却在明确继承儒家气论的同时，将佛教的思想概括为"以心为法"并加以批判，显然是在为韩愈等人做翻案文章。丁为祥先生曾指出："关于张载是否读过《华严原人论》的问题，笔者不能断定，但从张载'访诸释老之书，累年尽究其说'以及从《正蒙》到《西铭》中关于'命'、'德'、'福'等思想的反复阐发来看，张载似读过《华严原人论》，且《正蒙》中的许多话头似乎都是针对《华严原人论》的批判作答的。而张载讲学的横渠镇距宗密修行的草堂寺不过数十里远，张载既'访诸释老之书'，当有可能读过《华严原人论》。"（见丁为祥《虚气相即：张载哲学体系及其定位》，人民出版社2000年版，第27页）

② 当然，张载的气论与汉唐时期的儒家元气论已经有本质的区别。如本文所论，张载那里，气论不仅回答了万物的生成问题，还为安顿人生的终极价值提供了基础。此外，张载还试图用气论为人性奠基。当然，这一问题更为复杂，只能另文讨论了。事实上，在张载那里人性论或性论，具有重要的意义。参见林乐昌《张载性命论的新架构及学术价值》，《陕西师范大学学报》（哲学社会科学版）2017年第3期。

③ 引自朱熹《诗集传》，《朱子全书》第1册，上海古籍出版社、安徽教育出版社2002年版，第675页。此条不见中华书局版《张载集》和西北大学版《张子全书》，但朱子明确指出这是张载的话。

④ 张载：《张子全书》，第9页。

切事物都不出'气'概念之范围。这也难怪，因为在先秦时期就已形成了以'气'为世界万物之本原或元素的思想"①；另一方面，这一理解也与人们的经验理性更相符合。正如张载所指出的，在有形的存在物与无形的气之间的转化，就如同"冰凝释于水"②一样，而冰与水之间的形态转化，对人类的经验理性而言，是非常自然的事情。特别是对于动物、植物这种存在物而言，从气的形态转化的角度，其生灭变化更是容易理解。如张载所说：

> 动物本诸天，以呼吸为聚散之渐；植物本诸地，以阴阳升降为聚散之渐。物之初生，气日至而滋息；物生既盈，气日反而游散。至之谓神，以其伸也；反之为鬼，以其归也。③

动物、植物的生灭变化如此，人类虽然是一种特殊的存在者，但其生灭变化与动物、植物相比并没有任何特殊性可言。不难发现，张载以气为万物的本原，不仅具有历史的合法性，更能够得到人类的经验理性的支持，即便在今天看来，也在理论层面更具有合理性与说服力。

以气作为万物的本原，必然是建立在气的本原性存在之上的④。

---

① 李存山：《"气"概念几个层次意义的分殊》，《哲学研究》2006年第9期。
② 张载：《张子全书》，第2页。
③ 张载：《张子全书》，第12页。
④ 本文的这一理解，实际上仍然是将张载思想理解为"气本论"。不过，由于民国以来，一些学者将气本论等同于"唯物论"，从而导致另一些学者的反思与批判（限于篇幅，无法在这里展开论述两方的相关观点与论证过程）。不过，在笔者看来，气本论并不能等同于唯物论。因为唯物论只能解释万物的根源问题，但不能安顿价值；而正如本文第二部分所指出的，张载的气论则在回答万物的根源问题的同时，也试图对人生价值加以安顿。此外，张载的气论不同于唯物论的另一个重要方面是，唯物论无法为人性奠基，但在张载那里，面对佛教"性空论"的挑战，他必须重新为人性进行奠基。而张载的这一工作，也是从气论着手的。这在张载所说的"气之性本虚而神，则神与性乃气所固有"（《张载集》，第63页）这一理解中也可以看出。实际上，王船山曾指出"《正蒙》特揭阴阳之固有"（王夫之：《张子正蒙注》，中华书局1975年版，第3页），即是说，阴阳之气内在地具有性与神，从而能够为人性奠定基础（关于这一点，需要另文详细探讨）。因此，坚持气本论并不等于将张载哲学理解为唯物论。

万物本原与人生价值：论张载儒佛之辨的核心问题

正是在这一意义上，他提出了"太虚即气"这一命题。所谓"太虚即气"即是说气无处不在，弥漫于整个宇宙空间①。气的本原性存在，构成了气化生物的首要前提。另一方面，正如日本学者山井涌所指出的那样，在中国思想中，气"是生命力、活力的根源。甚至可以认为，气具有生命力和活动力"②。对张载而言，气不是亚里士多德意义上的质料化的存在③，而是内在地具有生机与活力的，正是在这一意义上，张载说："气坱然太虚，升降飞扬，未尝止息。"④ 正是因为气内在地具有生机与活力，从而能够流转不息，化生万物：

> 太虚不能无气，气不能不聚而为万物，万物不能不散而为太虚。循是出入，是皆不得已而然也。⑤

"太虚不能无气"所要强调的正是气在存在论上的本原性的地位。而万物的生成正是建立在气的本原性存在这一前提之下的。当然，这也意味着，在最为本原的存在状态下，在气之上或之外并没有真如本心或本觉真心这类精神实体的存在。另一方面，张载强调，"气不能不聚而为万物"，这里的"不能不"意味着一种必然性，而这种必然性意味着气处于不断的变化过程中，而万物由此也得以生生不息。因此，对张载而言，人与万物的生成都是气化的产物，换言之，正是气

---

① 在本文看来，张载"太虚即气"的基本内涵即气弥漫于整个宇宙空间（"太虚"）。当然，对这一命题的理解，学界争议颇大，限于篇幅，这里无法对相关观点展开讨论。

② ［日］小野泽精一、福永光司、山井涌编《气的思想：中国自然观与人的观念的发展》，上海人民出版社2007年版，第336页。

③ 对于亚里士多德而言，由于质料本身并没有内在的生机，因此由质料所构成的万物也没有内在的活力。在他那里万物的生机与活力最终只能来源于一种外在的、超验的存在者。更为确切地说，万物都是以上帝为最后的推动者的。亚里士多德的这一理解在西方哲学传统中具有根本性的地位和影响，以至于在以继承和复活西方古典思想为志业的怀特海那里，仍然为作为"不动的推动者"的上帝保留了位置。参见［美］阿弗烈·诺夫·怀特海《过程与实在——宇宙论研究》，商务印书馆2011年版，第516—520页。

④ 张载：《张子全书》，第2页。

⑤ 张载：《张子全书》，第1页。

构成了万物的本原①。

二 涅槃寂灭 VS 存顺没宁：如何安顿人生价值

值得注意的是，对张载而言，围绕万物本原问题所展开的儒佛之辨，并不仅仅出于一种理论思辨的兴趣，而是与他对人生价值的安顿这一更为切身的问题的思考密不可分的。事实上，张载的学生范育曾经敏锐地发现了这一点，他说：

> 至于谈死生之际，曰"轮转不息，能脱是者则无生灭"，或曰"久生不死"，故《正蒙》辟之曰："太虚不能无气，气不能不聚而为万物，万物不能不散而为太虚。"夫为是言者，岂得已哉！②

在范育看来，张载对气在存在论上的根本性地位的强调，以及对气之聚散与万物生灭等问题的探讨，与其对"生死"这一问题的思考具有密切的关联。事实上，动物与植物不会思考生死问题，因此对生死问题的追问，总是来自人这种特殊的存在者。而人之所以会对生死问题加以追问，又与人对自身从何而来、向何而去的思考密不可分。换言之，对生死问题的追问，并不是一个抽象的理论问题，而是一个涉及如何安顿人生价值的切身性问题。著名神学家保罗·蒂利希甚至将生死问题看作人的根本性的价值关怀，即所谓的"终极关怀"："人最终所关怀的，是自己的存在及意义。'生，还是死'这个问题，在这

---

① 林乐昌先生指出，在张载那里"太虚是宇宙万物生成的最终原因"（见林乐昌《张载理学与文献探研》，人民出版社2016年版，第47页）。当然，这也涉及如何理解张载哲学中的"太虚"概念以及"太虚即气"这一命题。限于篇幅，本文无法展开讨论。
② 张载：《张子全书》，第483页。

万物本原与人生价值：论张载儒佛之辨的核心问题

一意义上是一个终极的、无条件的、整体和无限的关切问题。"① 按照前文所引范育的论述，不难看出，张载关于生死问题的思考与佛教对终极关怀的理解具有重要关联。正如范育所概括的，佛教认为"轮转不息，能脱是者则无生灭"，实际上是将摆脱轮回、涅槃寂灭为终极关怀，并以此作为安顿人生价值的根本方式。

佛教的这种安顿人生价值的方式，在当时社会造成了重要影响，在某种程度上已经成为当时社会的主流价值观念②，这一状况引起了张载的极大不满。他曾经不无愤懑地指出：

> 自其说炽传中国，儒者未容窥圣学门墙，已为引取，沦胥其间，指为大道。乃其俗达之天下，至善恶、知愚、男女、臧获，人人着信，使英才间气，生则溺耳目恬习之事，长则师世儒宗尚之言，遂冥然被驱，因谓圣人可不修而至，大道可不学而知。③

不难看到，佛教的这种价值趋向实质上已经造成了当时社会价值观念的混乱。事实上，正是这种价值观念对社会现实所造成的影响构成了张载对佛教流行的更为直接的担忧。不过，张载对佛教价值取向的真正不满，在于这种价值取向的虚无主义倾向。这是因为，这种对人生价值的安顿方式，实质上是将人生的价值寄托于彼岸世界，与此同时，这也必然造成对此岸世界在价值上被贬黜，从而使其在价值上被虚无化。张载对此有深刻的认识，这从他对佛教的如下批判中可以清楚地看到：

---

① [美]詹姆斯·C.利文斯顿：《现代基督教思想》下册，何光沪译，四川人民出版社1992年版，第697页。
② 在宋代社会，由于统治阶层的提倡与引领等因素，虽然表面上是三教并立，但三教中的儒家却在实质上处于非常弱势的地位，因此时人有"儒门淡泊，收拾不住"的感慨。在这一意义上，佛道两家的价值追求，实质上构成了当时社会的主流价值观。
③ 张载：《张子全书》，第56页。

> 释氏语实际，乃知道者所谓诚也，天德也。其语到实际，则以人生为幻妄，以有为为疣赘，以世界为荫浊，遂厌而不有，遗而弗存。①

由于佛教将此岸世界在价值上虚无化，也就进一步消解了人生在此岸世界中的价值依托，而这将进一步导致人们不再以积极有为的态度对待人生，不再会对社会与人伦有积极的责任与担当意识，从而在人生态度上采取的是一种"否弃现实人生的出世态度"。②

佛教的价值追求之所以存在这种虚无主义的倾向，在于这种追求涅槃寂静的人生价值安顿方式，实际上是将人生的存在过程理解为一种海德格尔所说的"向死而在"的过程③。然而，正如孙向晨所指出的，"'向死而生'剥离了各种日常生活的规定性，使得'此在'不再是沉沦于日常生活的'常人'"④。在积极意义上，因为"向死而生"，佛教的信奉者往往表现出超尘脱俗的一面——而沉沦于世俗的功名利禄之中正是"常人"的基本特征。然而，这种超尘脱俗的进一步表现，则是将人从日常生活中抽离出来，从而日常生活中的人伦责任、社会义务以及与此相关的种种事务都不再是这些所谓的"超尘脱俗"之人关心的对象，并在价值上对其进行贬黜。关于佛教的上述倾向，张载有着非常清醒的认识，他说：

> （佛教徒）未识圣人心，已谓不必求其迹；未见君子志，已谓不必事其文。此人伦所以不察，庶物所以不明，治所以忽，德

---

① 张载：《张子全书》，第56页。
② 林乐昌：《张载理学与文献探研》，人民出版社2016年版，第7页。
③ 海德格尔曾说"死是此在最本己的可能性。向这种可能性存在，就为此在开展出它的最本己的能在"，从而此在，即人的在世过程是"向死而在"或"向死而生"。参见[德]海德格尔《存在与时间》，陈嘉映等译，生活·读书·新知三联书店2006年版，第302页。
④ 孙向晨：《向死而生与生生不息》，《宗教与哲学》第三辑，社会科学文献出版社2014年版，第223—235页。

万物本原与人生价值：论张载儒佛之辨的核心问题

所以乱，异言满耳，上无礼以防其伪，下无学以稽其弊。①

"迹"涉及事迹，"文"涉及文字，二者都是古代圣贤指引后人进行"修身""齐家""治国""平天下"的宝贵文化遗产。另一方面，在儒家传统中"修身"则构成了"齐家""治国""平天下"的基础，而无论是齐家、治国还是平天下，都是对人伦与社会承担责任与义务的表现形式。因此，不求"迹"、不事"文"，而直趋"圣人之心"，正是韩愈所批判过的"欲治其心而外天下国家"②，它必然导致对人伦义务、社会责任的淡漠，并进一步导致社会与政治层面的混乱。不难看到，张载对佛教价值安顿方式的产生机制及其所具有的弊端的理解是非常深刻而到位的。

不过，张载对佛教价值虚无主义的发生机制的认识还有更为深刻的一面。在他看来，佛教的上述价值取向，从根本上说，与佛教对万物本原的理解密不可分。他曾经指出："圣人之意莫先乎要识造化，既识造化，然后其理可穷。彼惟不识造化，以为幻妄也。"③"识造化"即是对万物的本原与生成有正确的认识。在他看来，佛教正是对万物的本原问题缺乏正确的认识，故而最终导致这种价值虚无主义的倾向。事实上，在佛教那里，其对人生价值的理解与其对人与万物的生成、起源等存在论问题的理解密切相关。正如有学者所指出的：

> 佛教的摆脱轮回、涅槃寂静之说，无非是以非理性的方式对人们许下有关永恒存在之"彼岸世界"的承诺。然而，这种非理性的承诺，却有着高度发达的理性基础。④

---

① 张载：《张子全书》，第56页。
② 韩愈：《韩昌黎文集校注》（上册），第18—19页。
③ 《张载集·横渠易说》，第206页。
④ 赵峰：《朱熹的终极关怀》，华东师范大学出版社2004年版，第17页。

这一论断的实质含义在于，佛教的价值关怀背后都有其自身的理论基础。事实上，佛教之所以将摆脱轮回、追求涅槃寂静作为人生价值的终极追求，正与其以"真如缘起"思想为基础所达成的对万物本原问题的理解密不可分。正如在宗密那里，一方面将真如本心与气作为心灵与身体的各自来源，另一方面，又主张气也是由真如本心幻化而成，因此，气的存在，进一步而言，由其所构成的身体的存在并没有真正的价值意义，人之所以是天地间之"灵者"，只是因为人能够做到"与心神合"①，换言之，身体不过是承载来自彼岸世界的"心神"这一精神实体的载体或容器，而只有达到"弃末归本，返照心源"②，即摆脱、放弃身体的存在，以精神实体的形式③进入作为其存在源头的彼岸世界，才能与"心源"重新合一。正是在这一理论基础下，返回彼岸世界的涅槃寂灭④才会成为佛教的终极价值追求与安顿人生价值的根本方式。

有鉴于此，张载进一步从万物本原的角度对佛教的价值追求进行了解构。如前所论，张载以气为万物的本原，意味着在气之外并不存在佛教所说的"真如本心"这类精神实体，从而那种以真如本心作为万物本原的观点不过是佛教的思想构造物而并非真实的存在。另一方面，如张载所言：

> 天地之气，虽聚散、攻取百涂，然其为理也顺而不妄。气之为物，散入无形，适得吾体；聚为有象，不失吾常。太虚不能无气，气不能不聚而为万物，万物不能不散而为太虚。循是出入，

---

① 宗密：《华严原人论》，第394页。
② 宗密：《华严原人论》，第394页。
③ 熊十力曾经指出"佛法虽破外道之神我，而彼实与外道同持神我论"（熊十力：《明心篇》，《熊十力全集》第7卷，湖北教育出版社2001年版，第188页）。所谓神我论，实质上即是一种可以脱离身体而独立存在的精神实体，类似于基督教哲学中的灵魂（spirit）。
④ 张载曾经将佛教称之为"语寂灭者"，这里出于行文的需要，将赵峰所说的"涅槃寂静"改为"涅槃寂灭"，以与张载自己的用词相对应。

万物本原与人生价值：论张载儒佛之辨的核心问题

是皆不得已而然也。①

以气为万物的真正本原，万物的生死实质上不过是气的聚散。然而，无论是气聚而为万物的过程，还是万物散而为太虚的过程，都是气自身的内在机能所决定的②，这一过程是不以人的主观意志为转移的（即"不得已而然"）③。因此，作为个体的人就不可能以一种精神实体的方式"往而不返"④以实现涅槃寂灭，换言之，在理论层面上，涅槃寂灭并不具有可能性，因此是不值得追求的。不难理解，张载正是试图通过揭示涅槃寂灭在理论层面上的不可能性，使得佛教的这种价值追求丧失其理论基础。

当张载在理论层面上揭示了佛教所提供的价值安顿方式缺乏理论基础、不具有可能性之后，他对儒家式的积极有为的价值追求产生了更为坚定的认同，并以"为天地立志，为生民立道，为去圣继绝学，为万世开太平"⑤这一广为流传的"横渠四句"⑥加以概括和表达。当然，对张载而言，这种价值追求并不能仅仅看作是一种儒家情怀的表达，对他而言，这一儒家式的责任与担当意识背后有其更为深刻的道理。张载对这一点的理解集中体现在《西铭》⑦这一经典文本之中。《西铭》实质上是从前文所论的气化生物这一万

---

① 张载：《张子全书》，第1页。
② 张载说气内在地含有"虚实、动静之机"（张载：《张子全书》，第2页），这里的"机"，也就是指气内在地具有的活力或机能。
③ 当然正如美国学者葛艾儒指出，张载所说的气化万物的过程"并没有外力或造物主参与其事，完全是系统自身自成"。换言之，这一过程也由没有任何超验的主宰者的主导。参见［美］葛艾儒《张载的思想》，罗立刚译，上海古籍出版社2015年版，第42页。
④ 张载曾经在评论佛教的人生价值安顿方式时说，"彼语寂灭者，往而不反"，这里的"往而不反"即"往而不返"。见《正蒙·太和篇》，《张载集》，第7页。
⑤ 张载：《张子全书》，第259页。
⑥ 《宋元学案》将这"横渠四句"表述为"为天地立心，为生民立命，为往圣继绝学，为万世开太平"。见黄宗羲原著、全祖望补修：《宋元学案》，中华书局1986年版，第664页。
⑦ 《西铭》文长不录，见张载《正蒙·乾称篇》，《张子全书》，第53—54页。

物本原理论出发的①。从气化的角度说，整个宇宙在本质上就是一个气化流行的生命共同体。这种生命共同体就如同一个大家庭②，所谓"民吾同胞，物吾与也"。而在这样一个生生不息的生命共同体中，人作为一种特殊的存在者，其独特之处就在于，他能够通过自己的方式来表达对天地生生之德的感激与礼敬。而这种对天地感激与礼敬的最好的表达方式则是通过"尊高年""慈孤弱"乃至对"疲癃残疾、惸独鳏寡"之人的保护与羽翼，使得天地生生之德得以更为广泛地体现出来。在张载看来，这种对生命共同体中的他人所尽的责任与义务实质上就是对天地的"纯孝"。所谓纯孝，意味着对他人所尽的责任并不构成获得天地之奖赏的手段，而实质上不过是尽人之为人的本分而已③。对人之为人的本分的肯定，也就将一个人从自我中心之中超拔出来，不再将人生的价值系缚在"富贵福泽"之上；另一方面，现实的"贫贱忧戚"作为一种给予性的存在状况，并不能通过非分的方式去改变，而应该以一种积极的态度去接纳，把它作为成就自身德性的方式（"玉汝于成"）。生之时能够以尽本分的方式承顺天地之德，这就是对待天地之德的最好方式（"顺事"④）；而死亡也不过是天地气化流行的必然过程，无须有任何惊恐与不安（"没宁"）。不难看到，张载在这里以气化生生的宇宙观为基础，提出了一种"存顺没宁"安顿人生价值的方式，为

---

① 《西铭》在论及人与万物的生成时说"天地之塞，吾其体；天地之帅，吾其性。民吾同胞，物吾与也"。在张载那里，天地的实质仍然是以气为内涵的。这在"天地之气"（见《张子全书》，第1页），"一阴一阳范围天地"（张载：《张子全书》，第2页）以及"造化所成，无一物相肖者，以是知万物虽多，其实一物；无无阴阳者，以是知天地变化，二端而已"（《张子全书》，第4页）等表述中都可以清楚地看到。因此，这一论述的实质即是以气化来理解人与万物的生成。

② 林乐昌先生指出："张载把人和万物所生存于其中的宇宙视作一个由纵横关系交织而成的大家庭，一切人或物都是这个大家庭的平等成员。"见林乐昌：《张载〈西铭〉纲要新诠》，《中共宁波市委党校学报》2013年第3期。林先生在这篇文章中对《西铭》一文的核心内涵有详尽的分析，值得细读。

③ 《西铭》中舜、禹、伯奇、申生、曾子等人的事迹可以看作这种"本分"的具体表现方式。

④ 需要注意的是，这里的"事"是作为动词使用的，而不是名词。

儒家式的积极有为的价值观念提供了更为深厚的理论基础,从而完成了他在人生价值安顿方式上的儒佛之辨。

［原载于《陕西师范大学学报》(哲学社会科学版)
2020 年第 5 期］

张载思想中的天地之心解

杨尚辉[*]

摘　要：为天地立心是张载有名的"四句教"的起始句，也是张载对于宇宙论和人伦秩序建构的结穴所在。他具有强烈的儒者担当意识和严密的形上学思考，以天地之心为核心，既探索了天地万物作为一个有机整体的生生不息，万事万物都不能脱离这个有机整体而单独存在，又从天人之际的角度深入讨论了天心与人心的关系以及人心向天心的复归。从天地之心的含义、表现以及与人心统合为一的角度，借助于对天地之情的摹状和体悟，通过分析天心与人心在张载哲学视野中的互动关系，可见张载思想中天地之心的真切含义和超越追求。

关键词：天地之心　天地之情　勉勉　自然

张载有言，"为天地立心，为生民立道，为去圣继绝学，为万世开太平"[②]。总括地说，为天地立心是他对于宇宙万物总原理有了整体把握之后所提出的天人合一观念的同义语，为生民立命代表了儒者社会责任的担当和实践，为去圣继绝学代表了他承接学统、发扬儒学的自我期许，而为万世开太平则彻头彻尾的是其立心立命的宗旨所在。但是，这所有的担当、期许和实践，都建基于其对于宇宙人生的理解

---

[*] 杨尚辉，北京大学哲学系博士研究生。
[②] 《张载集·近思录拾遗》，中华书局1978年版，第376页。

和深切把握的基础之上。而为天地立心，恰代表了其对于天地、天地之心以及人伦秩序之所以然的最根本的理解和设计，也即是天地人物统体构成一个不可分割的有机整体，这也是牟宗三夸其天道性命相贯通的最根本表现①。

一 何为天地之心

张载所谓天地不是自然天，也不是纯粹思辨的概念系统，而是宇宙作为一个整体的载体，是自然与人文相结合的产物。关于天地、天地之心的意义探求，可以首先从张载对《周易·恒卦》的解释说起。"'日月得天'，得自然之理也，非苍苍之形也。"② 苍苍之形，显然是人之目力所及的有形之天。不过这里的天作为自然之理或者自然之理的承载者，不是单纯的苍苍之形，不是为人的耳目感官所能觉知的空间概念，而是指天地万物运行转动的总规则和总原理。

从这个意义上说，天不仅不可单纯作为物质之天，也不可单纯作为道德法则的归结，而是从整体宇宙生命显发处所产生的动力因和目的因。宇宙生命的生长发育、成遂流转，都是由于天地之心由隐到显的展开过程。张载对此称作"鼓万物而已"③，意即天地不是一个独立于其外的个体，而是参与万物的生长过程，老子所谓独立而不改的有形清天不具备这种化育万物的势能。与物之始终的这种自然状态，才是天地之所以为天地的根本原因。

天地之心便是从这种生长成遂的过程中所提升、转化出的最根本的势能和力量。这种势能的成就，就是造就了天地万物和人。人作为"得其秀而最灵者"，其形其神都来源于天。"天地之塞吾其体，天地之帅吾其性"，天地之广大无边就是作为人之本体而无所不至，而

---

① 牟宗三：《心体与性体》，吉林出版集团有限公司2015年版，第361页。
② 《张载集·正蒙》，第12页。
③ 《张载集·横渠易说》，第189页。

◎ 张载研究

"塞乎天地之谓大"①,表明能够承载天地之气所成就的人,其伟大之处就在于能够充养自身的浩然之气,能够与天地之心相契合。天地之帅也就是天地之心作为有形天地的统帅和主宰,这正是作为万物之一源的性的来源和根本指向。只有通过天地之塞的广漠无边了解到这种天地之帅的性德,才能够真切把握作为天之生意的天地之心。

从存有论的角度来说,天地之心为体为根,宇宙万物包括人为用为流。天地之心的至大至精,只有与气化之道相关联,才能够产生出有形万物。"由太虚有天之名,由气化有道之名"②,"太虚者心之实也"③,太虚作为清通不可象的神,本身具有神妙不测的性能,这种性能可以称之为天,同时其实有本有的根本力量就是天地之心的实有。而天地之心的气化展开过程,就是天之道,就是天地万物的总原理所得以效法和支持的内在而超越的力量。心之实证明其实有乃是本有且固有,并非是一个西方式的外在超越的上帝有意安排,也不是人格化的天所能够私意操作的。这种本有且固有所呈现出来的四时行百物生,都是气化摩荡推移的结果,正是天地之心无声无臭的展开过程。

张载在《横渠易说·复卦》中对于天地之心有了清晰明白的解释:

> 言"天地之心",咸、恒、大壮言"天地之情"。心,内也,其原在内时,则有形见,情则见于事也,故可得而名状。自姤而剥,至于上九,其数六也。剥之与复,不可容线,须臾不复,则乾坤之道息也,故适尽即生,更无先后之次也。此义最大。临卦"至于八月有凶",此言"七日来复",何也?刚长之时,豫戒以阴长之事,故言"至于八月有凶";若复则不可须臾断,故言"七日"。七日者,昼夜相继,元无断续之时也。大抵言"天地之

---

① 《张载集·正蒙》,第27页。
② 《张载集·正蒙》,第9页。
③ 《张载集·经学理窟》,第324页。

心"者，天地之大德曰生，则以生物为本者，乃天地之心也。地雷见天地之心者，天地之心惟是生物，天地之大德曰生也。雷复于地中，却是生物。象曰："终则有始，天行也。"天行何尝有息？正以静，有何期程？此动是静中之动，静中之动，动而不穷，又有甚首尾起灭？自有天地以来以迄于今，盖为静而动。天则无心无为，无所主宰，恒然如此，有何休歇？人之德性亦与此合，乃是已有，苟心中造作安排而静，则安能久！然必从此去，盖静者进德之基也。①

首先，张载认为天地之心与天地之情是一回事，二者以内外、表现与根据对举，指向同一个宇宙本体。心是天地生生之内在根据，情是天地生生之意显发于外、成就万物因而可以摹状其事业。天地之心的本原在万物流转的背后，只会因为形色万物的生长成遂而有所体现，而天地之情则因其可以捕捉到其名状成为体悟天地之心的重要渠道。剥、复之间所体现的就是这种生机不灭、连续自然的天叙天秩。所谓"适尽即生，更无先后之次"，即是说剥、复的交替之间所体现的不是时间意义上的先后次序，而是作为一个整体的天地之心的终始之道永无断灭之时。

其次，他明确提出天地之心的确切含义，也就是"天地之大德曰生，则以生物为本者，乃天地之心也。……天地之心惟是生物，天地之大德曰生也"。天地之心就是以生物为本，就是天地之大德曰生，就是气之生生不息、化育万物而运转无穷的过程。但在这一过程中，天地之心是未尝止息、不曾起灭、无私无为、亘古常在的。因为天地之生生是无限的生命连续体，既可以说至大无外，统类万端，又可以说至小无内，遍润一切人物之根底，本来就不曾有消散。天地之心的这一生生过程，是天生自然、不假人为而自有其理路的。正如"太虚不能无气，气不能不聚而为万物，万物不能不散而为太虚。循是出

---

① 《张载集·横渠易说》，第113页。

入,是皆不得已而然也"①。太虚—气—万物—太虚,整个过程流转呈现出的就是生命整体的连续、延绵和无始无终。其中,并未有任何外在上帝或人格神的操作安排,都是"不得已"的理则的显现和实现。这一"不得已",也正点出了天地之心所具有的冲漠无朕却饱含森然万象而又无所主宰的特质。

最后,为了突出这种天地之心的自然而然生发,张载以人之修养德性为例,德性乃人承天而有,如果心中有意必固我等造作安排,强自把捉着求静安中,那是不可持久的。因为这样做,即是与天地生物之本来理则相违背,即是与"无心无为"的准则相冲突。朱子也认为天地之心的自然生发,容不得任何人的主宰把控在其间,也就是认为"天地自有个无心之心"②,所无的正是意必固我之类的人之私意情绪,所存的就是顺性命之理、参赞万物的生生之心。但是与很多理学家一味排斥静的工夫不同的是,张载肯定静作为修养德性的基础意义,认为在纷纭复杂的现实生活中,只有切实返归本心,将内在的习性之蔽与外在的形气之累一并消除,才能够实现人心到天心的复归。当然,人心复归于天心的过程并不是单纯的直接的返还过程,人心与天心之间的同一不是径自直接的,而是要经历一个善反的曲折过程,这个留待后续。

二 天地之心与天地之情

前面提到天地之心与天地之情的内外对举,其实关于天地之情,张载有十分丰富和深刻的论述。从儒家传统来说,孟子提到过"夫物之不齐,物之情也"③,孟子是从现实的立场来推论出事物之间的差异性存在,是事物自身得以存在的基本方式。不过这一思想在张载这里

---

① 《张载集·正蒙》,第7页。
② 《朱子语类·卷第四 性理一》,中华书局1986年版,第60页。
③ 杨伯峻:《孟子译注》,中华书局2010年版,第115页。

得到了深化和发展。他不仅描述了天地万象的存在和变化,而且追溯到天地万象变化之所以然在于阴阳二端,进而溯源到虚空即气的根本立场上,从肯认天地之情的实有的角度来进一步形象化地展示了天地之心的生生不息。

在张载的哲学话语中,天地之情就是天地人物作为一个有机整体的种种表现,就是万物运动变化的实有和连续,诸如"法象""糟粕""造化"等都是从整体上说天地之情的。以下分别从张载常用的这几个概念来分析天地之情的含义。

对于存有的实在和连续,张载首先以气的恒存来说明,"聚亦吾体,散亦吾体,知死之不亡者,可与言性矣"①。物质形态的聚散本身是现象的具体转换,但所以构成万物形质的气则是与物终始而没有消失的。气的聚散本身是天地之心的自然而然、无有造作在其间的。"气聚则离明得施而有形,气不聚则离明不得施而无形。……盈天地之间者,法象而已。……方其形也,有以知幽之因;方其不形也,有以知明之故。"② 他认为,气的聚散之间代表了形不形的区别,但这本身只能说幽明,只能成为人是否能够直观把握物质现象的依据,而不能成为否认实有、认为虚幻的理由。法象是充塞于天地之间的,其无边无际的广延和形不形之间的形态转换,无论能否为人的感官所把握,存有的实在都是显而易见的。

在张载的哲学话语中,有形万物之所以为客感客形,正在于其为阴阳二端变化过程中的暂时状态。儒佛之辨的焦点恰在于此,佛教认为客感客形都是暂时性的状态,终将消散,天地乾坤因此而是幻化,由人的执着而产生诸多妄念。而儒家则承认生死流转的连续性,客感客形的背后是无感无形的气之本体,人与万物都在气之聚散中实现自身的价值。张载认为,"阴阳之气,散则万殊,人莫知其一也;合则混然,人不见其殊也。形聚为物,形溃反原,反原者,其游魂为变

---

① 《张载集·正蒙》,第7—8页。
② 《张载集·正蒙》,第7—8页。

与!所谓变者,对聚散存亡为文,非如萤雀之化,指前后身而为说也"①。万物存在之连续性一方面从根本上来源于阴阳二气,另一方面致使导致因其多样性而为人难以确知。但是形与不形、法象隐显之间,只是气之聚散的不同状态,所谓"反原",正是指气之复归于太虚本体的过程,是对气之聚散存亡的连续性状态的描述,并非犹如萤雀两种不同事物的截然变化。

"萤雀之化"典出《礼记·月令》:"季夏之月,……温风始至,蟋蟀居壁,鹰乃学习,腐草为萤。……季秋之月,……鸿雁来宾,爵入大水为蛤。鞠有黄华,豺乃祭兽戮禽。"② 无论是腐草化萤,抑或是雀化为蛤,都表示的是具体事物之间的相互转化,其根据都在于阴阳二气的摩荡互成。张载认为,萤雀作为同一状态的具体物象,本身变化是在同一层次的具体物质形态的转换,同时前身转变为后身,也代表了这一变化的时间上的层次性。而"反原"之说,一方面不是时间序列上的先后关系,阴阳与太虚之间并没有先后次序;另一方面意在表明太虚本体的价值优先和根源性,不止具体的法象处于相对的低等位次,即便连构成具体法象的气之聚散本身在价值上也是低于太虚本体的。

尽管具体法象在价值上是低于太虚本体的,但是其隐显状态的不同,却恰恰是体悟太虚本体的现实途径。"显,其聚也;隐,其散也。显且隐,幽明所以存乎象;聚且散,推荡所以妙乎神。"③ 法象的表显是太虚之气的聚为有象,法象的隐藏是聚散之气的返归太虚。或隐或显的状态,正是法象本身具有幽明两种不同性质的表现,而通过法象的隐显转换所展现的气之聚散相荡,正体现了天地之心神妙不测的功能。

---

① 《张载集·正蒙》,第66页。
② 郝懿行:《郑氏礼记笺·郑氏礼记笺·月令第六》,管谨圻点校,齐鲁书社2010年版,第1190页。
③ 《张载集·正蒙》,第54页。

张载赋予了法象以实存的本性，使得其作为天地之心的现实展开，不仅以其存有连续的现实性破了佛教的空虚之说，而且以伦理教化的意义为人伦物理确立了法则规范。万物形色并非外在于人伦教化的纯粹自然界，而是即自然即教化的有机整体。"凡天地法象，皆神化之糟粕尔。"① 法象作为价值意义上的糟粕，一方面是天地之心生生不息的产物，是其生生功能的暂时显现，另一方面这种价值低位的现象，又是了解其聚散背后之所以然、通达天地之心的入手处。张载讲块然太虚之气，"其感遇聚结为风雨，为雪霜，万品之流形，山川之融结，糟粕煨烬，无非教也"。② 风雨霜雪万品山川，都是具体的法象之表现，但在价值意义上说，都是天地神化之糟粕，虽然处于显象，却仍旧是无思无虑的天地之心的教化作用的显现。这一方面可以从天地之情作为太虚本体之糟粕的意义上讲，另一方面则可以从圣人仰观俯察以糟粕为教化、通过造化来体认天地之心的过程来把握。

在张载看来，气的运动变化有两种状态，归和伸，也就是所谓的鬼神。天地法象都是太虚之气神妙变化过程中的"糟粕"。糟粕一方面是太虚本体变化为具体形象事物的展现，另一方面也作为人体悟天心、把握天地之性的载体。张载在注《易》"古者包犠氏之王天下也，仰则观象于天，俯则观法于地，观鸟兽之文与地之宜，以通神明之德，以类万物之情"时，曾提到"此皆是圣人取之于糟粕也。……神明之德，通于万殊；万物之情，类于形器"③。很明显，糟粕作为圣人仰观俯察的对象，就是天地万物的性质和表现。神明之德相当于无形无象的天地之心的本性，万物之情就相当于天地之情，因其作为处于气之聚散过程中的客形，不具备时空当中的永恒性，也就是糟粕。神明之德与万物之情，天地之心与糟粕都是体用关系，人能够通过糟粕以见天地之心，就是即用见体。不过圣人通过对天地之情的仰观俯

---

① 《张载集·正蒙》，第9页。
② 《张载集·正蒙》，第8页。
③ 《张载集·正蒙》，第211页。

察，所着意建立的并不仅仅是天地之心的体悟，不仅仅是对无形体的形而上的解读，还有落实于人伦秩序的制度建构和基本生活方式的确立。

如果说糟粕是张载对于天地之情的相对消极的表达，当然这种消极只是在相对于气化流行过程中的暂时状态而言，那么造化则是他对于宇宙万物生生不息状态的积极表述，是对天地之心的生生之道的肯认和体证。通过宇宙万物的变化万端，可以捕捉到天地阴阳二端作为变化的动力和源泉。关于造化，张载曾经下过一个经典的定义，"易行乎其中，造化之谓也"①。造化就是易道作为生生不已的根本法则显现的整个过程。在张载看来，"易，造化也"②。易道就是造化的根据和内在本性。当然对于造化的种种表现，他有更为明确的表达，"造化之功，发乎动，毕达乎顺，形诸明，养诸容载，遂乎悦润，胜乎健，不匮乎劳，始终乎止"③。造化作为天地之情的功用，由于阴阳二气的运动变化所产生的，顺应气之变化的本性而形成，然后为人的耳目感官所能捕捉，并成为能够显现天地之心的重要载体，造化本身是永无止息的，以天地之心的创发为始终。

正因为造化作为天地之情的表现，也是通达易道、体认天地之心的重要载体，所以张载极为肯认造化的重要性，认为"圣人之意莫先乎要识造化，既识造化，然后其理可穷。彼惟不识造化，以为幻妄也"④。儒家哲学正是要先肯认造化作为天地之道的根本显现的确实性和合理性，然后根据造化表现的众多道理来穷尽天地之道。从是否肯认造化的现实性这一点上说，张载分判了儒佛之异，儒家肯认造化，认为造化是通达易道、进而实现穷理尽性以至于命的根本道路，而佛家则片面地认为造化不过是一大缘起，只不过是生死流转的大轮回中的片段而已，本无自性可言。

---

① 《张载集·横渠易说》，第 181 页。
② 《张载集·横渠易说》，第 206 页。
③ 《张载集·横渠易说》，第 236 页。
④ 《张载集·横渠易说》，第 206 页。

从上可以看出，张载对于天地之情的种种解释既有经典理论的溯源，又有自身的深造自得。法象、糟粕与造化都是从不同的面向对于作为整体的天地之情的一个描述，"其实一物，指事而异名尔"①。法象是普遍地从形而下说，糟粕是消极地就暂时现象说，造化是积极地就气化过程及成果而言。通过这几种不同面向对于天地之情含义的发挥，张载确立了天地之情的实存、变化的连续性，以及天地之情作为天地之心的具体显现的价值作用。而他之所以如此着力于阐发天地之情的含义，恰在于以现实的实有和饱满来破佛老的空无，从而为儒家的此世品格确立了坚定的基石。

三 天地之心与人心

天地之情作为天地之心的现实展开，一方面成为天地之心生生不息的自然呈现，另一方面也成为人能够体悟天地之心以通达天道的重要通道。但是人要认识天地之情、体悟天地之心，就必须以人心所具有的知识、情感、意志、直觉等有机活动来进行，这一切都以人心的作用为表现，从而人心与天心的关系也是我们进行探讨的基本途径。

首先，天心与人心从根本上说是统一的。天心、人心都是天性的表现，都以天性为本。天性就是太和所谓道，是气聚散相荡、推移摩荡的过程中表现出来的本性，就是有机整体的自演自生。天心就是天性的外在表现和活动力量，天性是天心的内在根据和稳定支撑。由此，天心就成为了解宇宙运化之道、把握天地之性的通道。人心是人承载天心天性而来，由于有内在的习性之蔽与外在的形气之累而产生了过或不及的偏差。人心从属于天心，人心不在天心之外，人心与天心统一构成为一个有机整体。这不仅是由于人禀气赋性以生，更是因为从宇宙整体来说，"通天下为一物而已"②，人物同为天地之心活动

---

① 《张载集·正蒙》，第66页。
② 《张载集·横渠易说》，第217页。

变化的产物，构成了一个不可分割的共存共生的有机整体。从万物一体的角度来说，人物之生虽然各有变化、各具特征，但其全体本身都是"性者万物之一源，非有我之得私也"①。天性是包括人物在内的万物之共同根源，所以作为人的活动力量，人心本身也是受到天性的控御和支撑的。人心纵然有千变万化，始终不逸出天地之道变化的范围。

其次，从现实存在和变化上说，天心与人心又是有分别的。这个分别是多层次的。

天心是统一的，人心是变化万端的。"心所以万殊者，感外物而不一也。天大无外，其为感者絪缊而已。物物所以相感者，利用出入，莫知其乡，一万物之妙者欤！"②天虽然至大无外，但其变化感应的根本力量，只有絪缊二端，也就是阴阳两种势能的推移摩荡变化。物与物之间的相互感应，转化变迁而无有终始，正体现了天心之变化万端的神妙。阴阳两种势能的交互作用构成了天心作为整体的自演自生自化，其变化内在于自身的本性之中，因此可以称为一本之道。但人心是千变万化的，人心因为与物象交接而有反应，同时也易于沉溺于对物象的把握中逐而忘返，这就是张载所说的"由象识心，徇象丧心。知象者心，存象之心，亦象而已，谓之心可乎？"③人心对物象的呈现是多样的，借助于物象来呈现人心的多种姿态。但是一味地沉溺于物象之中而不能返归人心的知觉灵明，或者一味地否认物象的客观真实而妄称人心的幻现，都不能称为人心的本来状态。

天心是自然的，人心是由自为而达自然的。天心之自然表现在天地生养万物是无思无虑、无有造作的。"太虚者自然之道"④，太虚之道就是气聚成物、物散返归太虚的自然过程，阴阳两端的感应变化形

---

① 《张载集·正蒙》，第21页。
② 《张载集·正蒙》，第10页。
③ 《张载集·正蒙》，第24页。
④ 《张载集·张子语录》，第325页。

成了天地万物,"有两则须有感,然天之感有何思虑?莫非自然。"①天地之间的感应之道也是自然的,并没有任何的思虑造作参与其中,具有不可违背的必然性。与天心之自然化生有别,张载认为人心与天心之间并非直接同一的关系,而是曲通。他认为天地生成万物的无私正体现了天地之仁,但人在修养功夫的入手处,却必须克去人心的意必固我。这本身就是一个人心自为的过程。当然,张载所提倡的人心自为与自然之道并不相违背。"仁人则须索做,始则须勉勉,终则复自然。……所谓勉勉者,谓'继之者善也,成之者性也',继继不已,乃善而能至于成性也。"② 人的修养必须以勉勉为入手处,在于人心从现实的角度来说,在禀赋天地之性的同时,本身有气质之性,而天地之性则有待人的尽心化气以成性的工夫历程来实现。对此,张载说:"纤恶必除,善斯成性矣;察恶未尽,虽善必粗矣。"③ 因此,若要能够彻底实现与天心合一的自然境界,便必须变化气质,彻底地将气质之性尽去,而善反至天地之性的程度。

再者,天心作为包括天地人物在内的有机整体的核心力量,是无形无迹的,可以说是大德敦化,既深厚广大而又神妙不已;人心作为得其秀而最灵的有限存在,有各种具体的思虑造作,可以说是小德川流,既千变万化而又可通达天心。天心是整个宇宙作为一个有机整体的活动力量,人心只是有机整体当中的精微部分。人虽物中之一物,所以异于万物之处者在于,"通闭开塞,有人物之别,蔽有浅深,有智愚之别"④。根据禀气的性质及程度的差异,张载区分了人与物、人与人。一般人在禀赋天地之性的同时,因为杂有气质之性,为外物所牵引,而不能直接地感受天地之变化、万物之生生不息的全体,这就是张载所说的,"不见易则不识造化,不识造化则不知性命,既不识

---

① 《张载集·横渠易说》,第107页。
② 《张载集·横渠易说》,第266页。
③ 《张载集·正蒙》,第23页。
④ 《张载集·张子语录》,第341页。

造化，则将何谓之性命也？有谓心即是易，造化也，心又焉能尽易之道"①。人心作为有限存在，由于有习性之蔽和形气之累，与造化之道不能直接同一。前文已提及，易道就是易之造化，就是天地生生不息的生成变化之道，实际也是天心的另一种表述。能够穷尽造化之真义与生命力的，才是真正穷理尽性之人。此处，张载从有机整体与其自身不可分割的整体性角度对人心与天心作了一个界定。

从张载对于天心与人心的关系把握可以看出，作为宇宙整体性能变化的根据的天心，与作为人之即有限通达无限的人心，一方面是源与流的关系，也即天心是宇宙生化之源，自然也就是人心之所从出，人心是人之灵明所聚，自然也从天心化生万物而来；另一方面，人心的种种功能变化始终作为潜在的天心势能的外在表现，并始终以去除形体之累、习性之蔽而回复到与天心合一的境界为旨归。他始终以"致学而可以成圣，得天而未始遗人"为追求目标，在追求人心与天心合一的过程中实现思学并进、成圣成贤。

不过在张载看来，"圣不可知者，乃天德良能，立心求之，则不可得而知之"②。圣人境界之所以不可知，就在于其直承天能天德而来，此时的人谋人事已完全与天能天德为一。立心求之就是人心以返回天地之性、把握天地之心为目标的积极有为的活动。但张载认为，强力的立心以求，所得到的只能是不可得而知，也就是人心的思勉力企到天心的复归之间存在一个跳跃，就是人心的充实饱满到极致与天心的冲漠无朕之间，人心修养到极致于天心而言，也有一个思勉所不能企致的状态，二者也尚未达到完全同一的境界。

人心与天心之间的跳跃，也正是在常人与圣人之间，有一个大人的位次。所谓大人，是"全备天理，则其体孰大于此"③，而圣人

---

① 《张载集·横渠易说》，第206页。
② 《张载集·正蒙》，第17页。
③ 《张载集·横渠易说》，第236页。

则"以其道变通无穷，故谓之圣人"①。大人从"塞乎天地之谓大"言，能够体悟天地之心的广大无边，进而做到精义入神，利用安身，这可以靠穷理致知来达到。较常人而言，大人就是能够穷尽事物人伦之理，实现人能之极致的人。而"圣者，至诚得天之谓"②，圣人就是能够与物终始而体悟天地之心，无思无虑而能与天地同流异行的人。大人与圣人之间的跳跃在于"圣犹天也，故不可阶而升"③。圣人境界已非思虑穷理勉力所能达到，而必须在利用安身之后，能够以性成身，以崇德为业，在德胜仁熟之后自然而致方可，这样才能真正实现"大能成性之谓圣"。而在达到成性之后，"成性则从心皆天也"④，人心所思虑营为皆从自然而发，也就实现了人心与天心的真正合一。

四 总结

综上，天地之心是天地人物在内的宇宙整体所表现出来的势能和动力，是现实世界之所以然之故，也是主宰法象、糟粕和造化等天地之情的种种表现的内在力量，同时也是人心的种种功能表现的所当然之则。从天地之情的角度肯认现象的具体实存，并从现象的变化万端中体证天地之心的生生之意，从而实现人心到天心的复归，既是一个学思用力的勉勉过程，又是一个以性成身、回复天地之性的自然之道。思勉用力是进德之基，但在实现尽性至命的关键却始终在以性成身，在于德盛仁熟之后的自然而至。天地之性作为天地之心的内在稳定支撑，天地之心是天地之性的外在表现和创造力量，二者统一于天地变化的整体序列之中而不可分割。因此，为

---

① 《张载集·横渠易说》，第236页。
② 《张载集·正蒙》，第9页。
③ 《张载集·横渠易说》，第76页。
④ 《张载集·横渠易说》，第78页。

◎ 张载研究

天地立心,也就是通过认取天地之情实现天地之性的复归,实现以性成身,天能与人谋的合一,从而达到人心与天心的合一,以实现人之安身立命。

(原载《中国哲学史》2020 年第 4 期)

张载后学研究

关学的原型、流变及其研究空间

常　新*

摘　要：关学是理学在关中派生的一个地域性学派，北宋张载开宗立派，金元时式微，但通过中晚明关中理学家着意承接，完成了自张载以来关中理学的谱系，使关学成为学承张载、融摄程朱理学与阳明心学的一个地域性理学学派。关学开创者张载以"气—道—性—心—诚"的哲学体系和北宋诸子奠定了理学格局，同洛、濂、闽之学并行于世；明代中期吕柟学承周、张、程、朱而又互救其失，以"新仁学"中兴了关学；晚明冯从吾通过《关学编》严格了关学定位；清初李二曲以经世为宗，其"悔过自新"与"明体适用"之学使关学复盛；晚清刘古愚学兼中西，使关学融入现代学术。当代关学研究整理了关学文献，厘清了"张载之后关学是否存续"这一关键问题；以重构中国传统哲学逻辑发展的当代诠释体系之方式开启了关学研究的新天地，形成了关学研究的新范式，进而推进了当代关学研究。

关键词：关学　学统　原型　流变　研究空间

理学作为儒学一种理论形态，是唐以来三教融合发展的一个必

---

* 常新，西安交通大学人文学院哲学系教授，博士生导师。

然结果，是宋儒维系儒家道统的一种理论自觉，其构建过程"采佛理之精粹以注解四书五经，名为阐明古学，实则吸收异教；声言尊孔辟佛，实则佛之义理已浸渍濡染，与佛教之宗传合而为一"①。理学道统的建构以朱熹《伊洛渊源录》为标志，《宋史·道学》的序言大致勾勒了这一过程②。儒学在向理学过渡的过程中完成了对汉儒天人之学与魏晋自然之学的转型，通过批判的形式吸收与消化了佛老思想，形成一种儒学理论新形态——理学。张载作为"北宋五子"之一，对理学理论的构建厥功甚伟，在南宋时就以关、洛、濂、闽之"关学"称之。自张载去世至明中前期，张载所开创的"关学"同中晚明以来所言地域性的"关中理学"有一定的概念差异性，它不强调地域意识，而强调的是张载为开宗者，以蓝田三吕、苏昞等为主要门人的师承与学承关系，是同濂学、洛学、闽学并存的"全国性"的儒学派别。由于"完颜之乱"和"宋室南渡"，张载之学在北方的影响与传播极为有限。明初关中由于"河东学派"与"三原学派"的阐扬，张载之学逐渐恢复了与洛学、闽学相等的学术地位。与此同时，肇始于南宋文学地域性意识，催发了关中士人的文化地域意识，在"文学复古"运动中，"七子"中李梦阳、康海、王九思为关中人，更是强化了关中士人的地域意识，晚明冯从吾编撰《关学编》，构建了以张载为宗师的"关学理学"学术史。清代的王心敬、李元春、贺瑞麟、柏景伟、刘古愚相继对《关学编》进行了增补，形成了脉络清晰的关中理学学术史。翻检《关学编》可以看出，明清关学学术演变，其主线是关中学者对程朱理学与阳明心学的批判与融摄，并继承张载以来关学"躬行礼教""尊古尚经""经世致用"的精神遗产而展开，这一过程也使关学真正成为一个具有鲜明地域特色的理学学派。

---

① 吴学昭：《吴宓与陈寅恪》，清华大学出版社1992年版，第11页。
② 脱脱：《宋史》，中华书局1985年版，第12710页。

一 张载对儒学的开创性贡献

北宋作为中国儒学发展重要一环为后世重视，清人章学诚尽管对清代理学评价甚低，但对宋代儒学的发展给予肯定，认为"儒术至宋而盛，儒学亦至宋而歧"①。"盛"者言宋儒对儒学所做出的开创性贡献，"歧"者，言儒学在宋代发展过程中的复杂性。

宋代是在收拾五代十国残局的基础之上建立的，立国之初为缓和社会矛盾，与民生息，采取黄老之道，宋太宗曾言"清净致治，黄老之深旨也，夫万务自有为以至于无为，无为之道，朕当力行之"②。到北宋末年，宋徽宗继续沿袭崇道的政策并提倡儒释道三教并用，其间士大夫出入佛老成为普遍现象，如理学的开创者张载"访诸释、老，累年究极其说，知无所得，反而求之《六经》"③，程颢"泛滥于诸家，出入于老、释几十年，返求诸《六经》而后得之"④。考察张载和程颢二人为学的经历，其二人都是"有志于道"。"道"即是《宋史·道学》前言所言"政教"的依据⑤。在一个世俗的国家，从宗教层面寻求"政教"的依据存在诸多困难，因此二人最终皆"返诸《六经》"，对先秦儒家进行创造性的改造。北宋的经学在汉唐经学章句与注疏的基础上深化了义理与经济两个层面，这种深化基于北宋所面临的诸多社会问题：文化领域释、道对儒学的挑战，社会治理方面需要解决民生，对外关系方面需要解决辽、金、西夏对北宋的军事压力，这正如钱穆先生所言"北宋学术，不外经术、政事两端"⑥，其核心的精神在于"本经义"以至于"圣人之道"，讲求"明体达

---

① 章学诚：《章学诚遗书》，刘承干编校，文物出版社 1985 年版，第 390 页。
② 李焘：《续资治通鉴长编》，中华书局 1980 年版，第 758 页。
③ 脱脱：《宋史》，第 12723 页。
④ 脱脱：《宋史》，第 12716 页。
⑤ 脱脱：《宋史》，第 12709 页。
⑥ 钱穆：《中国近三百年学术史》，商务印书馆 1997 年版，第 5 页。

用""内圣外王",这也是北宋儒学转型的根本动力。

  北宋诸儒以道统自任,有直追汉唐、兴复三代之志,以阐释经义为起点,致力于圣人之道的探究和践行,于是出现了"庆历之际,学统四起"的局面,"关中之申、侯二子,实开横渠之先"①。张载对理学开创之功在《宋史·道学传序》中有载:"张载作《西铭》,又极言理一分殊之旨,然后道之大原出于天者,灼然而无疑焉。"②张载之学"以《易》为宗,以《中庸》为体,以孔孟为法,黜怪妄、辨鬼神"③。张载哲学体系总纲蕴藏在《正蒙》首篇《太和篇》及《西铭》中,在《太和篇》中"由太虚,有天之名;由气化,有道之名;合虚与气,有性之名;合性与知觉,有心之名"④,此即体现出《宋史》所言张载为学的理路。《西铭》是张载伦理思想的集中体现,二程予以其极高的评价,"极纯无杂,秦汉以来学者所未到"⑤,其"扩前圣之未发,与孟子性善养气之论同功"⑥。由于张载在理学方面开创性的贡献,受到宋元明官方的褒奖,南宋理宗端平二年(1235)从祀孔庙;元泰定三年(1326),恢复横渠书院;明世宗嘉靖九年(1530),改称"先儒张子"。

  张载的理学思想无论是从学术源头还是从核心思想都与周敦颐的"太极"、邵雍的"象数"、二程的"天理"存在差异性。张载的"太虚"尽管与这些范畴存在一定差异,但其理论的旨归一致:落实于本体论层面的"天理""命""性"等方面,会通北宋诸儒完成了对儒学的改造,形成儒学新形态:理学。

  张载在思想形成过程中并未有意识地构造一个具有地域特色的学术形态,而是整个北宋儒学转型过程中的一个环节,但其学术思想被

---

① 黄宗羲:《宋元学案》,全祖望补修,中华书局1986年版,第251页。
② 脱脱:《宋史》,第12710页。
③ 脱脱:《宋史》,第12724页。
④ 《张载集》,中华书局1978年版,第9页。
⑤ 《张载集》,第336页。
⑥ 程颐、程颢:《二程集》,中华书局1981年版,第609页。

其门人所继承甚至固守,"《正蒙》之书,关中学者尊信之与《论语》等,其徒未尝轻以示人"①,吕大临"守横渠说甚固,每横渠无说处皆相从,有说了更不肯回"②。这一时期的张载之学存在业师陈俊民先生所言的"师承"与"学承"③。北宋灭亡之后,张载之学在北方的传播几近衰息,南宋程朱理学在王权的支持下成为官方的意识形态,直至明初"诸儒皆朱子门人之支流余裔"④。这一时期张载虽然被宋、元、明官方所认可,确立张载在儒家道统中地位,但其学术思想独特性不似北宋那样与二程并称,而是被官方弱化。在南宋开始出现"关学"的称谓。根据全祖望的记载,这一名称的提出者,是南宋的吕本中。《宋元学案》卷六是全祖望所补《士刘诸儒学案》,他在"关学之先"《殿丞侯华阴先生可、申先生颜合传》下有一段按语说:"祖望谨按:吕舍人本中曰:'关学未兴,申颜先生盖亦安定、泰山之俦,未几而张氏兄弟大之。'然则申颜先生之有功关中,亦已多矣。"⑤ 同为南宋的刘荀在其《明释本》也言"(张载)倡道学于关中,世谓之关学。此书所记吕大临、苏昞、范育,皆其门人也"⑥,因此宋元的关学仅指张载理学思想,有别于明清在继承张载学统基础之上对程朱理学与阳明心学进行了融汇的关学。在关学发展的两个阶段中,后者是前者在符合历史与逻辑相统一基础之上的理性发展,它保持了关学学理发展的连续性。

张载在宋至清理学史的地位不及程朱稳固,其学术影响力也经历了由显而隐的过程。在北宋末年由于完颜之乱,张载之学随着宋室南渡,其学术传播不及北宋兴盛。南宋理宗淳祐元年正月,张载与二程、朱子从祀孔庙⑦,在诏书中说:"周敦颐、张载、程颢、程颐,真

---

① 《杨时集》,中华书局2018年版,第541页。
② 冯从吾:《关学编》,中华书局1987年版,第12页。
③ 陈俊民:《三教融合与中西会通》,陕西师范大学出版社2002年版,第236—237页。
④ 张廷玉:《明史》,中华书局1974年版,第7222页。
⑤ 黄宗羲:《宋元学案》,全祖望补修,第261页。
⑥ 刘荀:《明本释》,台北商务印书馆1983年版,第101页。
⑦ 脱脱:《宋史》,第2554页。

见实践,深探圣域,千载绝学,始有指归。"①张载在理学内部获得了同二程、朱熹相等的地位。明清由于科举考试对程朱理学的重视,张载与二程、朱熹相等的学术地位出现差异,个中原因除过科举考试因素之外,张载地位的寒素也是一个不可忽视的原因,清初的王夫之在其《张子正蒙注》进行了说明:"张子教学关中,其门人未有殆庶者。而当时耆儒巨公如富、文、司马诸公,张子皆以素位隐居而未由相为羽翼,是以其道之行,曾不得与邵康节之数学相颉颃,而世之信从者寡,故道之诚然者不著。"②除此之外,张载思想表述的艰涩性也影响其思想的普及,其学"有苦心极力之象,而无宽裕温厚之气,非明睿所照,而考索至此,故意屡偏而言多窒,小出入时有之"③,这在一定程度上也会影响元代以来理学内部忽视张载的造道之功而专注于程朱理学的学习与体悟。

二 明清关学的构建

完颜之乱后,北方相继为金人与蒙古人所控制,造成文化的巨大破坏,"儒术并为之中绝"④,"百年不闻学统"⑤,黄宗羲这一结语是基于金代程朱理学而言,而张载之学在宋室南渡之后"关陕沦亡后,横渠学统灭"⑥。此时北方传播有苏东坡的"蜀学"⑦,在《金史》中记有金人对孔子的尊崇⑧,金朝的科举承袭辽、宋,强化了对先秦儒家经典的重视,金世宗二十三年,下诏书翻译五经,有"朕所以令译

---

① 脱脱:《宋史》,第821页。
② 王夫之:《张子正蒙注》,中华书局1975年版,第3页。
③ 程颐、程颢:《二程集》,第596页。
④ 黄宗羲:《宋元学案》,全祖望补修,第1094页。
⑤ 黄宗羲:《宋元学案》,全祖望补修,第18页。
⑥ 全祖望撰:《全祖望集汇校集注》,上海古籍出版社2000年版,第2197页。
⑦ 翁方纲:《石洲诗话》,中华书局1985年版,第82页。
⑧ 脱脱:《金史》,中华书局1975年版。

五经者，正欲女真人知仁义道德所在耳"①的记载，只不过金代的儒学"虽以科举取士，名尚儒治，不过场屋文字，而道之大者盖莫如"，程朱理学此时也有零星传播，"宋行人有箧至燕者，时有馆伴使之，乃不以公于世"②，"北人虽知有朱夫子，未能尽见其书"③。在冯从吾《关学编》记有金代杨天德晚年读到朱子《大学解》，沿及伊洛诸书④。到了元代，程朱理学在北方的传播开始普遍，且被蒙元统治者所接受，冯从吾《关学编》中所记杨奂、杨恭懿、萧䢳、同恕等大儒皆以程朱理学为旨归，在他们的著作中罕见关于张载的记录，这一状况一直延续到明初。明初朱棣于永乐十二年下诏，增附周敦颐、二程、张载、朱熹性理之言于《四书》《五经》之下，尤其提到"《西铭》《正蒙》之类，皆六经羽翼"⑤，恢复了张载在儒学道统中应有的位置，在关中地区出现了建造张载祠的一个高潮，仅正德至万历间共建了8所，远超宋元⑥。明清理学内部基于对程朱理气论的修正，张载思想再现明清思想论域，罗钦顺、王廷相、吴廷翰、王夫之、戴震等人回溯了张载"气本论"思想，从中汲取思想资源。关中三原学派的王承裕、吕柟、韩邦奇等或对张载的《西铭》《正蒙》进行注解，或对张载文献资料进行搜集与刊刻，接续了张载开创的关学在关中的学统。张载在儒家道统地位在明代重新确立对吕柟、冯从吾重构关学学派至关重要，关中学者需要做的另一项工作就是构建张载关学在关中的学统。明代地域文化蓬勃发展导致士人地域意识的萌发，这一文化现象为张载学统的构建提供了契机。

吕柟的地域认同在其所撰《陕西乡试录前序》与《武功县志序》中有所体现，在前书中言道"夫陕西，山川之初，而天地之首也，故

---

① 脱脱：《金史》，中华书局1975年版，第185页。
② 刘昌：《中州名贤文表》，台北商务印书馆1986年版，第312页。
③ 皮锡瑞：《经学历史》，中华书局1959年版，第281页。
④ 冯从吾：《关学编》，第16页。
⑤ 郑晓：《今言》，中华书局1984年版，第98页。
⑥ 吕妙芬：《中国哲学与文化》，广西师范大学出版社2010年版，第28页。

群圣多自此产"①，后者是吕柟为康海《武功县志》所作的《序》，在《序》中同样追述了关中圣人，"后稷，政之祖，横渠，教之宗"②。吕柟对张载的重视从对张载遗著的搜集与刊刻开始，在其《刻横渠先生易说序》中表露了这一心迹③，而此时作为张载之学地域性意识在吕柟观念中逐渐形成。在整理张载文献的过程中，吕柟重新审视了朱子"理在气先"的观点，用张载"太虚即气"修正了朱子"析理气为二"的观点，认为"太虚、人物，实为一体"④，"天命只是个气，非气则理无所寻，言气则理自在其中"⑤。同为关中士人的胡缵宗在为吕柟《泾野先生别集》中有"在知关中横渠、蓝田之学之有传也"⑥。与吕柟同时的韩邦奇认为"自孔子而下，知道者惟横渠一人"⑦，其对张载思想的继承体现在《正蒙拾遗》之中，在《正蒙拾遗》的序言中开篇即言"学不足一天人、合万物，不足以言学。吾读《正蒙》，知天人万物一体也"⑧。《正蒙》成为韩邦奇构建其学术体系的活水源头。到了晚明的冯从吾通过《关学编》的撰写，构建了以张载为宗师的关学道统与学统，构建了自张载以来所形成的具有地域特色的一个理学派别：关学。

冯从吾对关学的重构同样基于其关中地域意识的萌发，在《关学编》的序言中冯从吾言"我关中自古称理学之邦，文、武、周公不可尚已，有宋横渠张先生崛起郿邑，倡明斯学，皋比勇撤，圣道中天"，撰写此书的动机与目的："余不肖，私淑有日，顷山中无事，取诸君子行实，僭为纂次，题曰《关学编》，聊以识吾关中理学之大略

---

① 吕柟：《泾野先生文集》，西北大学出版社2015年版，第73页。
② 吕柟：《泾野先生文集》，西北大学出版社2015年版，第76页。
③ 吕柟：《泾野先生文集》，西北大学出版社2015年版，第416页。
④ 吕柟：《泾野先生文集》，西北大学出版社2015年版，第573页。
⑤ 吕柟：《泾野经学文集》，西北大学出版社2015年版，第306页。
⑥ 吕柟：《泾野先生别集》，嘉靖二十三年刻本。
⑦ 韩邦奇：《韩邦奇集》，西北大学出版社2015年版，第144—145页。
⑧ 韩邦奇：《韩邦奇集》，第1358页。

云"①。然后回溯了自张载至晚明的关学发展,视张载"横渠四句"为自孟子后的"道脉"之所系。

由于处于晚明,冯从吾凭借的关学资源较吕柟为多,吕柟、马理、韩邦奇、杨爵四人作为关学中兴人物为冯从吾所倚重,为此编撰了《关中四先生要语》,在该书的序言中表达了对上述四人德业节义的追慕之情,并矢志于四先生言行的领悟与践行②。冯从吾还著有《元儒考略》,该书所载诸儒虽然超出关中地区,但通过对这些北方儒者的记录,留下了理学在关中传播的大致情况,以示儒家的道统在关中不曾中断,为冯从吾构建关学的学统奠定了基础。冯少墟的理学思想主要集中在《辨学录》与《疑思录》之中,前者是为"崇正僻邪"而进行的儒、释之辨;后者是冯从吾对《四书》所作的札记,二书"要之一子厚(张载)为正",如在与他人论学的过程中,冯从吾以张载的《西铭》回答士子对程子"万物一体"的质疑③。基于儒家道统在关中的延续、关学学者继承了张载的学统,冯从吾通过《关学编》的撰写,完成了张载以来"关中理学"的构建。

冯从吾构建的关学道统在清代得以延续。清初李二曲早岁丧怙,为学孤苦自奋,泛滥于群籍。顺治二年(时年二曲十九岁)借读《公》《谷》《左氏》《性理大全》《伊洛渊源录》,步趋遂定,以周、程、张、朱言行为儒宗正学,而儒学"以经世为宗"④。此时关学在冯从吾离世之后成萎靡之势,"不振久矣",关中"留意理学。稍知敛华就实,心存经济,务为有用之学者,犹龟毛兔角,不但目未之见,耳亦绝不之闻"⑤。李二曲以"悔过自新"与"体用全学"接续"张载横渠四句"之旨,提出"吾辈须为天地立心,为生民立命。穷

---

① 冯从吾:《关学编》,第1—2页。
② 冯从吾:《冯从吾集》,西北大学出版社2015年版,第580页。
③ 冯从吾:《冯从吾集》,第219页。
④ 李颙:《二曲集》,中华书局1996年版,第122页。
⑤ 李颙:《二曲集》,第177页。

则阐往圣之绝诣，以正人心；达则开万世之太平，以泽斯世"①，使关学在清初得以复盛。其后王心敬、李元春、贺瑞麟、柏景伟、刘古愚遵循冯从吾《关学编》的体例与关学学者选取标准，对《关学编》进行了增补，使关学成为关中理学的地位逐渐巩固且为关外学者所认同与接受。黄宗羲所著《宋元学案》与《明儒学案》中，都视关学为一相对独立的、具有地域特色的理学学派②。清国史馆臣撰《清史列传》同样视关学为关中理学，清初关中学人马嗣煜、李二曲为冯从吾之后的关学后劲③。

张载开创理学与"北宋五子"其他人有别，形成自身的一些特质。张载在同二程的一次论学中谈到自身为学的旨趣，成为后世所公认的关学精神和致思路向："子（二程）谓子厚曰：'关中之士语学而及政，论政而及礼乐兵刑之学，庶几善学者。'子厚曰：'如其诚然'，则知大不为名，亦知学贵于有用也。"④ 这些特点被陈俊民先生大致归纳为学政不二的政治倾向、"知礼成性，变化气质"的道德实践；"躬行礼教"的社会实践，"学贵有用"、"精思力践"的"实学作风"⑤。关学学派这一学风与传统在张载以后关学后劲那里得以继承，塑造了关中士人的精神与风骨。

三 对关学学理"合法性"质疑的辩护

关学发展演化主要围绕关中学者对关学学统与道统的重视与继承、对程朱理学与陆王心学的融摄、对作为异端思想的批判、对新思想的接受与改造等问题展开。宋代的关学在学承和师承方面都比较简单，张载及其弟子学术传承脉络清晰；金元时期关中学术以朱子学为

---

① 李颙：《二曲集》，第368页。
② 黄宗羲：《明儒学案》，中华书局2008年版，第11页。
③ 王钟瀚点校：《清史列传》，中华书局1987年版，第5266页。
④ 程颐、程颢：《二程集》，第1196页。
⑤ 陈俊民：《张载哲学思想及关学学派》，人民出版社1986年版，第29页。

主，张载之学在关中的传播有限；明清关学的发展主要是关中学者在接续张载之学的基础上融会程朱理学与阳明心学，使明清关学在程朱理学与阳明心学的互相批评与融通中稳步前行。当代关学研究就此问题的梳理首先面临关学在张载去世之后是否存续的问题。

侯外庐先生在其《中国思想史》所言"北宋亡后，关学就渐归衰熄"①。在侯先生看来，关学既是张载及其关中弟子之学，也是同濂、洛并行的一个学派。随着北宋的灭亡而"衰熄"，而濂、洛之学随着宋室南渡而得以流布。这一观点在侯外庐、邱汉生、张岂之先生所编的《宋明理学史》中有着同样的表述，该书甚至认为《关学编》是由冯从吾等人强行拼凑的结果，与《金华丛书》《江西丛书》《岳麓丛书》之类相仿，是地志类的资料，是"好事者为之，殆无意义"②。这一观点很长一段时间成为"定论"。持这一观点的学者对关学演化与发展的轨迹缺乏历史与逻辑的相统一的认识，未能对关学发展以辩证思维进行考察。

中国儒学的发展在不同的历史时期有不同的表现形态。先秦儒学的出现是以孔子为代表的士基于春秋以来"礼坏乐崩"的窘境所作的反应；汉代经学作为儒学的新形态是汉武帝"罢黜百家，独尊儒术"的结果；魏晋玄学是经学道家化的新形态③；北宋初期诸儒在扬弃经学、玄学、佛教及道教的基础上创立了道学，其后又谓之理学；清代出现的考据学又是儒学内部对宋明理学空疏学风所进行的一种自觉调适，尽管有汉学与宋学之争，但都未出儒学之规范。从历史与逻辑相统一原则考察儒学发展演化轨迹可以看出，儒学的发展不是以线性形态行进，而是不同的历史时期有不同的表现形态，致使儒家学说不断推陈出新。这些学说是人类逻辑思维能力在观念领域的表现，是历史与逻辑相统一的产物，体现出辩证思维在观念领域的应用。

---

① 侯外庐：《中国思想史》，人民出版社1957年版，第545页。
② 侯外庐、邱汉生、张岂之：《宋明理学史》，人民出版社2018年版，第846页。
③ 冯友兰：《中国哲学史》（下册），华东师范大学出版社2000年版，第75页。

◎ 张载后学研究

　　《中国思想史》与《宋明理学》的编著者视关学仅为张载之学是基于学统与师承完全一致的基础之上，但在儒学发展过程中学统与师承存在割裂是常态，儒家学者对此有清醒的认识，并通过"以心传心"的范式证明儒家学统的连续性。孔子之世"礼坏乐崩"，孔子对周礼的传承不是通过师承来完成，而是"遥接"文王、周公，通过对时有文献的整理来获取周礼，并以"夏礼吾能言之。杞不足征也。殷礼吾能言之。宋不足征也。文献不足故也。足则能征之矣"① 作为文献对思想传承重要性的依据。先秦孔孟创立儒学至隋唐经历两汉经学与魏晋玄学，隋唐的王通、柳宗元、韩愈以儒家固有伦理立场批判魏晋玄学对儒范的鄙薄，尤其是韩愈首次提出以儒家的"道统"抗衡佛教与道教的"法统"，以卫道者的姿态构建了儒家尧、舜、禹、汤、文、武、周公、孔子、孟子的"道统"谱系，并认为孟子去世后，儒家学说"不得其传"②。李翱更是提出其思想源泉遥接子思与孟子③。清代理学家费密对儒家这种接续范式做了总结："后世去圣人日远，欲闻圣人之道，必以经文为准。不和于经，虚僻哓哗，自鸣有得，其谁信之，经传则道传也。"④ 因此以学统与师承的统一性作为某个学派是否成立的依据不具有学术的自洽性，就此而言，《中国思想史》与《宋明理学》以张载去世关学学无师承而衰熄的结论并不符合关学发展的史实。

　　派别性是儒学一大特征，早在"子学时期"就有"儒分为八"之说⑤。宋儒标举关、洛、濂、闽诸派，一方面基于张载、二程、周敦颐、朱熹等道学（理学）开创者的地望，另一方面是哲学道学（理学）家提出了具有开创性的概念与范畴，使儒学的发展在两宋进入了新天地。在关、洛、濂、闽四派中，濂溪之学、洛学、闽学有着

---

① 朱熹：《四书章句集注》，中华书局1983年版，第63页。
② 李笠选注：《韩愈文选》，北新书局1947年版，第14页。
③ 李翱：《李文公集》，台北商务印书馆1983年版，第108页。
④ 费密：《弘道书》，上海古籍出版社2002年版，第12页。
⑤ 王先慎集释：《韩非子》，上海古籍出版社2015年版，第553页。

较为清晰的学统谱系与师承谱系，而关学相较而言是一独立学派，但我们决不能以此为据，将四个学派完全割裂而视为相互独立的学术派别。学术史的史实表明，二程与张载互相以欣赏的眼光汲取学术营养，张载思想是朱熹与吕祖谦撰写《近思录》的主要思想资源。两宋道学（理学）就是在这些道学家（理学家）所持有的学术宽容与汲取的过程中相向而行，衍生出明清理学的规模。

另外还有一个往往被学术界所忽视的问题：张载去世后其门人吕氏兄弟南传关学的史实。吕氏兄弟的门人周浮沚、沈彬老等永嘉学派诸子在浙江传播张载之学，将永嘉学派的事功之学与张载关学学贵有用的学风相融合；南宋嘉定期间，有魏了翁私淑关学，这些学术信息散布在《宋元学案》中。明代王廷相、清代王夫之等人继承张载之学，延续了关学的学脉。这些在一定程度上可以作为"宋亡以后，关学逐渐衰熄"的反证，对这些问题的发掘对于了解关学在关中之外的空间传播具有一定的学术价值。限于篇幅，此处对此问题不再赘述。

明代关学是两宋道学（理学）在关中的延续，在王承裕、吕柟、冯从吾等关中学者融汇程朱理学与阳明心学过程中，遥接了张载的学术资源，对张载《正蒙》皆有发挥或注解。冯从吾以关中理学思想继承者的身份撰写了《关学编》，并在《关学编自序》中简单钩沉了关学学者的谱系[①]，同冯从吾同时的关中学人张舜典在《关学编后序》中给出《关学编》学人选取的标准："不载独行、不载文词、不载气节，不载隐逸，而独载理学诸先生"[②]，这是后来关中学人补编《关学编》的圭臬。民国川籍的学者张骥在编纂《关学宗传》时"爰仿周海门《圣学宗传》、孙夏峰《理学宗传》之例，辑横渠以来至沣西（贺瑞麟）、古愚（刘古愚），计如千人"[③]。据

---

① 冯从吾：《冯从吾集》，第1—2页。
② 冯从吾：《冯从吾集》，第62页。
③ 王美凤整理编校：《关学史文献辑校》，西北大学出版社2015年版，第143—146页。

此看出理学史视域下的关学绝非关中学术，而是关中理学。学术与理学之概念内涵与外延明显不同，学术的内涵与外延远较理学为大，包含了除哲学之外科技、文学、艺术、宗教等诸多领域，而这些领域被《关学编》诸多的编撰者排除在外，因此视关学为关中学术是与冯从吾及关学后劲对关学的界定相悖，是对关学概念的误判与误读。

关学作为理学的一个地域性派别，自晚明至民国在理学内部得到普遍认同。晚明和冯从吾大致同时的余懋衡与李维桢在为冯从吾的《关学编》刻本序言里都认同冯从吾构建的关中理学谱系①。清初黄宗羲与全祖望撰写的《宋元学案》与《明儒学案》中同样认同张载以来的道学（理学）在明代得以传承，在《师说》中为吕柟撰写的按语中明言"关学世有渊源，皆以躬行礼教为本，而泾野先生实集其大成"②。民国的学术对关学的认知延续了关学为"关中理学"的传统，在诸位大家学术著作中可以看出这一点。兹以钱穆先生为例，以示民国学人对关学之理解。

钱穆先生所撰《中国近三百年学术史》是学案体清代学术史，撰写此书是从宋学的视角为清代学术把脉问诊，因病立方③。该著所述清代思想以江南学人为主，北方学人仅有颜元与李塨二人，对清儒中的北方硕儒孙夏峰与李二曲在《引论》中一笔带过，这在一定程度上弱化了二人作为清初"海内三大儒"④ 在清初的学术地位，在一定程度上影响了后学对清代北方学术的关注。幸好钱穆先生在其所撰《清

---

① 冯从吾：《冯从吾集》，第 121—123 页。
② 黄宗羲：《明儒学案》，第 11 页。
③ 吴海：《学案体与作为理想境界的宋学——钱穆〈中国近三百年学术史〉之清学观再探》，《中山大学学报》（社会科学版）2018 年第 2 期，第 111—119 页。
④ 关于明清之际海内三大儒所指何人历来有两种说法：其一是指孙夏峰、黄梨洲、李二曲，如全祖望之《二曲先生窆石文》曰："当时者，北方当孙先生夏峰，南方则黄先生梨洲，西方则先生，时论以为三大儒。"其二为 20 世纪 20 年代章炳麟在《重刊船山先生》中提出："明末三大儒，曰顾宁人、黄太冲、王而农，皆以遗献自树其学。"这是现在比较流行的说法。

儒学案序目》①中对以李二曲为代表的关学着墨较多，让后世学人得以重新认识钱穆先生对关学学理之认知，惜乎这一文献未曾受到当代学人的广泛关注，鉴于这一文献可能有助于当代部分学人对关学的认知，兹录全文如下：

> 昔北宋横渠张子，崛起关中，开门授徒，与洛学分庭抗礼，冯少墟《关学编》遂以讬始。有明一代关中大儒，若王恕石渠、吕柟泾野、冯从吾少墟，皆恪守程朱；而渭南南大吉、瑞泉兄弟则纯主姚江；师说各不相同。二曲论学虽主陆王，然亦兼取程朱，遂为清初关学大师。门下执贽著籍号以千计。弟子最著者曰鄠县王心敬尔缉，号丰川。其它如李天生因笃、王山史宏撰，皆为交游，足征一时关学之盛。②

在钱穆先生所著《清儒学案》中《二曲学案》列于卷九，并在同著中以乾隆年间关中学人张秉直为传主述为《萝谷学案》列于卷三十一。该学案附晚清贺瑞麟，并称贺瑞麟为"关学之中权"③，张秉直在冯从吾《关学编（附续编）》中有传。同在该《序目》的《后跋》中钱穆先生记述了编《清儒学案》之前托友人在西安搜购关学诸集，获几近二十余种的史实，这些关学书籍多为"关外人少见"。钱穆先生对《清儒学案》沉江导致学界不能窥关学堂奥甚为惋惜："昔为关学诸集网罗抉别之一番苦心，亦付之东流，不知何日仍有人再理此业，尤深自惋惜"④。这里不惮烦扰引用钱穆先生为关学张目之史实，意欲说明在民国国故派人物中关学作为关中理学具有广泛的共

---

① 钱穆先生曾撰《清儒学案》，惜乎在颠沛流离之际沉入长江，但先生为该著所撰的《序目》被有幸保存下来，这一珍贵资料可以视为《清儒学案》之提要，据此可以看出《清儒学案》之概貌。从《序目》可以看出钱穆先生完全接受关学为关中理学的学理事实。
② 钱穆：《中国学术思想史论丛》，九州出版社2011年版，第554页。
③ 钱穆：《中国学术思想史论丛》，第560—561页。
④ 钱穆：《中国学术思想史论丛》，第569—570页。

识。惜乎学人在国难不已、颠沛流离之际,学术交流与思想的流布大为受阻,让学人扼腕叹息。梁启超认同关学为关中理学,视刘古愚为关学在晚清复苏的关键人物,称"清季乃有咸阳刘古愚以宋明理学自律,治经通大义,明天算,以当时所谓新学者倡于其乡。关学稍稍复苏矣"①。

鉴于晚清时局,学人苦苦探寻救国之道,在与西学的比较中,儒学(理学)往往成为激进的革命派批判与反思之对象,如梁启超的《中国近三百年学术史》《清代学术概论》,章太炎与刘师培所撰清代学术史皆对清代理学家没有留太多的空间,遑论李二曲、王心敬之后衰落的关学,这在一定程度上造成关学研究的沉寂。其间尽管有上面提到的四川双流籍人张骥于1921年完成的《关学宗传》,还有一部几乎为学人所忽视遗忘的、由安徽籍学人曹冷泉先生于1941年完成的《关学概论》。在《关学概论》中曹冷泉先生对学人质疑关学学派学理"合法性"进行了辩护,认为关学"注重伦常日用、躬行实践、与夫尊古尚礼""朴茂醇厚之色采""不同于程朱,不同于陆王""固可称为独立学派""惜乎关学未能蔚为全国学术主潮,不为学者之注视"②。曹冷泉先生的《关学概论》在一定程度上可以视为对理学形态关学研究的一个学术总结,他以理性的批判精神为关学的学理"合法性"进行了辩护,同时也说明了民国关学研究之窘境。

四 关学研究的新天地

1949年以后,由于特殊的时代背景,中国人文与社会科学学术研究引进了苏联的研究范式,问题意识与话语体系和中国传统学术研究大异其趣。若以理性的态度考察这种范式转换可以看出利弊参半:一方面使封闭的中国人文学科在范式上走出了子学与经学的时代,但不

---

① 梁启超:《梁启超全集》,北京出版社1999年版,第4262页。
② 曹冷泉:《关学概论》,《西北文化月刊》1941年第3期。

可否认的是中国化的苏联范式出现了"南橘北枳"与"水土不服":研究方法单一僵化,这在一定程度上桎梏了中国人文学科的学术研究。20世纪70年代末至80年代初,中国的学术界对新中国成立以来学术研究的范式进行了深刻的反思,重新探索中国学术研究的出路,出现了学术争鸣与繁荣的新局面。在哲学研究领域,哲学研究逐渐走出唯物与唯心二元论模式,从中国哲学原生的概念和范畴出发构建中国哲学新的理论和框架,开启了中国哲学研究的新天地。

在关学研究方面,业师陈俊民先生在前贤研究的基础上重新梳理了关学研究已有成果,对关学进行了文献整理与开创性研究,于1986年出版了《张载哲学思想及关学学派》,该著沿袭了冯从吾《关学编》将关学作为关中理学的界定,提出了系列的新观点。杜维明先生承担了该著的摘要英文翻译工作,张岱年先生为该著撰写了"序言",在"序言"将关学进行了狭义与广义的区分,尽管定义广义的关学为"关中学术",张先生非常清晰地表明了广义的"关中学术"就是指张载之后的关中理学[1]。该著中尽管存在一些争议性的观点,如"二曲之后的关学回归至传统儒学,回归张载,不再是宋明理学"[2]、明代关学"形成了一条折衷朱王,反归张载,还原'儒学'的曲折路径"[3]等问题,但该著毫无争议地成为研究关学的必备资料。在这前后,陈俊民先生在海内外出版了由其精心点校与辑校的关学文献:《李二曲集》《蓝田吕氏遗著辑校》《关学编》《关中三李年谱》。2019年由三秦出版社出版了《关学经典集成》及《导读》,共计12巨册,该《集成》是国家古籍出版重点资助项目,是陈先生积数十年之功精心点校而成,将为关学研究提供真实可信的史料。在20世纪90年代,在陕西出现了诸如林乐昌、刘学智、丁为祥等一批在全国具有一定学术影响力的关学研究者,这些关学研究者都承担了国家社科

---

[1] 陈俊民:《张载哲学思想及关学学派》,第5页。
[2] 陈俊民:《张载哲学思想及关学学派》,第48页。
[3] 陈俊民:《张载哲学思想及关学学派》,第17页。

基金和教育部人文社科重大项目,产生了一批有学术影响力的研究成果。2015年西北大学出版社出版了由方光华、刘学智二先生主编的"十二五"国家重点图书出版规划项目"关学文库"。张岂之先生作为"侯派学术"的嫡传,为"文库"撰写了"总序",在"总序"中张先生修正了侯外庐先生等在《中国思想史》及《宋明理学》将关学定义为张载之学,而将关学界定为"张载创立并于宋元明清时期,一直在关中地区传衍的地域性理学学派"①。"关学文库"共40种、47册、2300万字,2016年获中国出版协会颁发的"中华优秀出版物奖·图书奖",有力地推动了当代关学的研究。

由于学术研究范式转型及文献资料获取逐渐便捷,国内从事中国哲学与思想研究的学者以更加宏阔的学术视野与理性的学术态度重构中国哲学,出版的一些理学与明清学术史经典著作中,为关学保留了"学术空间"。如1985年张立文先生所著《宋明理学研究》中有关学及张载的道学思想专题,在该著中张立文先生完全接受了冯从吾《关学编》中对关学的界定②。由教育部人文社会科学重点研究基地基金资助,由龚书铎先生主编,史革新先生著的《清代理学史》之"理学的流布"章有"陕西地区",该著同样引用了冯从吾《关学编》中"关学"的定义③。入选"国家哲学社会科学成果文库",由陈祖武先生所著的《清代学术源流》有"李二曲思想研究"章,该章有"李二曲与清初关学"的议题,在议题中陈祖武先生追溯了关学自张载开宗立派,至李二曲重振关学宗风的发展轨迹,视李二曲为关学在清代的代表④。陈来先生视关学为"宋明儒学在陕西关中地区的发展"⑤,杨国荣先生关注关学哲学意蕴,并基于对

---

① 赵馥洁:《关学精神论》,西北大学出版社2015年版,第1页。
② 张立文:《宋明理学研究》,中国人民大学出版社1985年版,第174页。
③ 龚书铎主编,史革新著:《清代理学史》,广东省出版集团、广东教育出版社2007年版,第91—95页。
④ 陈祖武:《清代学术源流》,北京师范大学出版社2012年版,第130页。
⑤ 陈来:《"关学"的精神》,《陕西师范大学学报》(哲学社会科学版)2016年第3期,第7—9页。

张载思想的考察认为关学发展思想脉络复杂,认为关学是"关中理学"的学理结论①。

最近几年关学研究在大陆逐渐兴起。2001年台湾政治大学举办了"宋明理学中的关学"学术研讨会,会议就张载至李二曲以来的关学进行了研讨。此后在中国台湾出版了由许鹤龄先生撰写的《李二曲"体用全学"之研究》,该著沿用了冯从吾《关学编》对关学的定义②。台湾"中央研究院"吕妙芬教授作为著名明清思想史专家梳理了关学发展过程中思想变迁的内在逻辑,认为明清之际的关学是对张载所开启的关学的复兴③。2017年新加坡学者王昌伟先生出版了《中国历史上的关中士人:907—1911》,这是大陆之外学者所撰写的第一部具有关学通史性质的学术著作,该著基于关中地区自周秦至明清政治中心逐渐衰落的史实,考察了自北宋以来关中的学术变迁,其核心议题围绕张载所开启的关学展开,考察了关学的发展与政治、经济、家族之间的内在联系。该著以"新的起点""黑暗时代""文艺复兴"三个标题分别指示五代至北宋时期、金元时期、明清时期的关学,钩沉了关学发展的脉络,这一划分明显具有西方文化与哲学断代的痕迹,但与关学发展脉络大致相合,颇有新意④。美国学者韩德林在探讨冯从吾讲学避开政治讨论⑤问题,罗威廉讨论关学与实学关系问题⑥时都以明代关学为考察对象。

比较20世纪80年代以后大陆和大陆之外关学研究可以发现其间的差异性:大陆关学研究主要集中在关学文献的整理、关学思想史、

---

① 杨国荣:《关学的哲学意蕴》,《华东师范大学学报》(哲学社会科学版)2017年第1期,第21—25页。
② 许鹤龄:《李二曲"体用全学"之研究》,台北文史哲出版社2004年版,第39页。
③ 吕妙芬:《中国哲学与文化》,第25页。
④ 王昌伟:《中国历史上的关中士人:907—1911》,浙江大学出版社2017年版。
⑤ Handlin, Joanna F. *Action in Late Ming Thought*: *The Reorientation of Lü K'un and Other Scholar-Officials*, University of Galifornia Press, 1983, pp. 89-93.
⑥ Rowe, *Saving the World*: *Chen Hongmou and Elite Consciousness in Eighteenth Century China*, Stanford University Press, 2001, p. 136.

关学学人个案研究方面,大部分属于基础性的研究,这一情况同大陆关学研究起步较晚、深受传统学术研究方法的影响相关,研究方法单一,缺乏创新;大陆之外关学研究者大部分受到西方学术方法的熏陶与训练,对跨学科研究方法应用比较娴熟,从政治、经济、文化与关学互动关系方面研究关学思想的变迁。大陆和大陆之外关学研究就方法与成果而言,各有千秋:大陆基础性研究可以为大陆之外关学研究提供丰富翔实的文献资料,大陆之外关学研究可以启发大陆关学在研究方法方面寻求突破,二者可以取长补短,使关学研究走向世界并与世界学术接轨。

结合论文第三部分"对关学学理'合法性'质疑的辩护",再通过上述经典学术著作和文章可以看出,关学为"关中理学"在当代理学研究中的一个共识性概念,关学仅指张载之学作为一个争议性学术问题尚可,但断言关学仅指张载之学是学界共识则是一个伪命题。

总　结

关学是宋明理学在关中的存在形态,具有鲜明的地域性特色。张载既是北宋道学(理学)的开创者,也是关学学派的开创者,两宋关学是与濂、洛、闽诸学派并举的道学(理学)学派,此时张载及门人所重者为学术思想自身,并未有明显的地域意识。张载去世之后,其开创的关学相较其他道学(理学)学派影响逐渐式微,到金元之时"关洛陷于完颜,百年不闻学统"①。明代关中士人着意张载之学,对张载的文献进行搜集与刊刻,追寻张载之学的原型。吕柟之学"非程朱不以传,非张(载)、吕(祖谦)不以授","雍之西士子彬彬然知学有源委","横渠、蓝田之学之有传也"②。冯从吾讲学"崇正辟

---

① 黄宗羲:《宋元学案》,全祖望补修,第18页。
② 吕柟:《泾野先生别集》。

邪"，使关中学子"上知有横渠与二程之学"①。冯从吾通过《元儒考略》《关中四先生要语》，钩沉了儒家道统与关学学统在关中延续的脉络，以编撰《关学编》的形式完成了张载以来的关学谱系。晚清的贺瑞麟在其主持刻印的《张子全书》的序言中总结了明清关学对张载思想资源的继承，言曰"关中论先生而后，理学溢昌，笃信先生之书如吕泾野之《张子钞释》、韩苑洛之《正蒙解》、刘近山之《正蒙会稿》、李桐阁之《张子释要》，安在兴起无人"。② 清初李二曲"自拔流俗，以昌明关学为自任"③，承袭吕柟之《四书因问》、冯从吾之《疑思录》的治学思路，成为清代关学的殿军。

关学为"关中理学"的界定在当代学界存在争议，关学研究者爬梳文献，对关学为"关中理学"的"合法性"进行辩护。曾经否认关学在明清存续的一些学者也修正了原有观点，作为"关中理学"的关学被学界普遍接受。大陆之外关学研究逐渐兴起，在研究方法上为大陆关学研究提供有益参考，同时将关学研究与国际接轨，推动了关学研究的发展。

[原载《深圳大学学报》（人文社会科学版）2018年第37卷]

---

① 唐龙：《渔石集·正学书院志序》，明嘉靖刻本。
② 贺瑞麟：《贺瑞麟集》，西北大学出版社2015年版，第62页。
③ 赵尔巽：《清史稿》，中华书局1976年版，第13099页。

吕大临的《大学》诠释及其与张、程思想的关联

曹树明*

摘　要：在张、程的相关思想的影响下，加之自己的理论思考，吕大临的《大学》诠释特色鲜明。异于汉唐儒者偏重从治国角度对《大学》主旨的概括，吕大临从道德修养角度将之归结为"大人之学"。在诠释架构上，他以《中庸》统摄《大学》。关涉"格物""致知"的阐发，吕大临则以声训方式继承二程训"格"为"至"的观念，并主张"致知，穷理"的新说，进而认为"穷理"乃致力于体会"万物一体"之境，此中程颢思想的痕迹更为明显。反观其理论体系可知，吕氏对《大学》的创造性阐发与其重视道德修养工夫紧密相关。

关键词：吕大临《大学》　张载　二程

众所周知，吕大临最先师从张载，张载去世后又转投二程之门。所以，探讨其《大学》诠释，首先要确定该项工作完成于关学阶段还是洛学阶段。至少有三条证据表明，吕大临注解《大学》发生在洛学阶段：其一，元丰二年（1079），他东见二程，记下来的《东见录》

＊ 曹树明，陕西师范大学哲学学院教授，博士生导师。

吕大临的《大学》诠释及其与张、程思想的关联

中有三条是关于《大学》的;其二,他改定《大学》文本①,应是赞同二程认为古本《大学》存在错简的表现;其三,他主张"格之为言至也"②,是以声训方式对二程之"格,至也"③的说法的继承。

既然吕大临是在洛学阶段诠释《大学》,那么其诠释就有可能受到关、洛两派思想的影响。因而,本文不仅意在揭示吕氏在诠释《大学》的过程中的独特理论创获,而且试图分析其与张、程的相关思想的关联。以下,本文从三个方面进行讨论。

一 《大学》主旨的探讨

关于《大学》的主旨,可谓意见纷呈。最早提及这个问题的是西汉史学家刘向。其《别录》认为《大学》属于整个《礼记》系统的"通论"。与之一并被刘向列入"通论"的还有《礼记》的《檀弓》《表记》《经解》《玉藻》《哀公问》《礼运》《学记》等篇。所谓"通论","顾名思义,意思就是对学术或文化的某个方面所进行的综述或概括"④。《大学》概括学术或文化的哪个方面呢?刘向并未明言。东汉经学家郑玄则做了具体解释:"名曰《大学》者,以其记博学,可以为政也。……大,旧音泰。"⑤ 在郑氏那里,"大学"即"太学",而太学就是官学。既然是官学,将《大学》一书视为治国理政之书就很自然了。唐代孔颖达的注解顺此思路而有所拓展:"此《大学》之篇,论学成之事,能治其国,章明其德于天下,却本明德所由,先从

---

① 在对《大学》之"《康诰》曰:'惟命不于常。'……"一条的注释里,吕大临说:"自此至'骄泰以失之',宜在'平天下在治其国'一章后。"(吕大临等:《蓝田吕氏集》,曹树明整理,西北大学出版社2015年版,第182页)
② 吕大临等:《蓝田吕氏集》,曹树明整理,西北大学出版社2015年版,第175页。
③ 程颢、程颐:《二程集》,王孝鱼点校,中华书局2004年版,第21页。
④ 杨燕:《四书概论》,宗教文化出版社2014年版,第11页。
⑤ 郑玄注,孔颖达疏:《礼记正义》卷60,阮元校刻《十三经注疏》,中华书局2009年版,第3631页。

诚意为始。"① 孔氏眼中，《大学》的首要功能仍是治国，但他已意识到该书"章明其德于天下"的作用。作为汉唐时期的著名学者，郑玄、孔颖达对《大学》主旨的概括具有代表性。而从上可知，他们都偏于从治国方面立论。这与汉唐儒学的主调偏重政治哲学是一致的。

到了北宋，对《大学》主旨的定位开始转向偏重道德修养方面。遗憾的是，我们没有发现张载的相关语句。或许可以认为，他根本没有概括《大学》的主旨，因为其理论体系"以《易》为宗，以《中庸》为体，以孔、孟为法"②，而与《大学》关系不大。张载注解《大学》的最主要的贡献是阐发了与众不同的"格物"观念③。然而，翻检其全部著述，除卫湜《礼记集说·大学》中保留的相关资料外，它处再也没有见到张载关于"格物"的阐释。由此在某种程度上可以推断，这是张载早年的看法，到后来他则放弃了这种观念，因为其"格物"说无法融入他之后创造的成熟的理论体系，至少是不能在其中占有重要的地位。

二程则一再强调《大学》是"入德之门"，从道德修养角度对其主旨进行总结。比二程更进一步，吕大临在中国哲学史上首次对《大学》主旨做了系统的阐述。他认为，古人的学习有一个从小学到大学的过程，在小学阶段学习六艺和具体行为规范，在大学阶段则学习修身之德和治国之道；直至成德，但处于小学阶段的"学者"要有"至于大学所止"的理想，大学阶段的"成德者"也要以小学之事为基础：

> 《大学》之书，圣人所以教人之大者，其序如此。盖古之学者，有小学，有大学。小学之教，艺也，行也；大学之教，道

---

① 郑玄注，孔颖达疏：《礼记正义》卷60，第3631页。
② 脱脱：《宋史》卷427，中华书局1985年版，第12724页。
③ 参见曹树明《修养工夫论视域下的张载"格物"说》，《深圳大学学报》2013年第3期。

吕大临的《大学》诠释及其与张、程思想的关联

也,德也。礼乐、射御、书数,艺也;孝友、睦姻、任恤,行也;自致知至于修身,德也;所以治天下国家,道也。古之教者,学不躐等,必由小学,然后进于大学。自学者言之,不至于大学所止则不进;自成德者言之,不尽乎小学之事则不成。①

吕氏这一主张极大地影响了南宋的朱熹,为其所继承和深化。关于此点,后文详谈。

吕大临反对汉儒没有实际功用的章句训诂之学,也鄙视不顾人伦、视天地万物为幻妄的佛教异端,认为二者或不及、或过,没有掌握"大学"的奥妙。可是,圣人所以教人的"大者"到底是什么呢?吕大临指出,"大学者,大人之学也,穷理尽性而已矣"②。这是一种新的创说。需要追问的是,"穷理尽性"本是易学系统的命题,吕大临为何将之与《大学》主旨相连?这要从张载和二程身上寻找根源。我们知道,关于如何理解《说卦传》的"穷理尽性以至于命",是张、程争论的重要话题。张载不仅把孔子的"五十而知天命"注为"五十穷理尽性,至天之命"③,而且以《中庸》的"诚""明"与《易传》的"尽性""穷理"互释。二程则注重阐发"穷理""尽性"与"至命"之间的关系。他们认为,"三事一时并了,元无次序"④,"才穷理便尽性,尽性便至命。因指柱曰:'此木可以为柱,理也;其曲直者,性也;其所以曲直者,命也。理,性,命,一而已。'"⑤但在张载看来,二程之说"失于太快",因为三者之间应存在先后次序:"此义尽有次序。须是穷理,便能尽得己之性。既尽得己之性,则推类又尽人之性。既尽得人之性,须是并万物之性一齐尽得。如

---

① 吕大临等:《蓝田吕氏集》,第174页。
② 吕大临等:《蓝田吕氏集》,第174页。
③ 张载:《张子全书》,林乐昌编校,西北大学出版社2015年版,第407页。
④ 程颢、程颐:《二程集》,第15页。
⑤ 程颢、程颐:《二程集》,第410页。

此，然后至于天道也。"①把张载、二程都重视且存在激烈争论的问题作为自己的重要问题，进而视为"大人之学"的具体修养方法，对吕大临而言，顺理成章。那么，吕氏赞同谁的观点呢？且看两条他的话：

> 理、性与命，所言三者之状犹各言之，未见较然一体之实，欲近取譬，庶可共言所见。
>
> "穷理尽性"，性尽至命。理穷无有不尽性者，所谓未善但未化；所云入性之始，非尽性而何？正犹骤居富贵之人，富贵已归，尚未安尔。不已之说，恐未尽"至命"之义，更愿求之。②

此中，"三者之状犹各言之"与二程的"柱"之喻在思维理路上颇为相似，"较然一体之实""'穷理尽性'，性尽至命"的表述更是与二程的"才穷理便尽性，尽性便至命"如出一辙。上引"元无次序"之说本是吕大临对程颢语录的记载，这里则清楚地彰显了他对程颢观念的吸纳。由此可以说，吕大临"穷理尽性"的问题意识或源自张、程双方，但在此问题上的理解模式则采自二程。不止于此，他还对"穷理尽性"做了自己的阐发。与张载"性者万物之一源"的观念不同，吕大临的"性"是"合内外之道，以天地万物为一体"的，因之，内在的"人伦"和外在的"物理"均在"吾分"之内，内在的"居仁"和外在的"由义"也皆属于"吾事"，物的种类虽然不同，"所以体之则一"，事情虽然多变，"所以用之则一"。吕大临认为，知道了这个道理，就是"明"，就是"穷理"；达到了此种境地，就是"诚"，就是"尽性"③。于此可见，在会通《中庸》之"诚""明"与《易传》之"穷理""尽性"这一点上，吕大临与其师张载

---

① 张载：《张子全书》，第390页。
② 吕大临等：《蓝田吕氏集》，第337页。
③ 吕大临等：《蓝田吕氏集》，第174页。

的做法是一样的，尽管二人对"穷理""尽性"的理解有异，但将《中庸》《易传》的这些重要概念用于诠释《大学》则是吕大临不同于张载之处。

二 诠释架构的嵌入

吕大临用"穷理尽性之学"概括《大学》的主旨，与二程选取的道德修养的视角是相同的，然而他并不赞同二程以《大学》为"入德之门"的主张。这主要是因为，吕大临建构其理论体系所依据的经典中，《中庸》才是最为重要的，其学以《易传》《中庸》与《大学》合，而以《中庸》为主。所以，他强调《中庸》才是"入德之大要"[①]。"门"和"要"的含义是不同的。"门"仅指方法、门径，而"要"则指关键、要领，隐含"在某事上起决定作用"之意。吕大临以《中庸》为"入德之大要"，即是认为该书在道德修养过程中起着最为关键的作用。他还仿照二程将《大学》说成"孔氏遗书"的做法，提出《中庸》之书是"孔子传之曾子，曾子传之子思，子思述所授之言以著于篇"[②]。认定孔子是该书作者，并设置这样一个传授谱系，显然是为了增加《中庸》的权威性。针对《大学》的诠释，吕大临则以《中庸》统摄《大学》。

《大学》开篇说："大学之道，在明明德，在亲民，在止于至善。"二程解释道："《大学》'在明明德'，先明此道；'在新民'者，使人用此道以自新；'在止于至善'者，见知所止。"[③] 程氏的解说包含了对《大学》文本的改定，理论阐发也有创见、有深度，但记录这条语录的吕大临并不以为然。他另辟新解：

[①] 吕大临等：《蓝田吕氏集》，第83页。
[②] 吕大临等：《蓝田吕氏集》，第83页。
[③] 程颢、程颐：《二程集》，第22页。

> "在明明德"者，穷理以自明其明德者也。"在亲民"者，推吾明德以明民之未明。……"在止于至善"者，所谓诚也。善之至者，无以加于此也。……盖学至于诚，则天之道也，非有我之得私也。故不勉而中，不思而得，从容中道，虽善不足以明之。①

吕大临认为，"穷理"能够自明其明德，但不能止步于此，而应"推吾明德以明民之未明"，否则即是"不知""不仁"，而非"穷理尽性"的"大人"之事。在他看来，《大学》的"穷理尽性之学"的最终目的是达到《中庸》所云"诚"的境地，此种境地处于天道层次，从而是无以复加的"至善"，修养到这种境界，则人之所作所为"莫非天道之自然"，"盛行不加，穷居不损"，"不勉不思，自中于道"②。可见，吕大临是以《中庸》的思想来统摄《大学》。在某种程度上，"学至于诚"之"学"即是吕氏视为《大学》主旨的"穷理尽性"的过程，亦可说是《中庸》之"明"，其"诚"即是《中庸》所云"诚者，天之道也"之"诚"。换言之，吕大临"学至于诚"的命题实际是以《中庸》之"明""诚"为思想架构而将《大学》的思想融摄其中。此一思路既不同于张载，也不同于二程。

《中庸》提出"自诚明"与"自明诚"两种修养路径。吕大临进一步发挥此说，指出前者是"性之者也"，乃"自成德而言，圣人之所性也"，后者是"反之者也"，乃"自志学而言，圣人之所教也"③。在此基础上，他把《大学》从"致知"到"诚意"的过程等同于《中庸》之"明则诚"的过程。吕大临说："志学者致知以穷天下之理，则天下之理皆得，卒至于实然不易之地，至简至易，行其所无事，此之谓'明则诚'。"④ 此处的"实然不易之地"不过是他注解

---

① 吕大临等：《蓝田吕氏集》，第 174—175 页。
② 吕大临等：《蓝田吕氏集》，第 175 页。
③ 吕大临等：《蓝田吕氏集》，第 109 页。
④ 吕大临等：《蓝田吕氏集》，第 109 页。

吕大临的《大学》诠释及其与张、程思想的关联

"诚"的"理之实然,致一而不可易者也"① 的别种表述,故而也是"诚"。可知,吕大临是以"致知"为"明","实然不易之地"为"诚",《大学》里原本的从"致知"到"诚意"在这里变成了从"致知"到"诚"。

吕大临主张,"致知"在《大学》里是第一序位的修养工夫,其目的是领悟"万物同出于一理",领悟了这个道理就达到了"知至"的状态,而"知至则心不惑而得所止,心不惑而得所止则意诚矣";但他同时又说,如果"疑存乎胸中,欲至于诚,不啻犹天壤之异,千万里之远"②。合而观之,在吕大临的思想逻辑中,"意诚"与"诚"处于同一层面。但这显然不是对《大学》本义的还原,而是通过以《中庸》之"诚"去统摄《大学》之"诚意"的方式进行的理论创造。关于何以"致知"能达到"诚"的目的,吕大临有所说明:"盖明善则诚,诚则有物,不诚则无物矣。明善者,致知之所及也。及乎知至,则所谓善者乃吾性之所固有,非思勉之所能及也。"③ 也就是说,"诚"需要"明善"这样一个前提,而"明善"的达成则需要"致知"的工夫。

在《孟子解》中,吕大临将"致知"与"诚意"描述为一种回互的关系:"反身而诚,知未必尽,如仲弓是也;致知而明,未必能体,如子贡是也。惟以致知之明诚其意,以反身之诚充其知,则将至于不勉而中、不思而得。"④ 这里,"诚"与"诚意"、"明"与"致知"均是在同一含义上使用,且"致知"("明")与"诚意"("诚")不再如《大学》文本里所展示的那样,是一种由"致知"而"诚意"的单线下贯关系,而是呈现为相互作用、相辅相成的思想架构。不难发现,其中渗透着《中庸》"诚则明矣,明则诚矣"的思

---

① 吕大临等:《蓝田吕氏集》,第 106 页。
② 吕大临等:《蓝田吕氏集》,第 176 页。
③ 吕大临等:《蓝田吕氏集》,第 445 页。
④ 吕大临等:《蓝田吕氏集》,第 442 页。

维模式。

其实,"诚"在《大学》里仅在"诚意"的含义上使用。"诚意"只是一种人道层面的道德修养的手段、工夫,没有上升到天道的高度。《中庸》之"诚"则不然,它分"诚之者,人之道"的层面和"诚者,天之道"层面。吕大临则用《中庸》天道层面的"诚"来统摄《大学》人道层面的"诚"。在他对《大学》"所谓诚其意者,毋自欺也,如恶恶臭,如好好色……"一条的注解中,此种意向更为清楚地体现出来:"诚者,天之道也,性之德也,非人知之所能谋,非人力之所能造也。"①"天之道""性之德"显然不是"诚其意"之"诚"的本义,二者分属不同的层面。就此而言,吕大临的诠释确系自创之说。

必须强调的是,吕大临之以《中庸》统摄《大学》,绝非随意的义理比附,而是立基于其整个理论体系而为。首先,吕大临认为《大学》是"穷理尽性"的"大人之学",但在《大学》的注释中,他却只描述了达致"穷理尽性"后的精神状态,至于如何"穷理尽性"则没有提供入手之处。而在吕氏的思想世界里,"《中庸》之书,圣门学者尽心以知性、躬行以尽性,始卒不越乎此书"②。在这个意义上,《中庸》思想对于吕大临正好为《大学》的"穷理尽性之学"提供了具体的工夫手段。其次,吕大临赞同孟子"大人者,不失其赤子之心者也"的观念。那么,怀有"赤子之心"的人处于怎样一种状态呢?他在注解《大学》"所谓修身在正其心者"条时说:"赤子之心,良心也,天之所以降衷,民之所以受天地之中也,寂然不动,虚明纯一,与天地相似,与神明为一。"③此处的"良心"就是吕氏它处所云"本心""天心"。而恰恰在《中庸》注解中,他又说:"君子之学,将以求其本心之微,非声色臭味之得比,不可得而致力焉,唯

---

① 吕大临等:《蓝田吕氏集》,第 177 页。
② 吕大临等:《蓝田吕氏集》,第 83 页。
③ 吕大临等:《蓝田吕氏集》,第 179 页。

循本以趋之，是乃入德之要。"① 由此可以认为，在吕大临，《中庸》"将以求本心之微"的"君子之学"正好能为《大学》中具备"赤子之心"或说"本心"的"大人"提供"入德之大要"。最后，吕大临以《中庸》之"诚"统摄《大学》之"诚意"，意在服务于其成圣的修养目标。在他看来，《中庸》描述的"无勉无思""自然"的天道之"诚"，正是圣人的境界，"若至乎诚，则与天为一"②，"天即圣人，圣人即天"③。于吕大临而言，此种圣人之境必须经过修养工夫方可企及，而"学""问""思""辨"等"致知"工夫是修养的起点，在此基础上，"学而行之，则由是以至于诚，无疑矣"④。

三 "格物""致知"的阐发

"格物""致知"作为《大学》的核心概念，自始即是学者们的诠释重点。郑玄注曰："格，来也。物，犹事也。其知于善深则来善物，其知于恶深则来恶物，言事缘人所好来也。此'致'或为'至'。"⑤ 此中渗透着汉代天人感应的神秘成分。孔颖达继承并发挥郑说。北宋司马光则将"格物"解释为"格，犹扞也，御也。能扞御外物，然后能知至道矣"⑥。张载的思路与司马光有相似之处，他把"格"释为"去""外"，主张"格去物，则心始虚明。……外其物则心无蔽，无蔽则虚静，虚静故思虑精明而知至也"，"虚心则能格物，格物则能致知。其择善也必尽精微，无毫发之差，无似是之疑。原始要终，知不可易，然后为至也"⑦。这是从心性修养的角度对"格物

---

① 吕大临等：《蓝田吕氏集》，第119页。
② 吕大临等：《蓝田吕氏集》，第120页。
③ 吕大临等：《蓝田吕氏集》，第446页。
④ 吕大临等：《蓝田吕氏集》，第108页。
⑤ 郑玄注，孔颖达疏：《礼记正义》卷60，第3631页。
⑥ 司马光：《司马温公集编年笺注5》卷71《致知在格物论》，巴蜀书社2009年版，第345页。
⑦ 张载：《张子全书》，第403页。

致知"的阐发。与之不同，程颐对"格物致知"的注解发生了某种程度的认识论转向①。他说："格，至也，言穷至物理也。"②"格犹穷也，物犹理也，犹曰穷其理而已也。穷其理，然后足以致之，不穷则不能致也。"③"格，至也。物，事也。事皆有理，至其理，乃格物也。"④ 在理学史上，程颐的此种注释具有一定的典范意义。程颢则说："'致知在格物'，物来则知起。物各付物，不役其知。"⑤ 其格物致知的目的或许是"识仁"。

夹杂在张载、二程之间，吕大临是如何建构自己的格物致知论的呢？他说：

> "致知在格物"，格之为言至也，致知，穷理也。穷理者，必穷万物之理，同至于一而已，所谓格物也。合内外之道则天人物我为一，通昼夜之道则生死幽明为一，达哀乐好恶之情则人与鸟兽鱼鳖为一，求屈伸消长之变则天地山川草木人物为一。……故知天下通一气，万物通一理。此一也，出于天道之自然，人谋不与焉。故《大学》之序，必先致知，致知之本，必知万物同出一理，然后为至。⑥

"格之为言至也"仅是对二程观点的直接采用，在吕大临的格物致知论里未起到参与理论建构的作用。"致知，穷理也"的说法则令人耳目一新，但他的"穷理"或"致知"意在"必穷万物之理，同至于一""必知万物同出一理"。从表面上看，吕大临之说是对程颐的"穷至于物理，则渐久后天下之物皆能穷，只是一理"⑦的汲取。其

---

① 曹树明：《修养工夫论视域下的张载"格物"说》，《深圳大学学报》2013年第3期。
② 程颢、程颐：《二程集》，第277页。
③ 程颢、程颐：《二程集》，第316页。
④ 程颢、程颐：《二程集》，第365页。
⑤ 程颢、程颐：《二程集》，第84页。
⑥ 吕大临等：《蓝田吕氏集》，第175—176页。
⑦ 程颢、程颐：《二程集》，第144页。

实,吕大临的"穷理"乃致力于体会"万物一体"之境,这与其说是对"理"的探究,不如说是对"德""诚"或"仁"的体认,或者说是通过"万物通一理"的认知而达到万物一体之仁的体认①。我们这样认为,不止可以从上文所引其"穷理以自明其明德者也"的话语中得到支撑,而且此处所引"合内外之道则天人物我为一,通昼夜之道则生死幽明为一,达哀乐好恶之情则人与鸟兽鱼鳖为一,求屈伸消长之变则天地山川草木人物为一。……故知天下通一气,万物通一理。此一也,出于天道之自然,人谋不与焉"也清楚地彰显了吕氏所认定的"穷理"后万物一体的精神状态,而上文已明,"天道之自然,人谋不与"在吕氏即是"诚"。我们知道,程颢追求"浑然与物同体"的"仁者"境界。在吕大临的著述里,他也多次表达类似观念:"仁者以天下为一身者也","仁者之于天下,尤一物非吾体,则无一物忘吾爱","仁者以天下为度者也"。解释"致知"时,吕氏不过是把此种境界理念融入其中而已。由此我们认为,在格物致知的解释上,吕大临更多地继承了程颢的思路。程颢去世时,吕大临为其撰写《哀词》,其中盛赞其"知《大学》之要"②,则多少表明了他对程颢之《大学》诠释的推崇和认可。

从朱熹对吕大临的批评,我们亦可反观吕氏与程颐朱熹一系的不同。首先,朱熹曰:"必欲训'致知'以'穷理',则于主宾之分有所未安。"③ 此句并未明说是批评吕大临,但可以显示程颐朱熹一系与吕大临的思想差异。在吕大临,"致知"被视为"必知万物同出于一理",而诚如方旭东所说,"当致知被理解为获得(致)'万物同出于一理'这样一种认识(知)的过程,这种致知与穷理就不可分割,

---

① 关于此点,方旭东有所讨论(参见方旭东《早期道学"穷理"说的衍变》,载陈来主编《早期道学话语的形成与演变》,安徽教育出版社2007年版,第268页)。
② 吕大临等:《蓝田吕氏集》,第747页。
③ 朱熹:《答江德功》,《朱子全书》第22册,上海古籍出版社、安徽教育出版社2002年版,第2038页。

在近似的意义上不妨说，致知就是穷理"①。但于程颐朱熹，"知者，吾心之知。理者，事物之理"②，"格物，以理言也；致知，以心言也"，"致知，是自我而言；格物，是就物而言"③，二者有主客的不同。其次，朱熹说："吕与叔说许多一了，理自无可得穷，说甚格物！""吕与叔谓：'凡物皆出于一'，又格个甚么？"④ 意即，以天人物我、生死幽明、人与鸟兽鱼鳖、天地山川草木人物等为一，达不到格物穷理的目的。朱熹还进而强调这种格物说有悖于程颐之说："然其欲必穷万物之理而专指外物，则于理之在己者有不明矣；但求众物比类之同而不究一物性情之异，则于理之精微者有不察矣。不欲其异而不免乎四说之异，必欲其同而谓极乎一原之同，则徒有牵合之劳而不睹贯通之妙矣。其于程子之说何如哉？"⑤ 吕大临是否如朱熹所言忽视了"理之在己者""一物性情之异"固然值得商榷，但朱熹的评论则确然显示了二人在思维理路上的不同：程颐朱熹一系的格物重在从分殊到理一的穷理，吕大临的格物则重在通过认识"万物通一理"而体认万物一体之仁。也正是在此种思路下，吕大临径把"致知""穷理""格物"等同起来。这在其理论体系里自然说得通，但与《大学》的原意或有较大出入，它至少消解了"格物"在《大学》里独立的修养工夫意义。

结　语

在张、程的相关思想影响下，加之自己的理论思考，吕大临将《大学》的主旨概括为"大人之学"，以《中庸》统摄《大学》，用

---

① 方旭东：《早期道学"穷理"说的衍变》，载陈来主编《早期道学话语的形成与演变》，第267页。
② 朱熹：《答江德功》，《朱子全书》第22册，第2038页。
③ 朱熹：《朱子语类》卷15，王星贤点校，中华书局1994年版，第292页。
④ 朱熹：《朱子语类》卷15，第417页。
⑤ 朱熹：《四书或问》，《朱子全书》第6册，第530页。

"致知"解释"穷理",从多个维度显示了其《大学》诠释的特色。反观其理论体系可知,吕氏对《大学》义理的这些创造性阐发,当与其"注重道德修养工夫"[①]紧密相关。在《大学》主旨的概括上,从汉唐儒者的治国理政之学转向"大人之学",即是从外王向内圣的转变,用"穷理尽性"对"大人之学"的框限更加贞定了其道德修养的方向;以《中庸》之"诚""明"统摄《大学》之"致知""诚意",也意在"求其本心之微";其所描述的"致知,穷理"后的状态亦是一种"万物一体"的道德修养境界。吕大临强调"人道具则天道具"[②],因而不仅重视自身的道德践履,而且与其兄弟努力推行乡约,致力于民间礼俗的改善。关涉具体的道德修养工夫,他则兼重外在的礼仪规范和"求其本心"的内在涵养。这些思想特征皆贯彻于其《大学》诠释中。

放眼整个理学史,吕大临《大学》诠释的思想史意义也是显而易见的,理学集大成者朱熹的《大学》诠释即包含了对吕氏相关内容的继承、批判和反思。第一,吕大临"大学者,大人之学也"的说法被朱熹直接采用[③],进而成为理学家普遍接受的观点,以至学界一度认为该说为朱熹所首创。真德秀、邱濬等引用这句话时都直接冠以"朱子曰"或"朱熹曰",毛奇龄虽认为朱熹提出此说没有根据但并未怀疑是朱熹的观点:"朱子注《大学》,不知何据曰:'大学者,大人之学'。"[④] 当然,也并非无人了解历史真相。清代胡渭就曾明确指出:"自吕与叔解云'大学者,大人之学也',而《章句》因之。"[⑤] 事实上,朱熹的确对"大学者,大人之学也"做了进一步的阐发,如说"方其幼也,不习之于小学,则无以收其放心,养其德性,而为大学

---

① 邸利平:《吕大临道学阐释——在工夫论的视域中》,台北花木兰文化出版社2014年版,第32页。
② 吕大临等:《蓝田吕氏集》,第216页。
③ 朱熹:《大学章句》,《朱子全书》第6册,第16页。
④ 毛奇龄:《四书胜言》卷一,影印文渊阁《四库全书》本。
⑤ 胡渭:《大学翼真》卷一,影印文渊阁《四库全书》本。

之基本。及其长也,不进之于大学,则无以察夫义理,措诸事业,而收小学之成功。……今使幼学之士,必先有以自尽乎洒扫应对进退之间,礼乐射御书数之习,俟其既长,而后进乎明德、新民,以止于至善,是乃次第之当然,又何为而不可哉?"① 但与上文所引吕大临的话语相较,可显见朱熹对吕氏思想的继承。其次,朱熹以程颐之说为本,评判包括吕大临在内的程门弟子的格物说。在他看来,程颐的格物致知论"意句俱到,不可移易"②,而"诸门人说得便差,都说从别处去,与致知、格物都不相干,只不曾精晓得程子之说耳"③。朱熹欣赏谢上蔡以"寻个是处"解释"穷理"④,但如上文所示,却认为吕大临以"致知"为"穷理"模糊了主客,且其"万物皆出于一"导致"格物"工夫的无法实施。在某种程度上可以说,吕大临等程门弟子的相关观念为朱熹深入理解进而确定自己的格物观念提供了反思素材。但需要强调的是,吕大临的《大学》诠释只是朱熹关注的对象之一,其对朱熹的影响不可夸大,然而若完全忽略不计,恐怕也失于客观。

(原载《哲学动态》2018 年第 7 期)

---

① 朱熹:《四书或问》,《朱子全书》第 6 册,第 505 页。
② 朱熹:《答江德功》,《朱子全书》第 22 册,第 2037 页。
③ 朱熹:《朱子语类》卷 18,第 421 页。
④ 朱熹:《朱子语类》卷 18,第 418 页。

吕柟对阳明心学的辩难及其思想史意义[*]

李敬峰[**]

摘　要：阳明心学在明代中期的异军突起，极大地挑动和刺激着地域儒学关学的神经，如何回应这一学界新声成为关中学者必须面对的时代课题。与王阳明"中分其盛"，与湛若水、邹守益共主讲席的关学集大成者吕柟，以张载、朱子学为旨归，以捍卫理学正统为己任，围绕阳明心学的致良知、格物、知行合一等核心命题，向方兴未艾的阳明心学展开不遗余力的辩难。这种辩难在思想史上具有重要的典范意义：一是阻止和延缓阳明心学在关中地区的传播势头，维系张载关学、朱子学在关中地区的主导地位；二是阐扬关学宗旨，提升张载的显示度，更新和生成张载关学；三是羽翼和发展朱子学，减缓朱子学的衰落速度；四是在一定程度上补救和发明阳明心学。

关键词：吕柟　阳明心学　关学　辩难

关学是由张载始创，并在与不同时期思想流派的交流、融通中动态地发展的与张载学脉相承之关中理学。当朱子学在元代成为一统天下的官方哲学时，它深刻地主导着此后关学的主旨和走向，使得至明

---

[*] 基金项目：本文为国家社科基金重大项目"宋明清关学思想通论（七卷本）"（批准号：19ZDA029）、国家社科基金青年项目"关学四书学研究"（批准号：18CZX025）的阶段性成果。

[**] 李敬峰，陕西师范大学哲学学院教授，博士生导师。

代中期，关学在秉承张载重经贵礼传统之时，依然奉朱子学为圭臬。而当"新天下耳目"①的阳明心学以风靡之势传入关中地区时，极大地挑动和刺激着关学的神经，是起而纠弹，还是广为散播，抑或吸收融会就成为摆在关学学者面前的时代课题。本文便以与阳明"中分其盛"②，与"湛若水、邹守益共主讲席"③、其理学被称为"关中四绝"④之一，其文以被朝鲜国诏令颁布国内的关学集大成者⑤吕柟为对象，通过系统梳理他对阳明心学的认知和辩难，以期彰显是时地域儒学对阳明心学回应的极致，管窥关学与主流学术思潮的交流与会通，进一步认识和把握关学的生成与建构。

一 吕柟对阳明心学认知的"三变"

吕柟（1479—1542），少阳明七岁，几于同时。他一生官历四方，讲学多地，交友广泛，辩友甚多，但以阳明及其弟子为代表的心学一系无疑是其交辩最多的学派。换言之，吕柟的学术思想实则是在与心学一系的论辩中发展和成熟起来的。他曾作书回顾与阳明的交往：

> 昔者予之守史官也，阳明王子在铨部，得数过从说《论语》，心甚善之。后阳明子迁南太仆及鸿胪，而予再以病起。当是时，穆伯潜为司业于南监，寇子享为府丞于应天，尝寄书于二君，曰："阳明子讲学能发二程之意，可数会晤也。"比予再告且谪，

---

① 李维桢：《辨学录序》，载冯从吾：《冯从吾集》卷一，刘学智点校，西北大学出版社2015年版，第28页。
② 黄宗羲：《师说》，《明儒学案》，中华书局1985年版，第11页。
③ 张廷玉等撰：《明史》卷二百八十二，吉林人民出版社1995年版，第4769页。
④ 冯从吾：："吾关中如王端毅之事功，杨斛山之节义，吕泾野之理学，李空同之文章，足称国朝关中四绝。"（冯从吾：《池阳语录》卷上，《冯从吾集》卷十一，第207页）
⑤ 冯从吾说："关中之学自横渠张子后，唯先生为集大成。"（冯从吾：《关学编》卷四，中华书局1987年版，第46页。刘宗周亦说："关学世有渊源，皆以躬行礼教为本，而吕柟实集其大成。"（黄宗羲：《师说》，《明儒学案》，第11页）

吕柟对阳明心学的辩难及其思想史意义

而阳明子官益尊，道益广，讲传其说者，日益众，然视予初论与史官者颇异焉。于是日思见阳明子以质疑，而未获也。及改官南来，而阳明逝矣，方且悼叹。①

这段话详细交代了吕柟与阳明的交往及其对阳明思想态度的转变。正德三年（1508），吕柟举进士第，因不满宦官刘瑾窃政，遂辞官引退。至正德七年（1512），在刘瑾伏诛后两年，吕柟重获起用，充任史官。而此时阳明恰在吏部任职，吕柟多次就《论语》与阳明进行讨论，对其赞赏有加，更与湛若水一起为阳明讲学"倡和"②，可见其对阳明思想的倾慕。后在正德八年（1513）阳明赴南京上任时，立即致信同在南京任职的好友穆伯潜、寇子惇，分别以"王伯安讲学亦精，足得程氏之意，可与寇子惇数去聚论，不可缓视之也"③以及"王伯安讲学近精，亦得程氏之意，幸与穆子数去聚论乎"④的赞赏之语，令二人前去与阳明问学论辩，显示出此时吕柟对阳明之学的推崇和认可，并在其致阳明弟子石廉伯的信中将这一心境直白表露，他说："予之学，不能阳明子之万一。"⑤又在为阳明弟子江若曾为铭记阳明讲学而建的仰止亭所作的亭记中详细阐述他对阳明之学的赞赏，他说：

> 天下之士，是阳明之学者半，不是阳明之学者亦有半。……阳明之学，痛世俗词章之繁，病仕途势利之争，乃穷本究源，因近及远，而曰"行即知也"、"知本良"也，亦何尝不是乎！⑥

---

① 吕柟：《赠玉溪石氏序》，《吕柟集·泾野先生文集》（上）卷六，米文科点校，西北大学出版社 2015 年版，第 233 页。
② 黄宗羲在《甘泉学案》中载："选庶吉士，擢编修。时阳明在吏部讲学，先生与吕仲木和之。"（黄宗羲：《明儒学案·甘泉学案一》，第 875 页）
③ 吕柟：《与穆司业伯潜书》，《吕柟集·泾野先生文集》（下）卷二十，第 662 页。
④ 吕柟：《与寇大理子惇书》，《吕柟集·泾野先生文集》（下）卷二十，第 664 页。
⑤ 吕柟：《赠玉溪石氏序》，《吕柟集·泾野先生文集》（上）卷六，第 234 页。
⑥ 吕柟：《仰止亭记》，《吕柟集·泾野先生文集》（上）卷十七，第 588 页。

由上可知，吕柟之所以推崇阳明之学，就在于其在指摘烦琐的词章之学、纠偏不良的学术风气、批判追名逐利的官场习气以及匡正日益不堪的世道人心上，拔本塞源，振厉风俗，不无裨益。这就准确抓住阳明心学的积极面向，将其一扫旧学阴霾的特质显豁出来。而在正德九年（1514），吕柟再次不满朝政，引退归家讲学，至嘉靖元年（1522）吕柟再度复官，这九年时间，恰是阳明在功业上日益显赫，平江西、平宁王，爵封"新建伯"；在学术上日臻成熟，思想流布天下，门徒遍及四海之时，吕柟获闻阳明新说，渐悟其学与阳明思想多有抵牾，遂开始质疑阳明之学，他说，"阳明子之道，予也鲁，未能从"①，以贬低自我的方式表达对阳明之学的质疑，后欲相见以辩，但直至嘉靖六年（1527），吕柟得以赴南京任职，终于可以有机会与阳明相见，但不巧的是，阳明则于同年赴广西平乱，并在嘉靖七年十一月（1528）病逝江西。也就是说，自南京惜别之后，吕柟与阳明未能再次谋面，疑惑自然也未能释怀，他的"予敢以阳明之学为是乎？予敢以阳明之学为不是乎"②将其矛盾心态展露无遗。虽然未能与阳明直接辩疑解惑，但吕柟则与阳明诸多弟子如邹守益、何廷仁、欧阳德、陆伯载、陆澄、周冲、蔡宗充等，围绕阳明心学核心命题不遗余力地交书辩论。但必须指出的是，这种辩论并不意味着对阳明心学的全盘否定，吕柟曾对阳明心学给予一明确的定位，他说：

> 阳明之学，中人以上虽或可及，中人以下皆茫无所归，故《论语》不道也，亦曷尝尽是乎！虽然，自夫俗儒而言，忘其良知，而又不知以行之为急也，其弊至于戕民而病国，则阳明之学又岂可少乎哉！③

---

① 吕柟：《赠玉溪石氏序》，《吕柟集·泾野先生文集》（上）卷六，第234页。
② 吕柟：《仰止亭记》，《吕柟集·泾野先生文集》（上）卷十七，第588页。
③ 吕柟：《仰止亭记》，《吕柟集·泾野先生文集》（上）卷十七，第588页。

在吕柟看来，阳明之学是瑕瑜互现的，一方面它提揭"良知"，有补于世道匪浅，另一方面它高迈卓绝，只能是中人以上、上根之人的学问，绝不可不分资质，作为所有人的求学门径，吕柟的这种定位和评价虽然并不完全切合阳明本意，但也敏锐地抓住阳明心学的利弊两面。我们可从另一件事进一步展现吕柟对阳明心学的态度：

> 时阳明先生讲学东南，当路某深嫉之，主试者以道学发策，有焚书禁学之议，先生（吕柟）力辨而扶救之，得不行。①

嘉靖二年（1523）会试，主试者因深嫉阳明之学，欲对阳明实施"焚书禁学"之议，吕柟并未因道不相同而落井下石，反倒是全力辩解挽救，最终阻止此议的实行。可以看出，吕柟虽不完全服膺阳明之学，但也并不持门户之私，彰显出其兼容并包的关学底色。综上，吕柟对阳明心学确然经历了始而信、中而疑、终而辩难不已的变化，这种变化既具有多数学者在面临学界新声的复杂心态，又具有关学学者所特有的学术底蕴。

二 良知之辨

"致良知"是阳明50岁时提出的哲学命题，不仅是其立言宗旨，也是其心学思想最终形成的标志。缘于其在阳明思想中的统领性地位，"致良知"旋即成为学者或赞或批的标靶。四库馆臣在述及吕柟的学行时言道："尝斥王守仁言良知之非"②，此言不虚，从他与弟子的对话中可见一斑：

> 诏问"讲良知者如何？"先生曰："圣人教人，每因人变化，

---

① 冯从吾：《关学编》卷四，第43页。
② 纪昀总纂：《四库全书总目提要》卷九十三，河北人民出版社2000年版，第2396页。

> 如颜渊问仁，夫子告以'克己复礼'；仲弓，则告以'敬'；怒樊迟，则告以'居处恭，执事敬，与人忠'。盖随人之资质学力所到而进之，未尝规规于一方也。世之儒者诲人，往往不论其资禀造诣，刻数字以必人之从，不亦偏乎！"①

吕柟对标孔门教法，认为阳明"良知"之教不分对象资质，皆以"良知"授之，与孔门因材施教、随机指点、不设定法的教人宗旨背道而驰，这就不免陷入偏颇。他在与阳明弟子何廷仁的辩论中，进一步阐明此旨，他说：

> 何廷仁言"阳明子以良知教人，于学者甚有益。"先生曰："此是浑沦的说话，若圣人教人，则不如是。人之资质有高下，工夫有生熟，学问有浅深，不可概以此语之。是以圣人教人，或因人病处说，或因人不足处说，或因人学术有偏处说，未尝执定一言。至于立成法，诏后世，则曰'格物致知'，'博学于文，约之以礼'。盖浑沦之言可以立法，不可因人而施一。"②

在此，吕柟将其反对阳明良知之教的缘由表述得更加清晰，他认为阳明所讲的"良知"，不过是浑沦、笼统之语，以此教人不符合圣圣相传的治学传统，因为受教者资质高低不同，工夫生熟有别，学问浅深不一，不加区别，皆以良知教之，难以做到因病施药。更何况这种浑沦、笼统之语只适合作为"立成法"，也就是作为总体的原则，而不可作为统一的方法示人。可见，吕柟是反对这种打并为一、标榜宗旨的做法，因为它忽视受教主体资质的差异，而将所有人等同视之，从而背离原始儒学因人设教的为学宗旨。吕柟从教法上批判阳明"良

---

① 吕柟撰，赵瑞民点校：《吕柟集·泾野子内篇》卷十，西北大学出版社2015年版，第73页。
② 吕柟：《吕柟集·泾野子内篇》卷十三，第99页。

知"之教,是否切合阳明本意呢?对此,黄宗羲曾就吕柟所批为阳明回护道:

> 先生（吕柟）议良知,以为"圣人教人每因人变化,未尝规规于一方也。今不谕其资禀造诣,刻数字以必人之从,不亦偏乎!"夫因人变化者,言从入之工夫也。良知是言本体,本体无人不同,岂而变化耶?非惟不知阳明,并不知圣人矣。①

黄宗羲认为吕柟批评阳明不仅不切合阳明本意,更是误解圣人之意。因为阳明所讲"良知"是本体,而非工夫,本体则众人皆一,无有不同,所以也就无所谓要像吕柟所说的要"因人变化",那只是工夫层面的事。换言之,黄宗羲是从本体与工夫的角度来区分阳明与吕柟关于"良知"的认知差异的。切实而论,黄氏所言并非毫无根底,因为阳明所讲的"致良知"本身就包含本体与工夫两面,"良知"属于本体层面,而"致良知"则属工夫层面,吕柟驳斥阳明也主要从工夫入手处切入,但黄氏认为吕柟错会阳明,乃至圣人,则过于偏激。因为吕柟并非不知阳明,而是他从根本上就反对这种"刻数字以必人之从"的方法,他对理学名儒此法多有微词:

> 纵是周子教人曰"静"、曰"诚",程子教人曰"敬",张子以礼教人,诸贤之言非不善也,但亦各执其一端。且如言静,则人性偏于静者,须别求一个道理。曰"诚"曰"敬",固学之要,但未至于诚、敬,尤当有入手处。②

在吕柟看来,周敦颐、程颐、张载等提揭数字以教人,虽无不善,但仍落入一偏,即没有指明如何达至静、诚、敬、礼境界的工夫,

---

① 黄宗羲:《河东学案》（下）,《明儒学案》卷八,第138页。
② 《吕柟集·泾野子内篇》卷十,第75页。

且这种教法缺乏针对性,其有效性也值得怀疑。实际上,吕柟所要表达的是与其说这些高头话语,不如切实地指明为学之方,使人可以有所持循,可以着手践履。基于此,他批评阳明良知之教是他思想合乎逻辑的自然推衍,虽不合阳明本意,但也不足为怪。他举例来详加说明:

> 苍谷因说阳明之学。先生曰:予在江南时有一举人师阳明者过予讲学,因饭彼说五经是糟粕,不消看,只去致吾良知便了,是时予饭未了,而彼已释筯,予说且不要远比,只《礼记》里说"主人未辩,客不虚口",你若不去看他,就差了,却从何处致良知。①

当阳明弟子向吕柟述说五经是糟粕,不值一看,只需"致良知"时,恰吕柟仍在吃饭,而阳明弟子则已吃完,放下筷子,吕柟趁机发难,以《礼记·曲礼》中的"主人未辩,客不虚口"(主人尚未吃完,客人不应停止吃饭)的吃饭礼仪来予以批评,意在指明与其大而无当地空言"致良知",不如在日用伦常中切实践履,这一主张也隐含着关学的重礼传统。更为重要的是,他主张"致良知"不能脱离书本知识,他说:

> 致良知必须学古训以明其心,犹镜之有尘,必用药物以磨之可也。如其不用药物以磨之,而能使之明者,难矣。②

这就是说,致良知除需落实在人伦日用中外,更离不开外在知识的夹持。吕柟在此肯定了知识对良知的辅翼,这就有内有外地将"致良

---

① 《吕柟集·泾野子内篇》卷十九,第158页。
② 吕柟:《四书因问》卷六,《吕柟集·泾野经学文集》,刘学智点校,西北大学出版社2015年版,第487页。

知"之学加以限定,拉回到关学、朱子学的学术框架之内,力除阳明,尤其是阳明弟子从脱略知识、纯任自然的角度片面发展阳明"致良知"思想,导致轻视实手工夫和外在知识的偏颇之弊。而这种现象的出现,不仅与阳明"急于明道,往往将向上一机,轻于指点,启后学躐等之弊"①密切相关,更与弟子忘却阳明之"致良知"是融贯其百死千难的经历而提出的,难以体之验之,流于空谈顿悟不无关系。从吕柟对阳明"良知"之教的批判中可以看出,吕柟是较早对心学一系的理论进行反思和批判的学者,体现出高度的理论自觉和敏锐的反思意识,走的是"重工夫,贵践履,轻口耳"的学术路径,显豁的是笃实践行的关学、朱子学的理论底蕴,与阳明着意从形上角度致思立论的方式自然不同。

三 知行之辩

阳明早在龙场之时就已经提出"知行合一",目的在于纠治朱子强调"知先行后"所导致的知而不行的思想弊病。吕柟取法朱子,自然要对阳明此石破天惊之论起而驳之。首先就知行先后问题,他明确指出,"人之知行自有先后,必先知而后行,不可一偏。……圣贤亦未尝即以知为行也"②,很明显,吕柟这段话表达的知行宗旨是"知行为二,知先行后",昭示出朱子学的思想底色。他在与阳明高足邹东廓的交辩中将此进一步展开:

东廓子曰:"圣人原未曾说知,只是说行,行得方算得知。譬如做台,须是做了台,才晓得是台,譬如做衣服,须是做了,才晓得衣服。若不曾做,如何晓得此所以必行得,方算做知。"先生曰:"谓行了然后算作知亦是。但做衣服,若不先问补多少

---

① 黄宗羲:《师说》,《明儒学案》,第7页。
② 《吕柟集·泾野子内篇》卷十,第75页。

尺寸，领多少尺寸，衿是如何缝，领是如何缝，却不做错了，也必先逐一问知过，然后方晓得缝做，此却是要知先也。"东廓子犹未然。①

在这段辩论中，邹东廓明显是循着阳明的"知是行的主意，行是知的功夫"②的思路立论的。他以做衣为例，主张只有衣服做成，方能知道这是衣服。这一方面强调的是一般性的认知来源于具体的实践，但更为重要的是从本源、本体意义上强调知、行的同一无二、相融互涉，与朱子学之界限明晰、层次井然拉开距离。吕柟当然认同邹东廓的前一层意思，而对后一种意思则激烈反对，他同样以做衣为例，认为做衣之前必须明确衣服各部分的尺寸，方能做衣，这就是所谓的"知"先"行"后。从两者的差异中可以看出，邹东廓更多是从道德、良知意义上来理解知行，"知"是基于良知的意识活动，并不是一般的认知，如欲做衣服的意念、意愿，而"行"则必须是源于这种良知意识的落实和完成，这就将朱子学强调的外在的、客观的"行"向内在、主观一面收缩、转进，这样"知"与"行"就成为同一个活动的两个不同的向度，它们之间是"同质的时间差"③。这一点，阳明的另一弟子王畿指陈得更为直接明白："知非见解之谓，行非践蹈之谓，只从一念上取证"④，也就是说，阳明心学所谓的"知"并不是认知见解，"行"也不是躬身践履之

---

① 《吕柟集·泾野子内篇》卷十四，第104页。
② 王阳明：《传习录》上，《王阳明全集》上，上海古籍出版社2015年版，第4页。
③ 陈立胜教授用"同质的时间差"和"异质的时间差"来区分阳明心学与朱子学在知行问题行的差异。同质的时间差是说同一个行动，从发动到完成有一个过程，行动之发动即阳明所谓"知"，行动则属知之完成。而"异质的时间差"是说"知"是内在心理活动，"行"是外在举止活动，两者是不同的，是由内及外之先后关系。（陈立胜：《入圣之机：王阳明致良知工夫论研究》，生活·读书·新知三联书店2019年版，第125—126页。）陈氏的这种区分可谓精到，此处认同陈说。
④ 黄宗羲：《浙中王门学案二》，《明儒学案》卷十二，第250页。

吕柟对阳明心学的辩难及其思想史意义

意,而是需要从"一念良知"① 而非"认知"的角度去把握。相反,吕柟则主要从认知意义上来理解知行,"知"是对外在对象的认知和理解,属于经验性的知识,它对"行"具有先决和指导意义,而"行"则主要是一种外在的实践活动,"知"与"行"是两个属性相异、领域不同的概念,是完全不同的两个行为过程。显然,邹东廓与吕柟的分歧也正是阳明心学与朱子学的差异所在,即良知取径上的知行与认知维度上的知行。而这种根源性的差异,后学往往察之不精,言之不详,将它们放在同一概念层面上进行考辨,违背辩论讲求同一律的基本规则,辩论累年,纠葛不清亦在所难免。吕柟继续深入批驳道:

> 有生知、学知、困知,又有安行、利行、勉行,可见,知行还是两个。阳明子以知行为一个,还不是。②
>
> 知得便行为是,谓知即是行,却不是。故知者行之始,行者知之随,犹形影然,又犹目视而足移。③

在这两段话中,吕柟的批评逻辑是这样的,即以经典《中庸》及朱子所言为据来拒斥阳明心学的"知行为一"和"以知为行"的观点。就前者而言,吕柟认为圣人分明是将知、行分说,而阳明却将其打并为一,这就与圣人宗旨相抵牾,故而不足取,亦不足信。而就后者来说,它实是前者的进一步推衍,吕柟有保留地肯定阳明的观点,认同"知便要行"的主张,但这绝不意味着"知"就可以等同"行",因为"知"与"行"有明确的分界,"知"是"行"的基础和源头,而

---

① 吴震教授指出:"知行合一是在'一念良知'的意识活动中并在良知主导下的'合一',正是由心体良知的'一念'而导向知行的'合一',故'一念良知'便成了'合一'之所以可能的内在机制。"这一灼见洵为至论。(吴震:《作为良知伦理学的"知行合一"论》,《学术月刊》2018 年第 5 期。)
② 吕柟:《四书因问》卷二,《吕柟集·泾野经学文集》,第 318 页。
③ 《吕柟集·泾野子内篇》卷十五,第 119 页。

"行"则须有"知"的范导和引领,两者之间的分际和差异实不容忽视。吕柟对阳明的反驳,将朱子学与阳明心学在知行观上的关联和差异进一步明朗和深入,尤其是他所提出的"知者行之始,行者知之随"与阳明的"知者行之始,行者知之成"①仅有一字之差,虽然本意不同,但这一方面将朱子学的知行关系更加清晰、凝练地予以承继和提升,另一方面也反映出明代中期朱子学与阳明心学的交融和互鉴。而当吕柟与邹东廓经过数次交辩不得不以"犹未然"作罢时,吕柟以近似无奈的心态表达他对"知行合一"的态度:

> 有问"知行合一"者,先生曰:"尔如此闲讲合一不合一,毕竟于汝心上有何益?不若且就汝未知者穷究将去,已明白者尽力量行去,后面庶有得处。"②

显然,吕柟已不屑再费口舌去争辩,而是主张与其空谈知行合一,不如切实地去穷究践履,这一方面当然是其注重下学、倡导躬身践履学术特质的直接展现,另一方面也是其对阳明"知行合一"思想难以认同的含蓄体现。当然,需要指出的是,吕柟对阳明"知行合一"的理解并不切合阳明的本意,内在原因是吕柟强烈的卫道情结,外在缘由乃是阳明的"知行合一"确实容易引发"销行入知"或"销知入行"③的弊病,吕柟由此切入批判阳明心学亦在情理之中。要言之,吕柟的知行观虽不越朱子矩镬,所批的阳明也只是他所理解的阳明,但在明代中期朱子学一统天下地位受到阳明心学的直接挑战而出现松动之时,不见风滑转,依然羽翼和祖述程朱理学,捍卫和挺立之功实不宜抹杀。

---

① 王阳明:《传习录》上,《王阳明全集》上,上海古籍出版社2015年版,第4页。
② 《吕柟集·泾野子内篇》卷十二,第97页。
③ 详参杨国荣《王阳明与知行之辩》,《学习与探索》1997年第2期,第74—76页。

四　格物之辩

自朱子为《大学》作格物补传，标举"格物"，"格物"问题遂笼罩着此后的学界，成为多数学者行文立说不得不回应的公共议题，尤其是在阳明那里，更成为其思想由信朱到疑朱的转捩点。而这种质疑也促使其对"格物"做出异于权威的诠释，并引起同时期的湛若水、顾东桥、罗钦顺、吕柟等的激烈发难，掀起一场名贯学术史的论辩。就吕柟而言，他主要从两个角度展开辨析，首先就格物是否可解释为穷理的问题，吕柟在与王门正统邹东廓①辩论时指出：

> 先生曰："东廓言博学是行，试言其详，何如？"东廓子曰："如敬以事亲，则事亲之物格，敬以事兄，则事兄之物格。物格即是物正，如此就是博学。"先生曰："此与博学字面甚无相干。夫事亲中间有温凊定省，出告反面，'疾痛疴痒而敬抑搔之，出入则或先或后，而敬扶持之'，自有许多节目，皆无所不学，然后为博。……"先生曰："深爱言却好，然未能如此者，必敬抑搔、敬扶持之却是学。故格物还只是穷理，若作正物，我却不能识也。"东郭子曰："'程子曰：穷理不可作致知看。'如何以格物为穷理？"先生曰："此言，程子或有为而发。若不穷理，将不至于冥行妄作乎？"②

我们知道，朱子将"格物"解释为"即物而穷其理"，而阳明则认为朱子这是向外求理，遂将"格物"诠释为"格心""正念头"，也就是"为善去恶"，以期弥合朱子析心、理为二的理论缺陷。从上述辩

---

① 黄宗羲说："阳明之殁，不失其传者，不得不以先生（邹东廓）为宗子也。"（黄宗羲：《江右王门学案一》，《明儒学案》，第332页）
② 《吕柟集·泾野子内篇》卷十三，第105页。

论中不难看出,邹东廓以程颢所言的"穷理不可作致知看"为据,反对将"格物"解释为"穷理",并挟师说以杜他人之口,力主"格物"就是"正物",将"物""博学"限定在事亲敬兄等人伦日用之事上。而吕柟则针锋相对,认为邹东廓所据的程颢之言,乃其有针对性的说法,而非程颢定论。他以张载、朱子学为旨趣,主张必须实手去即物穷理,否则就会导致茫然无矩,随意妄行,因此那种将"格物"解释为"正物",将"格物"限定在意识领域,而非穷究事物道理是绝对不可行的。显而易见,吕柟直接批评的是邹东廓,间接批评的则是阳明。他们两者的争论隐含的是程朱理学与阳明心学这两大学派的理论分歧。众所周知,阳明虽然早年格竹之举对朱子"格物"多有误解,但他认为朱子通过格物穷理,然后再经由心性涵养的方式来将物理转换为性理①的方式,将"心"与"理"析为二,无论在理论上还是现实上都是有困难的,阳明的这种理解并非毫无根由,很大程度上也击中朱子"格物"理论的不足。然或限于学术立场,或出于门户意见,以致出现辩论有年、互不信服的境况。从另一次辩论中我们可见端倪:

> 东郭子曰:"我初与阳明先生讲格物致知,亦不肯信,后来自家将论孟学庸之言各相比拟过来,然后方信阳明之言。"先生曰:"君初不信阳明,后将圣人之言比拟过方信,此却唤做甚么,莫不是穷理否?"东郭子笑而不对。②

在吕柟看来,邹东廓求之于经典书册,质之于圣人之言,正是格物穷理之举,这显然是以朱子学的理论来驳斥邹东廓,而邹东廓虽无应

---

① "物理"和"性理"具有同一性,是"天理"的不同表现形式,这种转换正如张学智先生指出的:"须有一识度,这种识度并不是天然具有的,它需要培养。且在获得这种识度之前,物理天理是分为二的。"(张学智:《明代哲学史》,北京大学出版社 2000 年版,第 81 页)

② 《吕柟集·泾野子内篇》卷十三,第 106 页。

辩，但难以信服之意已不言自明。据实而论，朱子学与阳明心学在格物上的差异是立场性、指向性的差异，在立论前提、内容设定上均有不同，交辩无解自不足为怪。

吕柟向心学一系发难的第二个焦点就是"格物""诚意"的次序问题，吕柟崇尚朱子，重申"格物"在《大学》工夫体系中的首出地位，他说，"读《大学》，知格物，其下七者皆不难矣"①，又言："为学之道，大抵不过《大学》格致诚正而已。其格物之功又其首事"②。这就与朱子思想毫无二致。他在与邹东廓辩论时进一步展开此意：

> 东廓子曰："圣贤论学，只是一个意思，如'修己以敬'，一句尽之矣。……我看起来，只是一个修己以敬工夫。"先生曰："修己以敬，固是，然其中还有'格物致知'、'诚意正心'许多的工夫。此一言是浑沦的说，不能便尽得。"东廓子曰："然则修己以敬，可包得'格物致知、诚意正心'否？"先生曰："也包得。然必格物致知，然后能知戒慎恐惧耳。"东廓子曰："这却不是。人能修己以敬，则以之格物而物格，以之致知而知致，以之诚意而意诚，不是先格物致知，而后能戒慎恐惧也。"先生曰："修己以敬，如云以敬修己也，修字中却有工夫。如用敬以格物致知，用敬以诚意正心是。如此说，非谓先敬而后以之格物云云也。"③

在这段话中，邹东廓主张以"修己以敬"括尽所有工夫，认为只要能做到"修己以敬"，"格致诚正"自然可至，故而反对吕柟所主张的先"格物致知"，而后能"戒慎恐惧"的主张。吕柟延续其一贯反对

---

① 吕柟：《二程子钞释》卷六，影印文渊阁《四库全书》第715册，台北商务印书馆1986年版，第190页。
② 吕柟：《答张汝敷邦教书》，《泾野先生文集》（下）卷二十一，第727页。
③ 《吕柟集·泾野子内篇》卷十三，第104页。

为学标榜宗旨的主张，认为只说"修己以敬"，虽也涵括"格致诚正"工夫，但终究是浑沦、笼统的话，难以给学者指出切实可循的为学之方，失却为学有序，步步着实的工夫宗旨，因此必须先有格物致知之功，然后才能"戒慎恐惧"，而不是先敬而后去格物致知。从两者的争辩中可以看出，吕柟是站在理学的立场，遵循朱子所言的"《大学》之道，虽以诚意正心为本，必以格物致知为先"①，一方面凸显"格物致知"在《大学》工夫体系中的统领地位，另一方面则着重强调"格物致知"应在"诚意正心"之先，他在回答弟子之问中将此表述得更加明确：

> 邦儒问："近日朋友讲及《大学》，每欲贯诚意于格致之前，盖谓以诚意去格物，自无有不得其理者，如何？"先生曰："格致、诚正，虽是一时一串的工夫，其间自有这些节次，且如佛氏寂灭，老子清净，切切然惟恐做那仙佛不成，其意可谓诚矣，然大差至于如此，正为无格致之功故也。但格致之时，固不可不着实去做，格致之后，诚意一段工夫，亦自不可阙也。"②

心学一系力主"诚意"为《大学》的统领性、第一义工夫，用"诚意"来规范"格物"，以期使"格物"在"诚意"的框架内展开，将"格物"完全转向内在，落实在德性伦理之内，防止"格物"滑向单纯的知识化一边，这显然是针对朱子的"格物"说流于外在立论的。而吕柟则难以认同此论，因为没有格致、穷理之功，诚意就会落空，佛道二教正是因为缺少格致工夫，纵有诚意，也难逃寂灭之果。显然，吕柟强调的是格物在《大学》工夫体系中的基础性地位，而心学强调的是诚意在《大学》工夫体系中的统领性地位，前者是先格致，

---

① 朱杰人等编《答曹元可》，《晦庵先生文集》卷五十九，《朱子全书》（修订本）第23册，上海古籍出版社、安徽教育出版社2010年版，第2811页。
② 《吕柟集·泾野子内篇》卷十四，第111页。

后诚意，次序井然，不容躐等，后者则是以诚意范导格物，格物只不过是达至诚意的手段，它要从属、服务于诚意，而不能逸出诚意的内容之外。要言之，吕柟与心学围绕格物所辩的两个向度，皆是包含张载、朱子之学在内的理学与阳明心学争论的核心焦点，牵涉两派学术的立论根基，是难以折中协调的。虽无果而终，但这种辩论的学术意义已然超出行为本身。

结　语

吕柟在阳明心学方兴未艾之时较早地对其展开系列的辩难，可视为是张载关学、朱子学对阳明心学的批判，是旧学对新学的排挤，是官方学术对异己思想的拒斥。这三种维度的交叉重叠使这种辩难的意义更加丰富和多元：一是吕柟对阳明心学的辩难，赖其卓绝的学术影响，一定程度上阻止和延缓阳明心学在关学、朱子学主导的关中地区的传播势头，这可从两条线索得到明确的印证：一方面是与吕柟一起讲学论道，交辩切磋，且在当时领袖关中的名士如马理、韩邦奇、杨爵等，受其影响，皆从不同角度和层面表达对学界新声阳明心学的批判；另一方面是问道于这些士林领袖的大批学子，并在后来成为关学代表的吕柟弟子如吕潜、郭郛、张节、李挺等，秉承师说，亦以排斥阳明心学为务，如郭郛以程朱理学"主敬"自律，不为心学所动，他说："学道全凭敬作箴，须臾离敬道难寻。"[①] 可以看出，在吕柟的直接或间接影响下，是时关中名士多谨守程朱理学，抵制阳明心学。二是标举和生成张载关学。和明初及同时期的关学学人如王恕、马理、杨爵等相比，吕柟已开始更多地提及、推崇张载，将其从程朱理学的阴影中解脱出来，提升张载关学的显示度，为晚明关学的复振与建构做了很好的铺垫。他在辩难阳明心学过程中所彰显的推崇礼教、躬身

---

① 冯从吾：《关学编》卷四，第59页。

践履，正是关学宗风的体现①，强化着关学的学术传统和地域认同，尤其是在不自觉地受到心学一系综合、简易思维模式的影响下，推动关学的不断生成和更新。三是羽翼和发展朱子学，捍卫朱子学的正统地位，减缓朱子学的衰落速度，使"笃信程朱，不迁异说者，无复几人矣"②的学术局面迟至嘉、隆而后才出现，因此吕柟得以与罗钦顺一起被李二曲、《明史》等视为明代"独守程朱不变"的仅有的两位学者。四是在一定程度上补救和发明阳明心学。吕柟秉承张载关学"躬身践履，倡导实行"的学派精神，他说："君子以行为本"③，特别凸显"力行"的重要性，也因此之故，私淑王阳明、吕柟的刘宗周就赞道，"异时阳明先生讲良知之学，本以重躬行，而学者误之，反遗行而言知。得先生（吕柟）尚行之旨以救之，可谓一发千钧"④，可见吕柟尚行、践道之学对心学一系偏于心性体悟的补救之功。同时，吕柟对阳明心学的持续辩难正如黄宗羲所言："骤闻阳明之学而骇之，有此辩难，愈足以发明阳明之学，所谓'他山之石，可以攻玉'也"⑤，也就是说，这种辩难在一定程度上亦为阳明之学的光大起到添翼、暗助之功，使得阳明心学在关中名士的辩难声中迅速传播开来，但这绝非吕柟等人的本意，只不过是辩难的副产品而已。总括来看，吕柟恪守、抬升关学、朱子学与辩难阳明心学是一体两面之事。虽然他在当时与阳明平分秋色，"东南学者尽出其门"⑥，"德业在胜国三百年推第一"⑦，但其后来的学术影响则远远逊色于阳明，其中虽有诸多因素，但吕柟本人学术过于强调下学、注重践履，而不足以对阳明心学构成挑战的学术体系和特色，无疑是最主要的原因。要

---

① 张学智先生亦指出："吕柟之学，以朱子学为主，并继承了张载注重践履的特点。"（张学智：《明代哲学史》，北京大学出版社2000年版，第24页）
② 张廷玉等撰：《明史》卷二八二，第4756页。
③ 吕柟：《静乐得言题辞》，《泾野先生文集》（下）卷三十六，第1063页。
④ 黄宗羲：《师说》，《明儒学案》，第11页。
⑤ 黄宗羲：《诸儒学案》上，《明儒学案》卷四十三，第1044页。
⑥ 黄宗羲：《河东学案》下，《明儒学案》卷八，第138页。
⑦ 樊景颜：《重刻记事》，《泾野子内篇》附录二，中华书局1992年版，第309页。

之，吕柟对阳明心学的辩难，是地域儒学回应阳明心学的一个缩影和典范，既涵具地域儒学接受和传播阳明心学的共性特质，也别具关学所特有的保守和开放。

(原载《中国哲学史》2020年第6期)

晚明儒学的宗教化与世俗化转向*
——以李二曲为例

王文琦**

摘　要：李二曲是明清儒学转型运动的重要参与者，他对儒学宗教化与世俗化有许多独到的见解。沿袭思想史与哲学研究的不同视角，明清儒学的宗教化和世俗化也表现出留意于"实践落实层面"和"成圣追求层面"的不同侧重。李二曲既顺应儒学世俗化的思潮，又对过度追求世俗化保持警惕；他积极吸收佛、道等通俗宗教"劝善去恶"的现实功效，但并不执迷于通俗信仰而是尝试寻求儒学自身宗教化的合理方向。二曲学不仅有"补偏救弊"的特别关注，还有"康济时艰"的自我主张。明清儒学的宗教化与世俗化，既可以为明清学术转向提供方向与参照，又可以为现代化儒学的自我定位提供宝贵的经验与教训。

关键词：李二曲　明末清初　儒学宗教化　儒学世俗化　哲学与思想史

---

* 本文系国家社科基金青年项目"心学与关学交叉视域下的李二曲哲学思想研究"（17CZX036）部分成果。
** 王文琦，陕西师范大学哲学学院讲师。

李颙（1627—1705），学者称二曲先生，陕西周至人。他与孙奇逢、黄宗羲曾被誉为清初"三大儒"。① 李二曲是明清儒学转型运动的重要参与者，他对儒学宗教化与世俗化的看法有许多独到见解，值得加以重视。

宗教化与世俗化是明清儒学发展的两个重要面相，常为思想史研究者所关注。然而它们又不仅是明清儒学所独有，自儒学产生之日起，宗教性与世俗性就都是儒学的重要特征；直至今日，儒学如何应对古今、中西等多元文化的挑战依然是学界关注的热门话题之一。基于对传统儒学（尤其是宋明理学）偏于理论思辨的不满和发挥儒学化民成俗功效并解决具体现实问题的寄望，儒学的宗教化与世俗化势在必行，它们的背后其实是学者对儒学自我改革与转型的要求和期待。

儒学的宗教化与世俗化，既可以对明清学术转向进行内在分析提供必要资料，又是清末民初儒学"去意识形态化"之后所可探索的必然方向，还可为新时代儒学的自我定位提供宝贵的经验与教训。

一　明清儒学宗教化和世俗化的两重内涵

明清之际特殊的历史机缘使传统儒学的固有缺弱暴露无遗。面对明清易代、西学传入和理学终结等时代难题，"儒学转型"就成为学者寻求救世之道最为核心的诉求。其中，"反理学思潮""经世实学的转向""启蒙与近世化"等均为此核心诉求因应不同学者的不同研究偏重所形成的具体观念。如何使传统儒学转化为对象性之可见效用，落实为具体外在的典章制度，发挥其化民成俗功效并解决现实历史问题才是它们背后共同的取向。为了说明这些多元学术思潮背后所

---

① 全祖望：《二曲先生窆石文》，《李颙集》，西北大学出版社2015年版，第653页。

蕴含的儒学转型问题，兴起于六七十年代的"内在理路"①式研究逐渐取代了20世纪以来易流于"宏观叙事"或"套解西学概念"的范畴式研究，两种来自哲学和思想史的意见展现出了各自理论的深刻性。

从哲学的角度来看，儒学从中晚明起（一说自元明起）就明确形成了一种转型趋势，最有代表性的说法是刘述先等人的"从超越向内在转化的趋势"②。这一"趋势"正是基于宋明理学的已有成就（侧重"内圣"、形上智慧方面）而谈清代学术转型的问题，寄望儒学发展出应对时代需求的正面客观力量（"外王"贡献）。这一"趋势"可被视为学者各持异说所可以接受的最大共识，当然也是目前较为稳妥的一种"哲学"式的处理。然而，不可否认的是"超越与内在"所涉及的主要还是"内圣"一面，此"趋势"一旦被用于哲学家的评价时，学者们一定还需同时考察其"外王"一面。总之，哲学评价的特点在于理解儒学形上形下架构的完整性与合理性，紧抓价值评判，但同时并不越出自身的"哲学"限定，保留学说多样性发展的解释权。

从思想史的角度来说，明清学术的真实状况是学者们纷纷不满于理学的"大传统"，反倒是体现学术多元性的"小传统"成为主流。揭示思想的多样性和复杂性就成为其首要任务，而说明这些思潮形成的内在原因则是思想史研究的最高要求。代表性的研究者如王汎森、

---

① 这里的"内在理路"，虽借用余英时先生的说法，但取其广义，非限于余先生70年代《论戴震与章学诚》等著作之所指，余英时《朱熹的历史世界》本就属广义的"内在理路"式研究。具体来说，凡是重视学术发展的内因，主张由宋明理学的内在发展与演变角度阐述明清儒学转向的深层原因，均可视为"内在理路"式的研究，无论其侧重于使用"哲学"抑或"思想史"等方法。60年代的牟宗三、钱穆、徐复观等学者，不论其对清学采取何种态度，均属于一种"内在理路"式研究。

② 刘述先：《论超越于内在的回环》，《理一分殊与全球地域化》，北京大学出版社2015年版，第41—56页。类似的说法还有：（1）冈田武彦的"从二元论向一元论的转移趋势"（50年代，《王阳明与明末儒学》）；（2）陈来的理学"去实体化"发展趋势（2003，《元明理学的"去实体化"转向及其理论后果——重回"哲学史"诠释的一个例子》）等。

吴震等先生①，他们均以考察明清士人在社会、经济、道德、宗教等方面的思想论述和行为实践为出发点，立体展现明清思想的历史图景。至于其形成的内在动因，则可追溯到明清商品经济与市民社会的快速发展，以及儒学自身的丰富内涵与转型要求等。总之，思想史评价的优点在于注重思想发展背景的历史真实性和复杂多样性，从现实和思想两个维度共同揭示明清儒学转型运动的全景和动因。过于执着在展示"历史真实"，而少做价值评判则可能是其缺弱。

哲学与思想史两种方式在明清思想研究中各有优长，故而继承对方的合理因素、完善自我研究就成为学者们的共同取向了。另一方面，明清思想在哲学与思想史两种研究范式下所形成的结论又可能是截然不同的，最显著的例子是在对清代考据学性质的判断以及清代学者的最终评价上。一般来说，依哲学视角，学者们虽能承认"达情遂欲"有其积极意义，但大体还是对清学的转向持消极看法；②而思想史研究则多从顺应历史的角度首先肯定清代学术的新贡献。③就是在这样的争论与互动中，明清思想研究不断深入和进步。

宗教性与世俗性既是儒学本身所具有的内涵，又是明清儒学最有价值的内容之一；宗教化与世俗化既是儒学自我转型的内在要求，又是明清儒学发展的一大特征。从中晚明起，这两个特征就曾在王阳明良知学的传播中展露无遗。良知学经由王龙溪和泰州学派改造，经历了"形上信仰化"和"人伦日用化"的演变，他们共同强调对良知首先"信得及"。所不同者，王龙溪是以"形上思辨"的方式追求对良知的"超越信仰"；而王心斋是以"百姓日用即道"的方式追求对良知的"内在信仰"。"超越信仰"中的"工夫"可能隐而不显；"内

---

① 例如，王汎森：《晚明清初思想十论》等；吴震：《明末清初劝善运动思想研究》等。
② 他们并非不清楚清学之优长，而是对其做哲学价值的综合评判，尤其痛心于儒学"形上智慧"的消解。如牟宗三、徐复观、劳思光等人。
③ 20世纪以来流行于大陆的明清哲学研究，无论是采用"启蒙与近代性"还是"经世实学"等研究视角，"反理学思潮"都被解释为一种进步力量。例如：梁启超、侯外庐、萧萐父等学者。

在信仰"也可能仅是依靠"自然明觉"来践行人伦日用。这正是刘宗周、黄宗羲师徒所批评的"心学流弊",与此同时,他们对"王门左派"背后顺应社会思潮的进步性又持肯定意见。①

儒学世俗化是儒学追求现实功效的必然要求。值得注意的是,世俗化的依据才是哲学家们所着重留意的。王龙溪在《滁阳会语》等著作中就对"现在"良知有明确批评,他主张良知"发用"却不会同意泰州对良知简单化的信仰。亦即是说,"世俗性"往往需要依靠"信仰性"来决定其自身价值。儒学不是宗教,但儒学富含宗教性,这可说是过往在讨论儒学是否为宗教问题上的一般性结论。儒学的宗教性常被理解为:它与一般宗教一样,本质上是一种精神寄托和终极关怀,内容上则可以导人向善与化民成俗。所不同者,一般宗教由"信仰"而"实践"讲究的是"外在超越",而儒学则是一种典型的"内在超越"。在论说儒学宗教性时,学者们又有侧重于宗教之"实践"和侧重宗教之"信仰"两方面表述的不同。

吴震先生在《明末清初劝善运动思想研究》中常关注下层民众和一般学者如何通过道德劝善来扭转日益失落的人心,重整社会道德秩序乃至政治秩序。他在吸收钱穆等学者的意见后,总结说:儒家思想是以精神不朽为追求目标的融宗教于伦理的人文教。②从而落实其观察视角为"民间信仰"或"通俗信仰"的考察域。他认为:"绝大多数儒者仍然相信'神道设教'具有相当重要的现实意义及政治意义,因此他们的基本态度并不是以理性拒斥信仰、以道德取代宗教,而是对宗教、信仰等问题采取一种'可为愚者道'的现实态度。③

杜维明先生在《中庸洞见》中指出,普通的人类经验即是道德秩序依存的中心。人之所以有道德感是因为人性,而人之所以有人性是由"天"所赋予,"天"就是道德秩序的超越性的支撑点,每一个人

---

① 参见笔者《良知从"见在"到"现成"》,《人文杂志》2016年第5期。
② 吴震:《明末清初劝善运动思想研究》,上海人民出版社2016年版,第83页。
③ 吴震:《明末清初劝善运动思想研究》,上海人民出版社2016年版,第86—87页。

都可以体验到"天"的存在,人通过"诚"之功得到与天合一的机会。在他看来,儒学的宗教性就是"终极的自我转化"。而自我转化(实现君子之道),必须通过人际关系(信赖社群)来予以落实。"信赖社群"的"达己"是自我转化中一种不可消解的终极的真实,是儒学宗教性的一个规定性特征。可取的做法就是把社群的所有层面(家庭、邻里、宗族、种族、民族、世界、宇宙)都整合进自我转化的过程中,而这一包容的过程是学习充分做人的筹划所固有的。[①]

显而易见,上述两种儒学"宗教性"的关注视角并不相同,分别留意于"实践落实层面"和"成圣追求层面"。但二者并不冲突,而是各有侧重、相互补充的关系。他们都主张儒学要在"社群场域"中发挥功用,建立道德秩序。而要承认道德秩序的重要和必要,就势必要承认存在着作为其支撑点的更为根本的结构。也就是说,"实践落实"是依照"成圣追求"的理论来完成的,"成圣追求"又必然要在"实践落实"中成就自己。

在明清之际,讨论儒学的宗教化和世俗化是众多学者的共识,其最终评价则应当以上述儒学宗教性的两重内涵共为标准:先看学者是否能顺应时代思潮,积极融入儒学宗教性与世俗性的开发和儒学转型运动中来;再看学者能否对儒学由"信仰"而"实践"的根本结构有完整的把握,从而合理且有效地推动儒学的世俗化运动。确立了这样的标准之后,不难发现,李二曲正是这一思潮中的佼佼者。

二 李二曲对儒学世俗化的顺应和批判

"世俗化"是儒学的一种权宜说法,因为儒学在创立之初,世俗性就是其重要内涵之一。所谓世俗性虽然不必对之作出如"体神秘不测之妙于人伦日用之中"(熊十力语)般玄妙的解释,但用"思想是

---

① 参见杜维明著《论儒学的宗教性》,《中庸洞见》,段德智译,人民出版社2008年版,第119—125页。

生活的一种方式"（王汎森语）来加以描述至少是言之有据的。在传统中国，儒学思想的阐发与日常生活往往是融合无间的。例如孔子的思想就隐藏在他的生活语录之中，从黑格尔对孔子的误解，到芬格莱特"即凡而圣"的揭示，儒学的世俗性和生活化越来越被现代学者所看重。自南宋以后，"道学"内涵呈现出了僵化和窄化的趋势，直到明末清初，一种"复古"而追求"全儒之学"的运动蓬勃展开。因为只有去除掉理论思辨化的狭义"道学"，才能重新找回儒学的丰富内涵，并有机会借之应对历史生活中的现实问题，这也正是"反理学"口号的真正意图。李二曲正是明清儒学世俗化运动中的重要参与者，与一般学者所不同，他把"反理学"明确定义在反对理学（道学）之流弊上，而对于道学的积极面，则有"道学即儒学"的说法。

我们举出三个例证来说明二曲对儒学世俗化思潮的顺应：（1）学术经典文本的扩大化；（2）绝对道德观念的开放化；（3）市民社会的商业化对学者的影响等。

首先，"无师自成"的二曲是依靠广博的阅读而逐渐成学的，我们可以由二曲43岁时成书的《体用全学》明其学之规模。《体用全学》列出"明体类""适用类"等具体书目，其中"明体类"多为理学丛书；"适用类"则丰富而博杂，包括《文献通考》《经世挈要》《武备志》《经世八编》《律令》《农政全书》《水利全书》《泰西水法》《地理险要》，等等。二曲对这些书籍常有"经世之法，莫难于用兵""读书万卷不读'律'，致君尧舜终无术"等注释，他认为这些书籍"咸经济所关，宜一一潜心"。① 这些书目经二曲罗列，体现出二曲对"适用类"书目的重视态度。自唐宋以后，从"十三经"的确立到"四书"学的兴盛，儒学对经典范围的态度一直是趋于保守的，甚至从"经学"到"四书学"的转变大有越发收束于"内圣学"的倾向。明清之际，为了弥补儒学"客观化"不足的缺弱，学术经典文本的扩大化成为学者的共识。然而，二曲区分"明体"与"适

---

① 参见李颙《体用全学》，《李颙集》，第58—64页。

用",又显示出他对上述著作的批判性看法:

> 博识以养心,犹饮食以养身。多饮多食,物而不化,养身者反有以害身;多闻多识,物而不化,养心者反有以害心。饮食能化,愈多愈好;博识能化,愈博愈妙。盖并包无遗,方有以贯,苟所识弗博,虽欲贯,无由贯。……切中学人徒博而不约,及空疏而不博之通弊。①

二曲所言之"博学"大有别于"杂学"。余英时曾专论过"博与约"之诠释在思想史上侧重的演变。他认为,中晚明的陈白沙与王阳明是"重'约'而轻'博'"的代表;而明清之际则有批评上述"舍多学而识以求一贯"风气的共同倾向,其中以顾炎武为最激烈者;至戴震和章学成则完全是以"道问学"的层面来讨论"博"与"约"的关系了。按照余先生之论,李二曲显然是处在同于顾炎武的中间阶段。值得注意的是,二曲此论不但对"空疏而不博"的理学传统"通弊"有所批判;同时对包括顾炎武在内的"学人徒博而不约"的激烈逆反有所警惕。

其次,李二曲论儒学的世俗化还体现在其"巧解功名"等案例上。二曲对"功名"的解释正是顺此潮流而来:

> "功名"二字,余曾闻其说矣。功被一方,则不待求名一方,一方自然传其名;功被天下,则不待求名天下,天下自然传其名;功被万世,则不待求名万世,万世自然传其名。②

除了巧解功名外,二曲对过往"道德绝对论"的开放性追求还有很多具体表现。例如他解"儒"为"人之需",主张道德和经济二者均是

---

① 李颙:《四书反身录》,《李颙集》,第471页。
② 李颙:《周至答问》,《李颙集》,第123页。

儒者"乃所必需"①。他还曾给当地郡守董郡伯的回信中谈及自己对"救荒"的看法："是国家之所恃者，莫富民若也。且乡里有富民，则一乡之人缓急有恃，借贷货卖尚有所出。若必尽此富民而迫之逃亡，则上下交无所恃矣。"② 二曲为我们展示了理想的封建社会亦可和谐互助的情景。州县官员的"疾富之病"是可以从"重道而抑商"的传统加以解释，但二曲"保富民"的政策显然是其"康济时艰"的更优选择。"康济时艰"是明清学者关于理学与现实政治不能相融之共识下的产物，原本属于"功利"之事的兵农钱谷、礼法政律在理学看来都是功利之事，或起码于"先识天理"的原则有所窒碍，二曲则主张要把兵农礼乐等实践拉回道德修养体系之中。

二曲虽看重"功名"，但"功名"的含义实已被二曲巧妙曲解，"功名"不等于"富贵"。二曲的这番巧解，既鼓励了民众的实干精神，又继承了董仲舒、朱熹以来正统儒者的功利观。二曲以"不求名而名自随，有是功，即有名也"来鼓励民众追求功名，同时提醒："求功名者，须以道德为本、社稷生灵为念。否则富贵未必得，而此心先亡。此心既亡，多一富贵，则反受一富贵之累。"③ 这可说是从现实利益权衡的角度论证了"正道以求功名"的优越性。

最后，我们以商业社会不断成熟所形成的"著书立传"现象的普及及其影响为例。在16世纪至19世纪，中国商业领域也经历着一个"合理化的进程"。这一进程未必是趋于资本主义，而是向一种更为先进的市场经济发展。富有的商人为了提高自身社会地位，"著书立传"即是其方式之一。此前，只有真正的"士大夫"才有生时著书、死后立传的传统和资格。明清之际，随着图书出版变得更加容易，许多商人愿出重金聘请或请托"名人俊才"代为立传。二曲既是此风的受益者，又是此风的受害者。

---

① 李颙：《四书反身录》，《李颙集》，第432页。
② 李颙：《与董郡伯·又》，《李颙集》，第200页。
③ 李颙：《常州府武进县两庠汇语》，《李颙集》，第38页。

晚明儒学的宗教化与世俗化转向

> 一日中孚肃衣冠抠拜予庭，出尊公及母夫人行述，乞予为传，泪盈盈不止。予谢不敏。①
>
> 虽居恒不费笔砚，然不过聊补批点而已。年来疾病缠绵，并笔砚亦不复近，宴息土室，坐以待尽。身隐为文，古有成言。凡序、记、志、铭，一切应酬之作，类非幽人所宜，况病废余生，万念俱灰者乎！即大利陈之于前，大害临之于后，誓于此生，断不操笔。②

二曲是有名的孝子，材料一是二曲在寻父骸骨、讲学江南时，请当世"名俊"陈玉璂为父母作传的情形。至二曲成名后，他一方面积极与相交学者展开学术通信，另一方面却又为不断的请托、"润笔"而苦恼不已。这才有了材料二的自矢之作。值得注意的是：李二曲在"著书立传"上的态度绝不是自私计较的结果，他说：生平未尝从事语言文字，亦绝不以语言文字待人。③ 显然，这里的"未尝从事语言文字"亦不是字面意之实解，二曲认为：古人会友，亦必以文，舍文则无以会友。只是此文是"斯文"之"文"、"在兹"之"文"、布帛菽粟之"文"；而不是"古文"之"文"、"时文"之"文"、雕虫藻丽之"文"。④ 可见，二曲对"时文""著书立传"又是持审慎态度的，他所言之"时文"是指："惟是记诵词章、富贵利达为之崇"⑤。

以上，我们从三个事例考察了二曲为顺应儒学世俗化所做出的努力。不难看出李二曲绝非闭门隐逸之士或守旧骑墙之徒，他所提倡的儒学世俗化是"有本"而发的，他对儒学实用性的开发也持积极态度。同时，二曲又能对同时代"俗而失本"的现象有所反思和批判。二曲所论之儒学世俗化方向是一种中正而可长可久的取径。儒学世俗

---

① 陈玉璂：《李中孚讲义序》，《李颙集》，第629页。
② 李颙：《自矢》，《李颙集》，第224页。
③ 李颙：《立品说别荔城张生》，《李颙集》，第225页。
④ 李颙：《四书反身录》，《李颙集》，第463页。
⑤ 李颙：《四书反身录》，《李颙集》，第493页。

化的背后动力是由"宗教性"所提供的,二曲论儒学的世俗化不同于一般学者执着在"补偏救弊"上的观点,这与其对儒学"宗教性"的理解又是密不可分的。

三 李二曲对儒学宗教化的理解与回应

明清之际儒学转型运动所面临的一大挑战就是发挥儒学的实效性和化民成俗的功用,在"现实"和"精神"两大层面重新找回民众与学者的信任。儒学的宗教化在明清思想发展中有其特殊的意义,其兴起的背景主要有三:其一,基督教与伊斯兰教等传入中国,对"天""上帝"有了新的理解;其二,不满于宋明理学过度地哲学化,将儒家本就淡薄的一点宗教性几乎铲除殆尽;其三,晚明的通俗宗教运动对儒家形成了巨大的压力,儒家并不能像通俗宗教那样在"道德"与"幸福"问题上有所解决。

汤一介先生认为,早期儒家对"天"的理解至少有三重含义:主宰之天(人格神义);自然之天(有自然界义);义理之天(有超越性义、道德义)等,这三种"天"在《论语》中都能找到文本依据。① 诚然,最能代表儒家精神的是"义理之天"。但"主宰之天"与"自然之天"同样有其自身价值。宋明理学对于"超越"与"形上智慧"的重视,将天的含义几乎完全收摄在"义理"之内(天即理)。"自然之天"成为"道德秩序"投射下的产物,失去了独立的意义;而"主宰之天"则常被理解为"义理之天"的障碍被加以清除,只有在义理理论"言语道断"之时,"主宰之天"尚存一线生机。随着基督教等西学的传入,"主宰之天"成为最能接引"上帝"概念的传统资源,对"主宰之天"的重新重视成为儒学宗教化的必然

---

① 参见汤一介《天有三意》,《汤一介集》第九卷,中国人民大学出版社2014年版,第286—290页。在《论语》中,"天丧予""天厌之"等"天"属人格神意义的天;"天何言哉!四时行焉,百物生焉"之"天"是自然之天;"天生德于予"之"天"则是道德之天。

选择之一。与基督教的"救赎"对民众的吸引相似,佛道二教的"善恶报应说"是在儒学的"德福关系"遭遇挑战之后,更能吸引民众的精神寄托。在这些背景下,儒学的宗教化势在必行。

我们亦举出三例来说明二曲对儒学宗教化思潮的理解与回应:(1)"天"之含义的扩大化;(2)道德实践的仪式化和严格化;(3)德福关系的新讨论等。

首先,王汎森认为,明末清初有一股趋势,以"天"作为告解之对象的分量大增。其举到的例子就是二曲的《吁天说》。①

> 每旦,爇香仰天,叩谢降衷之恩,生我育我,即矢今日心毋妄思,口毋妄言,身毋妄行。一日之内,务刻刻严防,处处体认;至晚,仍爇香仰叩,默绎此日心思言动,有无过愆,有则长跪自罚,幡然立改;无则振奋策励,继续弗已。勿厌勿懈,以此为常,终日钦凛,对越上帝,自无一事一念可以纵逸。如是,则人欲化为天理,身心皎洁,默有以全乎天之所以与我者,方不获罪于天。②

"不获罪于天"之"天"确实含有"主宰之天"的意涵。然而二曲告解又绝不同于许三礼对西汉神秘色彩极为浓厚的谶纬象数思想的推崇。③ 二曲斋心吁天的目的首先是出于对自己的勉励——"痛自淬砺,誓不敢玩愒因循,姑息自弃",而以"吁天说"示诸君则是为了"既虑理欲迭乘,亦不妨祈监于天"④。"祈监于天"是借助"天"之宗教化地位监督和帮助学者完成工夫实践。事实上,二曲对主宰之天的借助和理解可由南行时受邀游清真寺的经历完整展现:

---

① 王汎森:《明末清初儒学的宗教化》,《晚明清初思想十论》,第77页。
② 李颙:《吁天说》,《李颙集》,第221—222页。
③ 王汎森:《明末清初儒学的宗教化》,《晚明清初思想十论》,第74页。
④ 李颙:《吁天说》,《李颙集》,第221页。

入门，众共拜天，先生从容散步而已。因语："以事天之实，在念念存天理、言言循天理，小心翼翼，时顾天命，此方是真能事天。若徒以礼拜勤渠为敬天，末矣！""然则拜可废乎？"曰："何可废也？繁则渎。终日钦凛，勿纵此心。此心一纯，便足上对天心。天无心，以生物为心，诚遇人遇物，慈祥利济，惟恐失所，如是则生机在在流贯，即此便是'代天行道''为天地立心'；则其为敬，孰有大于此者乎？"①

二曲是依儒家的"事天"来谈礼拜寺"拜天"的。从拜天仪式上说，二曲的态度是既反对"徒以礼拜勤渠为敬天"，又反对"废礼拜"；从拜天的"外在之行"与"内在之心"的关系上说，二曲虽然看重"内在之心"，却仍然主张"外"与"内"的相互配合，最终达到"代天行道"的圆融状态。李二曲不同于一般"去哲思，返神秘"的办法，而是选择了一种"祈监于天"的方式：一方面借助对天的"敬畏"随时约束自己的行为；另一方面把进步的动力完全寄托在"念念存天理、言言循天理"的个人实践上，并不依靠外在之"天"的救赎。李二曲的"祈监于天"更应该被理解为接近于孔子"祭如在，祭神如神在"的"如在主义"②。王汎森承认：许三礼、王启元和文翔凤等所代表的儒学宗教化倾向，都没有得到太多的注意，更遑论成为一个教派。它们之不能有扩展，不能形成重要的历史运动，也透露了在传统士人的心中，以宗教形式出现的儒家并没有太大的吸引力。③ 二曲对儒学宗教化趋势的回应虽然亦不可能形成教派或历史运动，但他显然选择了一种更为稳妥的方式并做出了积极尝试。

　　其次，与"敬天"思想相关联的，二曲还主张一种道德实践的仪式化与严格化。例如其在订立《关中书院会约》时，就对学子们的课

---

① 李颙：《南行述》，《李颙集》，第81—82页。
② 参见倪培民《儒学的精神性人文主义之模式：如在主义》，《南国学术》2016年第3期。
③ 王汎森：《明末清初儒学的宗教化》，《晚明清初思想十论》，第87—88页。

程规划、冠服礼序等有严格的"制行规为"：

> 每晚初更，灯下阅资治通鉴纲目，或濂洛关闽及河会姚泾语录。阅讫，仍静坐，默检此日意念之邪正、言行之得失。苟一念稍差，一言一行之稍失，即焚香长跪，痛自责罚。如是日消月汰，久自成德，即意念无差，言行无失，亦必每晚思我今日曾行几善。有则便是日新，日新之谓"盛德"；无则便是虚度，虚度之谓"自画"。①

对每日善恶的检视亦是立"功过格"的一种表现。二曲所主张的"道德严格主义"既是对理学的"补偏救弊"而重视实践的有意为之，又是对初学者重视工夫入手、提振为学方向的强力塑造。二曲所要求的"宗教性"并非为下层民众而设，而是为初学者而设，这是二曲与"通俗宗教"最大的不同。在《学髓》篇中，二曲曾对"静坐斋戒"所要求的每日三炷香作了说明：

> "然而程必以香，何也？"曰："鄙怀俗度，对香便别。限之一柱，以维坐性，亦犹猢狲之树，狂牛之栓耳。""每日三坐，不亦多乎？"曰："……三度之坐，盖为有事不得坐，及无坐性者立。日夜能持久，则不在此限。"
> 斋戒者，防非止恶，肃然警惕之谓也。②

二曲十分清楚：香是维持坐性的工具；静坐斋戒又是收束心性、防恶止非的手段。然而二曲却也绝不会主张收束心性即可去除静坐，或同意坚持静坐而无须程限。他的"道德严格主义"有时确实会让人有"太过执着"之叹，然其对此"工夫"的手段定位和修身意图又是非

---

① 李颙：《关中书院会约》，《李颙集》，第119页。
② 李颙：《学髓》，《李颙集》，第33页。

常明确的。

王汎森指出：明末清初思想家在主张自然人性论的作品中，一方面会激发出放荡逾越的行为；另一方面又常伴随着极为深刻的"道德严格主义"，后者可说是对前者的即时救正。① 他以刘宗周、陈确、颜元和王夫之为例。值得注意的是，在正统哲学家看来，虽然上述诸子共同代表着一种"内在一元论倾向"，但刘宗周与黄宗羲才是心学的殿军，至于陈确及其后诸人，其所本已由"超越"向"内在"完全转移，"内在"而非"超越"成为其学重心，故有"理学终结"之说。这样一来，王汎森所言之"道德严格主义"就成了笼统而概况的说法。因为刘宗周所强调的"道德严格主义"与陈确之所强调显然在本质上有偏于"超越"或"内在"之别。故后者在严格意义上说，只能被称为"严格的道德主义"而不能称为"道德严格主义"。两者的区别在于："道德严格主义"先立道德"先天不容已"的本位，然后严格践行，相当于孟子所言之"由仁义（行）"；而"严格的道德主义"虽以"道德"为名，但在性质上此"道德"已非具有"先天不容已"之本位，而是严格执行的对象。对此点李二曲即有精准的把握："'由仁义'，是从性上起用；'行仁义'，则情识用事矣。此诚伪之分，非安勉之别。后世学术，大率皆是情识用事，其与凡民恣情纵欲者，虽有清浊之分，其为害道而戕性，一也。"②

最后，来看二曲对"德福"难题的解答：

> 积善有余庆，积恶有余殃，报应之说，原真非幻；即中间善或未必蒙福，恶或未必罹祸，安知人之所谓善，非天之所谓恶？又安知人之君子，非天之小人耶？人固有励操于昭昭，而败检于冥冥，居恒谨言慎行，无非无刺，而反之一念之隐，有不堪自问者。若欲就一节一行显然易见者，便目以为善，是犹持微炬而遍

---

① 王汎森：《明末清初的一种道德严格主义》，《晚明清初思想十论》，第93页。
② 李颙：《四书反身录》，《李颙集》，第517页。

照八荒之外也。即表里如一，粹乎无瑕，而艰难成德，殷忧启圣，烈火猛焰，莫非锻炼之藉，身虽坎壈，心自亨泰。至于恶或未即罹祸，然亦何尝终不罹祸？明有人非，幽有鬼责，不显遭王章，便阴被天谴；甚或家有丑风，子孙倾覆。念及于此，真可骨慄！以形骸言之，固颜夭跖寿；若论其实，颜未尝夭而跖亦何尝寿也。噫！尽道而夭，虽夭犹寿，况又有不与亡俱亡者乎？昧道而寿，虽寿犹夭，况又有不与存俱存者乎？①

二曲的这段论述层层递进，相当精彩。他首先肯定佛道二教的"善恶因果报应"之说，但又并不满足于此。面对"善恶"与"报应"不对等的情况，他先解释之以"善恶"判断的局限性：民众就"一节一行显而易见者"便目为"善恶"，非"天"之善恶，以此来鼓励人们追求"表里如一"的纯善。继而，他提醒人们在追求纯善过程中，需有"身虽坎壈，心自亨泰"的修为，顺此大道必获"善果"。否则，明有"人非"的谴责、"王章"的制裁；幽有鬼神之责难，甚至遭受天谴、殃及子孙。最后，当他说出"尽道而夭，虽夭犹寿；昧道而寿，虽寿犹夭"时，其儒家德福观的底色尽显。二曲较完满地将"善恶果报"说吸收到了儒家道德修养的德福观念中来，他借助明清儒学宗教化的"新型德福观念"来满足下层民众与学者的现实需求，又不违于儒学传统依道德心追求实践的本末特征。

以上，我们考察了二曲对儒学宗教化的理解与回应。二曲论儒学宗教化的特点在于：他一方面积极吸收来自佛道、西方宗教依"信仰"而"劝善去恶"的现实功效；另一方面又不执迷通俗信仰而尝试寻求儒学自身宗教化的合理方向。事实证明，通俗的宗教化与绝对的世俗化更多是出于"反理学"的激反之行，泰州学派所带出的对良知的简单化信仰就是前车之鉴。学者们对"心学流弊"的认知往往能

---

① 李颙：《富平答问》，《李颙集》，第 129—130 页。

见之于实行之提倡，却很难从深层理解王门左派对良知学的曲解。①在李二曲的著作中，我们总能见其既批评前学"流弊"，又纠偏于当下"时弊"。既同明清思想家们一样积极参与儒学的转型运动，又追求"真儒之学"，提防于泛泛而论经世，执着门户之见，过度否定理学，无视学政本末的"时弊"。这也正是二曲学的价值所在。

四 结论：从"补偏救弊"到"康济时艰"

面对宋明理学流弊，儒学的宗教化与世俗化无疑代表着明清之际儒学的自我转型与自救运动。如果说余英时、王汎森、吴震等学者有意避开坚持"大传统"的少数哲学家，列举出明清儒学对通俗宗教的吸收、深广的世俗化运动等多元"小传统"，意在展示其时思想历史的复杂面相和真实样态；那么本文举出二曲对儒学宗教化和世俗化的积极参与和批判回应，则显然是在补充提醒：坚持"大传统"的哲学家并非"不参与"儒学的转型运动，他们亦身处时代思潮而不甘坐毙，他们寻求转型的积极性并不亚于下层民众，而他们思考的深刻性又绝非下层民众所可提供。事实上，对于今日儒学在古今、中西问题上该何去何从所能提供的历史经验来说，李二曲等思想家的尝试显然更有价值。

李二曲在儒学宗教化和世俗化进程中的独特选择，是与其学的根本主张密不可分的；二曲之所以拥有"清初三大儒"的殊荣，是由其学的深刻内涵所决定的。过往研究对二曲学的最大误解在于仅将其定位于"补偏救弊"的时代产物，却很少能理解其"康济时艰"的自我主张。"补偏救弊"是二曲学产生的直接原因，却非二曲学的根本特征。如果仅依照重视补偏救弊的印象"先觉倡道，皆随时补救，正

---

① 泰州后学大多不得善终的悲惨遭遇，当然首先是腐败政治的历史悲剧使然，然而，过于追求"人伦日用"，丧失学理高度，一味流于轻狂，从而失去士大夫的支持却又在情理之中——他们的学理也出现了问题。

如人之患病，受症不同，故投药亦异"①来认定二曲，所可能造成的误解在于，以为依二曲之意，理学家们都仅是着重于具体救世济时的措施（治道与治术），却未必把握天道恒常之理（政道），从而判定二曲与同时代一般学者的观点没有什么区别。

补偏救弊说法的背后正是学者对儒学转型以应对时弊的期待，故讨论补偏救弊乃是明清儒学的常态。二曲讲补偏救弊乃是有所"本"而发的，他反对"徒求诸文为之末，而不本诸诚明之体"②。其实，如果不是有所本而发，则补偏救弊既可能反映为一种"简单的二元哲学观"③，又可能反映为一种"经验性的历史观"。它们都会得到人们广泛的同情和理解，就经验性的历史观来说，历史永远不是理想中的历史，而是经验实践的历史，我们如果想在历史中把握真理就只能从现实、经验的历史中来把握；反过来，天理如果不在历史中呈现，那天理就成了虚悬而无意义的存在，或许只对少数哲学家有意义了。这两种观念之所以广受赞同，跟其"世俗化"地易于理解有密切的关系，它们贴近人们对生存实在的理解，符合一般人的俗世观念，因而极易得到认同。

但是，这两种"积极的"哲学观和历史观的背后却可能存在问题。宋明理学家所言之"体用不二"，就是为了强调体与用虽可分言却实则"不二"这一层含义；而历史既然永为现实产物，那就不可能有绝对纯粹之时。这样一来，哲学永远有所偏向，绝无真理可言；历史永远处于现实变动中，而失去真理对现实的批判动力。顺应历史与批评历史之间，甚至会出现一种背反：像朱熹、李二曲这种拥有道德主义理想观的学者而言，批评历史、以理想要求历史始终是其不懈的追求，他们眼中的历史反而更加真实、现实；而顺应历史之现实主义

---

① 李颙：《南行述》，《李颙集》，第83页。
② 李颙：《答王天如》，《李颙集》，第160页。
③ 所谓简单的二元哲学观，是把哲学理解为并无定论且始终徘徊于如理论与实践、天理与人欲，甚至客观与主观的二元模式中，有所偏向乃至轮流坐庄。

的观点，着眼于理欲混杂的现实，其要么落入随波逐流的被动应对之中，要么借助将历史人物理想化来完成对现实历史的提升，其为历史所能提供的批判动力因而大打折扣。也就是说，经验性的历史观往往在解释上得力，在实践上反显无力。

世事永处于发展变化中，人们总会不断面对新的历史条件和状况。从现实角度看，我们似乎总是在遭遇新问题后才被动地寻求解决之道。但事实证明，这种被动应对往往因为丧失主体性而使我们顾此失彼、心神俱劳，其效果也大打折扣。解决问题的根本之道，在于据守常道的同时主动地因应新情况。历史状况虽千变万化，但政治和天理的原则却是恒常之道。政道决定治道，治道随时因革损益，政道的基本原则却可以恒常不变。这正是朱子所说的："天下事当从本理会，不可从事上理会。"① 从本理会，就是把握了应对变化的原则，确立大公至正之道不动摇；而从事上理会，则可能随人欲摆布而不自知，有违天理而不自主。

我们很难以简单的"守旧"或"创新"就轻易认定一个思想家的意图和选择。李二曲是一个"文化守成主义者"，从补偏救弊到立足传统、康济时艰，他从先秦儒学那里汲取养分，主张对宋明理学进行改造，力图建立新的儒学形态。他的选择虽显"保守"，却也可能是儒学转型尝试的最优选择之一。在今天，我们呼吁一种生活化的儒学，使儒学在其化民成俗的优势领域继续发挥稳定世教人心的积极作用，而同时提防一种过度化的"国学热"，警惕儒学的神秘化和庸俗化。其实，我们今天所做的，与二曲在当时所尝试解决的，依然是同一个问题。

（原载《唐都学刊》2019 年第 3 期）

---

① 朱熹：《朱子语类》卷一百八，《朱子全书》第 17 册，上海古籍出版社 2002 年版，第 3511 页。

历代关学诠释研究

关闽之间

——朱熹对张载关学的诠释与建构*

许 宁**

摘 要：张载关学是朱熹理学思想的重要来源之一。朱熹通过对张载关学核心命题的诠释，丰富了自身思想体系的建构。一是朱熹以"天理"释"太虚"，以"理气"释"虚气"，分别论证了基于"天理"的宇宙本体论和宇宙生成论；二是朱熹对"心统性情"作出了创造性发挥，建立了心、性、情统一的心性论架构；三是朱熹在将张载《西铭》主旨概括为"理一分殊"的基础上，视之为理学思想体系的建构原则，以及儒佛之辨的判教依据。朱熹对张载思想的诠释与建构，体现了关学与闽学的学理会通，具有重要的哲学价值。

关键词：张载 朱熹 太虚即气 心统性情 理一分殊

朱熹高度肯定张载的人格气象，认为"横渠严密，孟子宏阔"①，堪与孟子相媲美，横渠在儒学史上的地位可称是"孟氏以来

---

* 基金项目：贵州省哲学社科规划国学单列课题"关中王学研究"（17GZGX17）；国家社科基金重大项目"宋明清关学思想通论"。
** 许宁，陕西师范大学哲学学院教授，博士生导师。
① 朱熹：《朱子语类》卷九三，黎靖德编，中华书局1986年版，第2362页。以下此书皆用随文注。

一人而已"①。不可否认的是,朱熹对张载关学也有诸多批评,如赞同二程对张载"清虚一大"的批评,但总体上汲取多于曲解,表彰高于责难。正是在对张载关学核心命题的诠释基础上,朱熹建构起致广大、尽精微、综罗百代的理学体系,关学与闽学实现了跨越时空的学理会通。

一 朱熹对"太虚即气"的诠释与建构

(一)"太虚即气"的两重关系

学界对张载"太虚即气"命题见仁见智,有不同的解释。本文遵循"以张解张"的原则,基于张载的"两一"思想力求对虚气关系略作梳理。唐君毅指出:"吾人于横渠之言凡有两处只知其一,如只知其虚而不知其气,只知其气而不知其虚,……固不足以知横渠。而不知其言中凡义有两处,亦皆用两以见为两者之不二而为一,亦不足以知横渠也。"②他提倡对张载哲学思想既要"为一之两",又要"通两之一",将"两一"视为张载哲学体系建构的基本原则,这是很精辟的论断。

张载对"两一"关系有明确的自觉,他强调:"两不立,则一不可见;一不可见,则两之用息。"③具体到虚气关系上,"为一之两"意味着揭示虚气的差分性,张载称之为"有异",涵摄宇宙本体论;"通两之一"意味着虚气的贯通性,张载称之为"本一",涵摄宇宙生成论。

由此,本文从相分("有异")和相合("本一")阐述"太虚

---

① 朱熹:《晦庵先生朱文公文集》卷五十八,《朱子全书》第二十三册,上海古籍出版社2002年版,第2771页。以下此书皆用随文注。
② 唐君毅:《中国哲学原论(原教篇)》,中国社会科学出版社2006年版,第50页。
③ 张载:《正蒙·太和》,《张载集》,中华书局1978年版,第9页。以下此书皆用随文注。

即气"的两重关系。①

首先,"太虚"和"气"是相分关系。"太虚无形,气之本体。"(《正蒙·太和》,《张载集》,第1页)可见,"太虚"与"气"不同,属于形上的宇宙本体。作为"太虚"本体,具有以下几个特点:一是绝对性,张载认为"太虚"是至高无上、至大无外的"至一";二是本根性,"太虚"既是"天地之祖",鼓万物而生,"人亦出于太虚"(《张子语录中》,《张载集》,第324页);三是终极性,他还指出"凡有形之物即易坏,惟太虚无动摇,故为至实"(《张子语录中》,《张载集》,第325页),肯定"太虚"是抽象无形而恒常普遍的终极本体;四是超越性,"太虚"是道德价值得以安顿的基础和根源,如"虚者,仁之原"(《张子语录中》,《张载集》,第325页),以及"天地以虚为德,至善者虚也"(《张子语录中》,《张载集》,第326页),说明"太虚"是仁义道德等义理价值的根据和本原。

张载对"太虚"本体作了多方面的规定,这就豁显了其与形下之气的差异,凸显了本体的先在与绝对。正如林乐昌所指出的:"太虚与气之间的相分关系,强调的是太虚本体的超越性和逻辑的先在性,这便构成宇宙本体论层次。"② 张载提出"合虚与气,有性之名"(《正蒙·太和》,《张载集》,第9页),很明显是将"太虚"与"气"相分而言的,二者是异质而非同质的关系。按照张载"非有异则无合"(《正蒙·乾称》,《张载集》,第63页)的思维规律,相合的"太虚"与"气"必然是有差异的。张载讲"分",也讲"合",讲对待是为了讲贯通,在虚气关系上如此,在天人关系上也如此。二程不明白张载的致思,不认同"天人合一",批评道"天人本无二,不必言合"③。张载讲

---

① 这个看法受到林乐昌教授关于"二与不二"讨论的启发。他指出:"'二',指体用各自具有不同的意涵和地位;'不二',指在现实世界中体与用密不可分。"详见林乐昌《张载理学与文献探研》,人民出版社2016年版,第39页。"为一之两",就是所谓的"二";"通两之一",就是所谓的"不二"。
② 林乐昌:《张载理学与文献探研》,第36—37页。
③ 程颢、程颐:《河南程氏遗书》卷六,《二程集》,中华书局1981年版,第81页。

虚气、天人是"二",讲"本一""合一"乃是"不二"。

其次,"太虚"和"气"是相合关系。一方面,"太虚不能无气"(《正蒙·太和》,《张载集》,第7页),"知太虚即气,则无无"(《正蒙·太和》,《张载集》,第8页),"太虚"作为成就万物的本性依据和主导力量,要通由"气"的发用流行、参赞化育得以实现;另一方面,"气坱然太虚"(《正蒙·太和》,《张载集》,第8页),"太虚"虽然无形,却非绝对的空无,而是充满了生机勃勃的宇宙力量,洋溢着大气磅礴的生命精神,阴阳二气充盛广大,蒸郁凝聚,健顺不止。故牟宗三肯定"太虚"与"气"之间相即不离、体用圆融的关系,由此实现"天道"与"性命"的贯通。

因为"太虚"与"气"具有根源性的同一,"二端故有感,本一故能合"(《正蒙·乾称》,《张载集》,第63页)。这样,在万物生成的过程中,二者就呈现为"虚涵气,气充虚"①,相感相资,相即相入。张载对"太虚即气"相合关系的强调,正是要将"太虚"本体确立在"实有"的基础上,彻底消解佛老所谓"诬天地日月为幻妄"(《正蒙·大心》,《张载集》,第26页)、"指游魂为变为轮回"(《正蒙·乾称》,《张载集》,第64页)等否定世界和人生真实性的观点。林乐昌强调:"太虚与气之间的相合关系,强调的是太虚与气的关联性和无分先后的共在性,这便构成宇宙生成论层次。"②

(二)宇宙本体论:以"天理"释"太虚"

程颐认为:"阴阳,气也,形而下也;道,太虚也,形而上也。"③ 以"太虚"为形上之道,"气"为形下之器。因此,在程朱理学话语中,"太虚即气"就转换为形而上与形而下的关系。

---

① 王夫之:《张子正蒙注》,中华书局1975年版,第14页。
② 林乐昌:《张载理学与文献探研》,第37页。
③ 程颢、程颐:《河南程氏粹言》卷一,《二程集》,中华书局1981年版,第1180页。

"太虚实理,正是指形而上者而言。既曰形而上者,则固自无形矣。"① 在朱熹看来,张载的"太虚即气"既是宇宙本体论的命题,又是宇宙生成论的命题,给予了创造性诠释②。

>所谓理与气,此决是二物。但在物上看,则二物浑沦,不可分开各在一处,然不害二物之各为一物也。若在理上看,则虽未有物,而已有物之理,然亦但有其理而已,未尝实有是物也。(《答刘叔文》,《晦庵先生朱文公文集》卷四十六,《朱子全书》第二十二册,第2146页)

他以"天理"范畴取代"太虚"的本体地位,提出"在理上看"和"在物上看"两个层面的思考视角。所谓"在理上看",就是主张未有是物,先有是理,凸显理本体的形上性以及对于气的超越性,论证了理气相分、理在气先的宇宙本体论;所谓"在物上看",就是注重现实世界中理气浑沦的存在状态,论证了理气相合、理气不离的宇宙生成论,由此提出了系统严密的理气论。③

1. 理本气末

朱熹以"天理"释"太虚",显系受到了二程的影响。按照程颢的说法,"天理"二字是自家体贴出来的,于是进而以"天理"本体解释"太虚"本体。"或谓:'惟太虚为虚。'子曰:'无非理也,惟理为实。'"(《河南程氏粹言》卷一,《二程集》,第1169页)二程明确指出"太虚"是"理"而不是"气"。但朱熹认为张载关于"太虚"的论述不甚清晰,有必要深入阐述。

---

① 朱熹:《答林德久》,《晦庵先生朱文公文集》卷六一,《朱子全书》第二十三册,第2949页。
② 本文认为"太虚即气"既涵摄宇宙本体论,又涵摄宇宙生成论,虚气不杂凸显"太虚"本体的超越性,虚气不离彰显"太虚"与"气"的感通流行。
③ 朱熹理气论思想的发展演变过程请参阅陈来《朱子哲学研究》,华东师范大学出版社2000年版,第75—99页。

> 问:"横渠云'太虚即气','太虚'何所指?"曰:"他亦指理,但说得不分晓。"(《朱子语类》卷九九,第2534页)

> 虚,只是说理。横渠之言大率有未莹处。(《朱子语类》卷六〇,第1432页)

虽然说"太虚"就是"理",但是,朱熹不满意张载将"太虚"与"气"的关系没有辨别清楚,这样就难以彰显本体的超越性。"又问:'横渠云"太虚即气",乃是指理为虚,似非形而下。'曰:'纵指理为虚,亦如何夹气作一处?'"(《朱子语类》卷九九,第2538页)朱熹认为张载"以气表虚"是"本要说形而上,反成形而下,最是于此处不分明"(《朱子语类》卷九九,第2538页)。

> 天地之间,有理有气。理也者,形而上之道也,生物之本也。气也者,形而下之器也,生物之具也。是以人物之生,必禀此理,然后有性,必禀此气,然后有形。(《答黄道夫》,《晦庵先生朱文公文集》卷五十八,《朱子全书》第二十三册,第2755页)

朱熹强调以"天理"作为形上本体,对理气关系做了清晰的分判和辨析。理与气"决是二物"。一阴一阳属于现象层面的气;其所以一阴一阳,则属于本体层面的理。一阴一阳之理决定了阴阳二气的流行升降。就理气的自身属性而言,理属于"形而上之道",构成了宇宙万物的本体根据,气属于"形而下之器",构成了现实世界的物质基础;就理气在推动万物生成的作用而言,理是"生物之本",即化生万物的根本,气是"生物之具",即生成万物的质料;就理气在成人成物中的实际功能而言,人禀受理而赋予了本性,人禀受气而产生了形体。可见,朱熹的理气论相较张载的虚气论要更为严谨、精致。

钱穆就此评论道:"濂溪谓之太极,横渠谓之太虚,此两名辞,实皆渊源自道家。而两人亦意各有异。朱熹乃绾合而一视之,并称之曰理。此理字主要乃从二程思想中来。曰太极，曰太虚，终是一虚称。曰太极太虚即理，则成为实指。"①

2. 理先气后

朱熹认为理气"本无先后"，不能将"理生气"描述为自然历史过程，但为了论证"天理"在逻辑上的至上性、超越性，他反复强调"理在气先"。

> 要之也先有理。只不可说是今日有是理，明日却有是气。也须有先后。且如万一山河大地都陷了，毕竟理却只在这里。(《朱子语类》卷一，第4页)
>
> 未有天地之先，毕竟也只是理。有此理，便有此天地；若无此理，便亦无天地，无人无物。(《朱子语类》卷一，第1页)

在朱熹看来，理本体乃是一个净洁空阔的超越存在，既无方所、无形迹，又无情意、无造作。

> 或问：理在先，气在后。曰：理与气本无先后之可言，但推上去时，却如理在先，气在后相似。(《朱子语类》卷一，第3页)
>
> 或问：必有是理然后有是气，如何？曰：此本无先后之可言，然必欲推其所以来，则须说先有是理。(《朱子语类》卷一，第3页)
>
> 以本体言之，则有是理，然后有是气。(《孟子或问》卷三，《朱子全书》第六册，第934页)

"理"作为天地万物的本体依据，"理"先于天地万物，有"理"才有"气"，无"理"便无"气"，因此，"理"的地位是主要的，

---

① 钱穆：《朱子新学案》上册，巴蜀书社1986年版，第187—188页。

"气"不仅在"理"之后,更是从属于"理"。从中可以看出,朱熹认为"理"和"气"的主次、先后具有更根本的哲学意义。"理形而上者,气形而下者,自形而上下言,岂无先后?"(《朱子语类》卷一,第3页)

朱熹力图通过理气相分来凸显"天理"本体的超越性和至上性,这一点和张载"太虚即气"有异曲同工之处。丁为祥认为:"从这一宇宙论的向度以及天理之作为宇宙本体而言,朱熹的天理更像张载的太虚。"① 林乐昌也强调:"与张载宇宙论哲学以太虚与气(阴阳)为模式类似,……朱熹宇宙论哲学则以天理与气(阴阳)为模式。"②

(三)宇宙生成论:以"理气"释"虚气"

张载论"理"处不多:"天地之气,虽聚散、攻取百涂,然其为理也顺而不妄。"(《正蒙·太和》,《张载集》,第7页)气虽形态万殊,犹如野马尘埃,但其作为"理"却又顺而不妄。朱熹以"天理"取代"太虚"的本体地位,又吸收了张载的"气"论,在宇宙生成论上进行了新的发挥。

1. 理气相合

从逻辑的意义上讲,理为气主,理在气先;从日用的意义上讲,理气是相依相合,万事万物都是理与气的统一,理决定了事物的本质,气构成了事物的材质。朱熹指出,天下未有无理之气,亦未有无气之理。"以本体言之,则有是理然后有是气,而理之所以行,又必因气以为质也。"(《孟子或问》卷三,《朱子全书》第六册,第934页)

气的作用是能屈伸往来、凝结造作,为生物之具;理作为天地万物的普遍本质,决定了事物之所以为该事物的内在根据,为生物之

---

① 丁为祥:《虚气相即——张载哲学体系及其定位》,人民出版社2000年版,第249页。
② 林乐昌:《张载理学与文献探研》,第37页。

本。二者在宇宙万物生成过程中相互作用，彼此发明。一方面，"天地只是一气，便自分阴阳，缘有阴阳二气相感，化生万物"（《朱子语类》卷五三，第1286页），正因为二气交感，故而理有所依附挂搭；另一方面，气之造作流行必依理而行，"此气是依傍这理行。及此气之聚，则理亦在焉"（《朱子语类》卷一，第3页）。人物皆禀天地之理以为性，禀天地之气以为形，充分说明包括人在内的天地万物"之所以生，理与气合而已"（《朱子语类》卷四，第65页）。

2. 理气不离

作为净洁空阔、纯粹至善的形而上本体，"理"有赖于"气"的发用流行而生成造作。朱熹重点阐述了理气的动静不离。他指出："太极理也，动静气也。气行则理亦行，二者常相依而未尝相离也。太极犹人，动静犹马；马所以载人，人所以乘马。马之一出一入，人亦与之一出一入。盖一动一静，而太极之妙未尝不在焉。"（《朱子语类》卷九四，第2376页）他多次以"人乘马"为喻，以理喻人，以气喻马，以马载人、人骑马喻理与气的动静不离。"阳动阴静，非太极动静，只是理有动静。理不可见，因阴阳而后知，理搭在阴阳上，如人跨马相似。"（《朱子语类》卷九四，第2374页）从气之动静的现象看，理乘载在气上，如人骑乘于马上，故气有动静而理有动静；从气之动静的根据看，有动之理便能动而生阳，有静之理便能静而生阴，故理有动静而气有动静。

朱熹基于理气关系对"太虚即气"的诠释更加精致细微，从形而上与形而下、体与用、动与静、先与后等层面予以深入的分析，在综合张载关学与二程理学本体论的基础上建构起集大成的理学本体论，显然是宋代理学的重要理论成果。但同时，朱熹辨析入微的努力也造成了理气分张、疏离乃至悬隔的危险，原本"太虚即气"中相即相入、相感相资、混融无碍的关系被消除了，由此造成理本论的困境。

二 朱熹对"心统性情"的诠释与建构

"心统性情"这一命题最早由张载提出,是他关于孟子"尽心知性知天"内省路线的概括,但他没有进一步对这一命题展开论述。朱熹肯定张载关于心性情关系的讨论是先秦以降最为精辟的见解,将张载的"心统性情"和程颐的"性即理"相提并论,认为这是理学"颠扑不破"的至理。他强调:"伊川'性即理也',横渠'心统性情'二句,颠扑不破!"(《朱子语类》卷五,第93页)"'惟心无对','心统性情',二程却无一句似此切。"(《朱子语类》卷九八,第2313页)

林乐昌认为"心统性情"说是张载前期对为学初级工夫形态的思考尚不成熟的产物,此说的缺陷是对心所统之性的表述尚嫌模糊,易生误解,因而并未成为张载终生坚持不变的学说。张载在其思想步入成熟期后,逐渐以变化气质、知礼成性等修养方法取代了早期的"心统性情"。①

朱熹将"心统性情"概念接引过来,补充和丰富了这一命题的内涵,将张载的工夫论系统发展为本体论系统,由此建构了自己独特的心性论体系。"性、情、心,唯孟子、横渠说得好。仁是性,恻隐是情。须从心上发出来。心统性情者也。"(《朱子语类》卷五,第93页)孟子和张载的讲法好就好在强调心、性、情的本质统一和密切联系,将仁、义、礼、智等性德视为心之体,将恻隐、羞恶、辞让、是非等情感视为心之用,这就为建立起严整宏大的心性论逻辑架构提供了可能。张岱年强调:"张子谓心统性情,程子谓心性情异名同实,朱熹从张子之说而大发挥之。"②

在朱熹看来,张载所谓的"心统性情"包含两层含义:统是

---

① 林乐昌:《张载"心统性情"说的基本意涵和历史定位》,《哲学研究》2003年第12期。

② 张岱年:《中国哲学大纲》,《张岱年全集》(第二卷),河北人民出版社1996年版,第271页。

"兼"，兼备、该遍义，故发展出"心兼性情"；统是"主"，统率、管摄义，故发展出"心主性情"。

（一）心兼性情

《说文》曰："兼，并也。"本义是一手执两禾。"心兼性情"说明心可包并、该摄性、情，性情是心总体的不同方面。朱熹从体用义、动静义、已发未发义对此作出阐发。

1. 心兼体用

> 今先说一个心，便教人识得个情性底总脑，教人知得个道理存着处。（《朱子语类》卷五，第91页）
>
> 心是包得这两个物事，性是心之体，情是心之用。（《朱子语类》卷一一九，第2867页）
>
> 性者，理也。性是体，情是用，性情皆出于心，故心能统之。（《朱子语类》卷九八，第2513页）
>
> 心统性情。性情皆因心而后见。心是体，发于外谓之用。……必有体而后有用，可见"心统性情"之义。（《朱子语类》卷九八，第2513页）

朱熹认为心有体有用，心之体是性，心之用是情，性情皆由心中发出。他比喻说，心犹如水，性如水之静，情如水之流。他如此凸显"心兼性情"的体用义，意在批评胡宏"心性对言"的流弊，认为这就造成了"情"的放逸流失，肯定心、性、情是一完整的理论架构，缺一不可。蒙培元指出："性是从心的形而上的超越的层面上说，情是从心的形而下的作用上说，'必有体而后有用'，故有性而后有情。但性作为普遍原则，通过情的发用流行而实现出来，从这个意义上说，二者不可相无。"[①]

[①] 蒙培元：《理学范畴系统》，人民出版社1989年版，第256页。

2. 心兼动静

朱熹认为心的体用义还可以从动静关系进行表述和论证,从而将心兼动静和心兼体用联系起来。他指出:"心固不可不识,然辞而有以存之,动而有以察之,则其体用亦昭然矣。"(《答方宾王》,《晦庵先生朱文公文集》卷五六,《朱子全书》第二十三册,第2260页)"性是未动,情是已动,心包得已动、未动。盖心之未动则为性,已动则为情,所谓'心统性情'也。"(《朱子语类》卷五,第93页)

心具有知觉能力,既能够"主于身",支配视听言动等耳目感官;又能够"应事物",反映和认识外界事物的性质及其规律。在朱熹看来,一心之中自有动静,性者为静,情者为动。当具有知觉能力的心未感物时,性体虚静,寂然不动,情作为性之所发,缘物而动,感而遂通。"有这性,便发出这情;因这情,便见得这性。"(《朱子语类》卷五,第89页)一方面,情发乎性,为人的情感活动确立了道德本体的依据;另一方面,性见乎情,实现了情感体验的自我超越和感性提升。心兼动静就使得这两个方面都贯通起来。

3. 心兼未发已发

朱熹认为心的体用义还可以从未发已发关系进行阐释。"心统性情,故言心之体用,尝跨过两头未发、已发处说。"(《朱子语类》卷五,第94页)"未发已发"出自《中庸》:"喜怒哀乐之未发谓之中,发而皆中节谓之和。"所谓未发,指心之思虑未萌时的状态;所谓已发,指心之思虑已萌时的状态。

> 先生取《近思录》,指横渠"心统性情"之语以示学者。力行问曰:"心之未发,则属乎性;既发,则情也。"曰:"是此意。"(《朱子语类》卷九八,第2515页)

> 心有体用。未发之前,是心之体;已发之际,乃心之用。(《朱子语类》卷五,第90页)

> 故以其未发而全体者言之,则性也;以其已发而妙用者言

之,则情也。然心统性情,只就浑沦一物之中,指其已发未发而为言尔,非是性是一个地头,心是一个地头,情又是一个地头,如此悬隔也。(《朱子语类》卷五,第94页)

这就是说,未发是心之体,已发是心之用,以体用义融汇未发已发义。朱熹强调,从全体言,性是心之未发;从妙用言,情是心之已发。既要认识到心性情为三非一,又要认识到体用一源,性情一源,同样未发已发也是统一的。心之未发具四德,心之已发具四端,这便是心兼未发已发。

(二) 心主性情
1. 心为字母

字母即声母的代表字。宋代发展了一套用来代表中古汉语的声类的字母系统,包括三十六字母,"心"是其中的声母代表字之一。朱熹依据《说文》来解释"性""情",指出"性"字从"心"从"生","情"字从"心"从"青",其中"从心"是指声部,"从生"或"从青"是指韵部。

> 或问:"静是性,动是情?"曰:"大抵都主于心。'性'字从'心',从'生','情'字从'心',从'青'。"(《朱子语类》卷五,第91页)
>
> "心"字只一个字母,故"性""情"字皆从"心"。(《朱子语类》卷五,第91—92页)

显然,朱熹认为"性""情"同属于一个声部字母,在此意义上称为"主"。二者之音义皆可以从"心"上求,所谓"性情皆出于心,故心能统之"。

> 人多说性方说心,看来当先说心。古人制字,亦先制得"心"字,"性"与"情"皆从"心"。以人之生言之,固是先得这道理。然才生这许多道理,却都具在心里。……今先说一个心,便教人识得个情性底总脑,教人知得个道理存着处。若先说性,却似性中别有一个心。横渠"心统性情"语极好。又曰"'合性与知觉有心之名',则恐不能无病,便似性外别有一个知觉了!"(《朱子语类》卷五,第9—92页)

朱熹从字源学肯定"性""情"皆从属于"心","心"是性情的总名,除了性情,别无他物。据此,他弃用张载"合性与知觉有心之名",认为如此表述容易令人误解为"心"之外还有"知觉"。朱熹辨析道:"心固是主宰底意,然所谓主宰者,即是理也,不是心外别有个理,理外别有个心。"(《朱子语类》卷一,第4页)在心性情系统中,心只是性情的承载者,真正起决定作用的是性理,而非心或情气。

2. 心为统御

朱熹认为"心统性情"之"统,如统兵之'统',言有以主之也"(《朱子语类》卷九八,第2513页),将"统"解释为"主宰",即心具有统御管摄之功能。牟宗三认为心对于性情的"统"的作用仅有绾摄作用,是管家之主,真正的主人之主当在性,不在心,只涉及工夫论,而与本体论无关。①

> 性,便是合当做底职事,如主簿销注,县尉巡捕;心,便是官人;气质,便是官人所习尚,或宽或猛;情,便是当厅处断事,如县尉捉得贼。情便是发用处。性只是仁义礼智。(《朱子语类》卷四,第64页)

---

① 牟宗三:《心体与性体》(下),吉林出版集团2013年版,第429页。

"合当做",即应当做,做其工作职责范围内的"本分事"。譬如一县中有三个主要的官员,主簿管财政、文书,县尉管军事、治安,县令为行政长官,统率全局。所谓"性",就是"合当做底职事",如主簿管理销注,县尉管摄巡捕等。所谓"情",就是当厅处事、听讼、断狱,县尉捕盗捉贼等,是仁义礼智的发用。而"心"为县令,或如统兵之将帅,宽猛相济,驾驭全局,统御性情。

我们看到,朱熹通过对张载"心统性情"的阐释,不仅涵盖心、性、情,而且吸纳了理、气、动静、体用、已发未发等范畴,从而构筑了宋明理学最为精致宏大的心性论系统。正如刘学智所分析的那样:"朱熹以'中和新说'释张载'心统性情',其学术大旨有了全新的面貌,许多心性论概念之间的复杂、模糊关系也得到了明晰的说明。"①

三 朱熹对"理一分殊"的诠释与建构

(一) 张载《西铭》的诠释主旨

"理一分殊"命题并未见于张载的著作,而是出自程朱对《西铭》主旨的提揭。二程子对《西铭》都高度表彰,但对其思想主旨有不同的理解。程颢从"万物一体"诠释《西铭》,肯定"学者须先识仁。仁者,浑然与物同体。……《订顽》意思,乃备言此体"(《河南程氏遗书》卷二上,《二程集》,第17页),认为张载将宇宙天地和仁义道德有机融合为一体,从而确立了人性的形上根基。程颐则以"理一而分殊"诠释《西铭》。其弟子杨时质疑《西铭》讲乾父坤母,脱离了仁爱的具体内涵,有类于墨氏之兼爱。伊川答道:"《西铭》明理一而分殊,墨氏则二本而无分。"(《答杨时论〈西铭〉书》,《二程集》,第609页)程颐认为,"仁"是普遍道德原则,谓之"理一";但"仁"的实施会有对象性差异,谓之"分殊"。墨家不知天

---

① 刘学智:《"中和新说"与关学关系探微》,《哲学研究》2015年第12期。

人一理，故是"二本"；主张"爱无差等"，不讲仁爱的差等与分殊，故为"无分"。"无分"就会造成普遍道德原则和具体道德行为的紧张和冲突，缺乏对象性指向的仁爱无从挂搭，只能沦为"无义"。而《西铭》既讲"乾父坤母"，又讲仁人孝子，既奠定了人的道德伦理的宇宙本体论根基，又称颂了禹、颖考叔、舜、申生、曾参、伯奇等具体的事孝行为。这与墨家之"兼爱"形成了鲜明的反差。

朱熹顺承程颐的思路，认为《西铭》主旨即是"理一分殊"，"《西铭》通体是一个理一分殊，一句是一个理一分殊"（《朱子语类》卷九八，第2522页），"盖以乾为父，以坤为母，有生之类，无物不然，所谓理一也。而人物之生，血脉之属，各亲其亲，各子其子，则其分亦安的不殊哉！"（《西铭解》，《朱子全书》第十三册，第145页）他进而从"理一而分殊"和"分殊而理一"两方面予以疏解。例如，乾父坤母、民胞物与，从宇宙万物根源处讲起，便是理一而分殊；"予兹藐焉，混然中处"，"天地之塞吾其体，天地之帅吾其性"，从个体人伦日用处讲起，便是分殊而理一。朱熹将《西铭》主旨诠释为"理一分殊"，由此发展为理学独特的哲学范畴，影响深远，以至于《宋史·道学传》说"张载作《西铭》，又极言理一分殊之旨，然后道之大原出于天者，灼然而无疑焉"①。

（二）理学体系的建构原则

朱熹指出："世间事，虽千头万绪，其实只一个道理，理一分殊之谓也。"（《朱子语类》卷一三六，第3243页）"世间事"既包括人的全部社会实践，又涵盖了人所改造的自然。人的社会实践纷繁复杂，而万变不离其宗，贯穿了一个道理，这就是"理一分殊"。朱熹依据"理一分殊"考察世间万象，并由此发展出自身理学思想体系的建构原则。陈勇指出："从张载，经二程到朱熹，'理一分殊'思想由自发到自觉，由具体到抽象，最后被朱熹创造性地发挥成一个精致

---

① 脱脱：《宋史》第36册，中华书局1985年版，第12710页。

而丰满的哲学命题，贯穿整个思想体系，作为一个基本原则，被用来建构整个理学的体系。"①

首先，朱熹讨论了一理与万理的关系。"本只是一太极，而万物各有禀受，又自各全具一太极尔。如月在天，只一而已，及散在江湖，则随处可见，不可谓月已分矣。"（《朱子语类》卷九四，第2409页）"盖以乾为父，以坤为母，有生之类，无物不然，所谓理一也。而人物之生，血脉之属，各亲其亲，各子其子，则其分亦安得而不殊哉！"（《西铭解》，《朱子全书》第十三册，第145页）一方面，"太极"是万理之全体，阐明"理"作为本体的绝对性和唯一性；另一方面，散在万物成为物物各具之"具体而微"的"太极"，阐明了"理"本体的遍在性和涵摄性。一理和万理不是整体和部分的关系，"分"指本分或定分之谓，宇宙本体论意义上的"理一分殊"表明了"万物之性来自于宇宙本体并以之为根据，且与宇宙本体的内容没有差别"②。

其次，朱熹讨论了一理与万物的关系。"《西铭》大纲是理一而分自尔殊，然有二说：自天地言之，其中固自有分别；自万殊观之，其中亦自有分别。"（《朱子语类》卷九八，第2524页）从朱熹的论述可以看出，"自天地言之"属于宇宙本体论的讲法，强调一理与万理的关系；"自万殊观之"属于宇宙生成论的讲法，强调一理与万物的关系。"天地之间，理一而已。既乾道成男，坤道成女，二气交感，化生万物，则其大小之分，亲疏之等，至于十百千万而不能齐也。"（《西铭解》，《朱子全书》第十三册，第145页）"理一"是本原，其发用流行而有万殊之不同。此处的"分"指差分之谓。正因为万物皆由理与气所构成，借助于阴阳二气，而有人物化生，万物之气有粹驳之差异，所以理也有偏全之异，造成了"不能齐"的万殊的状况，这

---

① 陈勇：《"理一分殊"在朱熹伦理学体系建构中的核心作用》，《孔子研究》1993年第1期。
② 陈来：《朱子哲学研究》，第118页。

恰恰是事物多样性、差异性的呈现。

最后，朱熹讨论了物理与伦理的关系。朱熹指出："至于天下之物，则必各有所以然之故，与其所当然之则。"（《大学或问上》，《朱子全书》第六册，第512页）"所以然之故"指物理，即自然规律；"所当然之则"指伦理，即社会规范。"理只是这一个，道理则同，其分不同。君臣有君臣之理，父子有父子之理。"（《朱子语类》卷六，第99页）"所居之位不同，则其理之用不一。如为君须仁，为臣须敬，为子须孝，为父须慈。物物各异其用，然莫非一理之流行也。"（《朱子语类》卷十八，第398页）此处的"分"指位分、职分之谓。例如仁爱是基本道理，依据不同的社会角色、职位，其施用会有不同，表现为君之仁、臣之敬、子之孝、父之慈等道德要求，看起来不同，但都是仁爱之理的流行发用。

对此，陈来认为："理一分殊这一命题在朱熹哲学中含有多种意义，实际上被朱熹作为一个模式处理各种跟本原与派生、普遍与特殊、统一与差别有关的问题。"①

（三）儒佛之辨的判教依据

"理一分殊"还需要从儒佛之辨的时代思潮中加以讨论。"理一分殊"作为儒学的独特理论命题，构成了儒学与佛老异端的根本分判。

首先，从"分殊"来看，儒学重视分殊，而佛教不知有分殊。朱熹向李延平问学时，李延平指出："吾学之所以异于异端者，理一分殊也。理不患其不一，所难者分殊耳。"②"异端"指佛老，"异于异端"乃是凸显与佛老不同的独特思想特质，李延平认为儒佛分判的关键在于"分殊"。朱熹深受李延平的影响，肯定《西铭》是"推人以知天，即近以明远"，通过事亲臻于事天，从人性物理和日用伦常处入手，彰显了儒学的真精神。正如罗钦顺所言："所谓理一者，须就

---

① 陈来：《朱子哲学研究》，第123页。
② 黄宗羲：《宋元学案》卷三十九，中华书局1986年版，第1291页。

分殊上见得来,方是真切。佛家所见亦成一片,缘始终不知有分殊,此其所以似是而非也。"①

其次,从"理一"来看,儒学重视实理,而佛教强调的是空理。朱熹指认"天理"是实理,这就为儒家道德价值确立了坚实的本体论根基,"吾儒心虽虚而理则实。若释氏则一向归空寂去了"(《朱子语类》卷一二六,第3015页)。佛教认为现实世界是虚幻不实,皆是缘起而生,缘灭而坏,如此则道德义理和精神价值难以安顿。

最后,从"理一"和"分殊"的关系来看,儒佛的分歧也很大。一般认为"理一分殊"受到佛教的"月印万川""一多相摄"的影响,如朱熹自己就提到:"释氏云:'一月普现一切水,一切水月一月摄'。这是那释氏也窥见得这些道理。"(《朱子语类》卷十八,第399页)但儒佛的道理似同而异。朱熹所指的"理一"是普遍的、超越的"理"本体,"万殊"是指众多个别的性理,从质的方面说,"理"不论总别共殊,都是圆满无缺的,而佛教所谓的"月"本体自身与作为"月"本体的反射的"水月"是根本不同的;从量的方面说,朱熹讲的"一"是万理之总体,"万殊"是事事物物各具之理,而与佛教以"一"指个别,"万"("一切")指全体存在显著的差别。可见,朱熹通过"理一分殊"的儒佛之辩挺立了儒学的道统自觉和学术精神。

正如张载所言:"吾之作是书也,譬之枯株,根本枝叶。莫不悉备,充荣之者,其在人功而已。"(《〈正蒙〉苏昞序》,《张载集》,第3页)充荣理学的使命历史性地赖由朱熹得以完成。朱熹之所以能集宋代理学之大成,对后世儒学产生极具穿透性的影响力,应当说与他对张载的问题意识、道统担当以及诸多原创性思想诠释密切相关。张载、二程为理学立根本、开规模,关学和洛学代表了理学的原创期,而朱熹则是尽精微、集大成者,闽学由此成为理学高峰期的典范。

(原载《中国哲学史》2020年第6期)

---

① 罗钦顺:《困知记》卷下,阎韬点校,中华书局1990年版,第41页。

论清代关学的《小学》之教

米文科　闫亚萍[*]

摘　要：对于清代关学学者来说，《小学》一书具有非同寻常的地位和意义。这主要体现在：一是《小学》成为学习《大学》的初学入门之书；二是《小学》工夫成为学者道德修养的基础性工夫；三是将是否尊信《小学》与学问纯杂和儒佛之辨联系起来，成为判断学问是否为儒家"正学"的一个重要标准。清代关学学者对《小学》之教的重视，既反映了清代理学的一个特点，同时也体现了关学重视下学实践的品格。

关键词：清代　关学　《小学》　实践

《小学》是南宋大儒朱熹编撰的一部童蒙教育之书，也是此后儒家士子的一个入门读本。不过，从南宋至明代，学者对《小学》一书并没有给予过多的强调。[①]但到了清代，《小学》的地位则得到进一

---

[*] 米文科，宝鸡文理学院马克思主义学院副教授，硕士生导师；闫亚萍，宝鸡文理学院政法学院硕士生。

[①] 总的来说，在清代以前，《小学》一书在儒家经典中的地位并不突出，唯元代理学家许衡曾言："《小学》、'四书'，吾敬信如神明。"（《许衡集》，中华书局2019年版，第321页）另外，明初的胡居仁在论及当时儒者多流入禅时，则认为是由于缺少《小学》与《大学》之功夫。他说："今之朋友多入禅学，亦势之必然。盖因《小学》《大学》之教不行，自幼无根本工夫，长又无穷理工夫。性要收又难收，故厌纷扰，喜虚静。又恶思虑之多而遏绝之，久则必空，所以多流于禅也。"（《胡居仁文集》，江西人民出版社2013年版，第88页）体现了对《小学》一书的重视。

步提升，越发显得重要，不仅代替《大学》成为儒家士子的初学入门之书，而且成为判断学问"纯杂"的一个重要标准。《小学》地位的这种变化，即使在远离思想文化中心的关中地区也可以看到。本文即以关学为例，从地域理学的角度来考察《小学》在清代关中的流行及其原因。

一 《小学》为入《大学》之门

进入清代之后，《小学》一书得到越来越多学者的重视，经常与《近思录》一同被看作是阅读"四书""五经"的门户或阶梯，甚至有无《小学》工夫也被视为学问是否醇正的基础。例如，当时的理学名儒张履祥说：

> 平生拙学，不敢自掩者，惟是笃信儒先，以《小学》《近思录》为"四书""六经"之户牖、阶梯。而吾人立身为学，苟不从此取途发轫，虽有高才轶节，焜耀当世，揆以圣贤所示之极则，终有偏颇驳杂之嫌，未足与于登堂入室之林者也。①

张伯行也说："学者不读《大学》之书，无以得其规模之大，而不习之于《小学》，则无以收其放心，养其德性，而为《大学》之基本。二书实相表里，不可缺一。自世俗追求近功，弟子当垂髫时即习举业，《小学》一书遂尘封高阁矣。"② 陆陇其甚至认为，"《小学》一书，乃世道升降之本。《小学》行，而天下人才范围于规矩准绳之中，然后学术一而风俗同"③。同样，清代的关中学者对《小学》一书也给予了足够乃至更高的重视。

---

① 张履祥：《杨园先生全集》，陈祖武点校，中华书局2002年版，第194页。
② 徐世昌等：《清儒学案》，沈芝盈、梁运华点校，中华书局2008年版，第566页。
③ 吴光酉、郭麟、周梁：《陆陇其年谱》，中华书局1993年版，第192页。

王建常（1615—1701），字仲复，号复斋，陕西朝邑（今属大荔）人，明末诸生，其学以程朱为宗，是清初关学的一位重要代表人物。虽然王建常一生隐居家乡读书著述，既不参加科举考试，也不外出讲学交游，弟子也很少，因而声名远不及同时期盩厔的李二曲，但王建常仍然得到同时代许多关中学者的认同，如王弘撰说："（王建常）殁迹渭滨，教授生徒。足不入城市，不近名，名亦不著，关西高蹈，当推独步。"①

王建常去世后，其学行逐渐被后人所知，对清代关学产生了重要影响。康熙五十九年（1720），华阴士子史调在当年中举之后偶然得到王建常的著作，一读之下恍然曰："读书非为科名也，将以求其在我者。"②于是史调遍搜《近思录》《二程遗书》与薛瑄、胡居业等明代朱子学著作，日夜读之，最终成为乾隆时期的关中名儒，曾先后主讲过西安的关中书院和临潼的横渠书院。而与史调同时的澄城学者张秉直也非常推崇王建常，认为其"于异学纵横之时，能笃守程朱，不为所惑，真吾道之干城也"③。嘉庆、道光年间朝邑的李元春则曰："复斋不如二曲之高才博学，然醇正精密当在二曲之上。"④其弟子三原的贺瑞麟也说："关学自横渠后当推泾野，继泾野者当推仲复。其余人虽不少，然或偏而不全，驳而不纯。"⑤认为"朝邑王仲复先生为国朝关中第一大儒"⑥，从中可见清代关学学者对王建常的推崇。

王建常非常重视《小学》，其弟子张枏初来问学时，他便授以《小学》，并告之曰："今不学圣人则已，必学圣人，恐舍是别无入门

---

① 王弘撰：《山志》，何本方点校，中华书局1999年版，第62页。
② 冯从吾：《关学编（附续编）》，陈俊民、徐兴海点校，中华书局1987年版，第116页。
③ 张秉直：《开知录》，清光绪元年（1875）三原刘传经堂刻本，卷四。
④ 李元春：《李元春集》，王海成点校整理，西北大学出版社2015年版，第831页。
⑤ 贺瑞麟：《贺瑞麟集》，王长坤、刘峰点校整理，西北大学出版社2015年版，第901页。
⑥ 贺瑞麟：《贺瑞麟集》，第679页。

处也。惟有道'敬之''信之'。"①此外，王建常还著有《小学句读记》六卷，以之作为入德之门。在王建常那里，《小学》的重要性主要体现在：

一是《小学》是入《大学》之门。按照程朱理学的传统看法，在读书次第上，《大学》是初学入手处，如程颐说："入德之门，无如《大学》。……其他莫如《论》《孟》。"②朱子也说："不先乎《大学》，无以提纲挈领而尽《论》《孟》之精微；不参之《论》《孟》，无以融会贯通而极《中庸》之指趣。须先读《大学》，次读《论》《孟》。"③但王建常却认为，《大学》虽是初学入德之门，但《小学》则又是入《大学》之门。他说："《大学》为入德之门，《小学》又为入《大学》之门。学不由此，是入门便差。"④王建常的这一看法，后来成为清代关学学者的一个普遍观点。

二是《小学》与《大学》各有各的作用。王建常对《小学》与《大学》二书的作用进行了区分，认为"《小学》是存心养性之书，《大学》是穷理尽性之书"，"《小学》中涵养本原既是纯熟，及到《大学》便从格物致知做起，故曰'只就上面点化出些精采'"。⑤把《小学》看作是存心养性、涵养本原之书，并且作为入《大学》之门的基础，反映了王建常对心性涵养的重视。王建常曾说：

> 自古圣贤，皆以心地为本。若心地上差错，便是根本不立。⑥
> 心为一身之主，以提万事之纲，故学者先须就心上做工夫，养得此心清明专一，能做主宰，以是酬酢万变，方会不差。⑦

---

① 王建常：《王建常集》，李明点校整理，西北大学出版社2015年版，第358页。
② 程颢、程颐：《二程集》，中华书局2014年版，第277页。
③ 黎靖德编：《朱子语类》，中华书局1986年版，第249页。
④ 王建常：《王建常集》，第237页。
⑤ 王建常：《王建常集》，第237页。
⑥ 王建常：《王建常集》，第230页。
⑦ 王建常：《王建常集》，第230页。

可见，作为朱子学两大为学进路的"主敬"与"穷理"在王建常那里有了先后、偏重之分，其谓："'敬'字工夫，乃圣门第一义，彻头彻尾，不可顷刻间断。"① "'敬'字是圣学底骨子，古人功夫虽多，要莫切于此。"② 不仅强调"主敬"相对于"穷理"的优先性，王建常还认为，"敬"也要从《小学》中习成。他说："程子言'敬'字，可补《小学》之缺。而今既有其书，还须从《小学》习成个'敬'字。"③ 总而言之，王建常将心性涵养作为学问的根本，虽然与李二曲主张以"良知"学来"提醒天下之人心"④ 有所不同，但同时反映了清初关学重视心性的特点。

三是《小学》与儒佛之辨有关。将《小学》与儒佛之辨联系起来，明初的胡居仁既已指出，到了王建常这里则更加突出和强调这一点。他说：

> 要断绝学者邪路，不入于异端，须先教以《小学》，使他在"敬身明伦"上做实地工夫，则空虚之说自不能惑矣。⑤
>
> 自《小学》《大学》不明，学者高则入于空虚，卑则流于功利。⑥

"空虚"是儒家学者批评佛氏之学经常提及的一个重要内容，对朱子学者来说，佛氏的"空虚""空寂"主要表现在两个方面：一是"理"之无。朱子说："惟其无理，是以为空。它（指释氏）之所谓心，所谓性者，只是个空底物事，无理。"⑦ 二是由于"理"的缺失而造成的遗弃人伦事物。王建常说："明道辩佛氏之失，云：'自谓之

---

① 王建常：《王建常集》，第240页。
② 王建常：《王建常集》，第240页。
③ 王建常：《王建常集》，第237页。
④ 李颙：《二曲集》，陈俊民点校，中华书局1996年版，第172页。
⑤ 王建常：《王建常集》，第269页。
⑥ 王建常：《王建常集》，第237页。
⑦ 黎靖德编：《朱子语类》，第3016页。

穷神知化，而不足以开物成务。言为无不周遍，实则外于伦理。穷深极微，而不可以入尧舜之道。'可谓明矣！朱子复以吾儒对彼，而辩其得失，曰：'吾儒万理皆实，释氏万理皆空。吾儒便著读书，逐一去事物上理会道理，异端便都扫了。只恁地空空寂寂，便道事都了；若将些子事付之，便没奈何。'尤见分晓。"①

　　为此王建常指出，要使学者不流于佛氏之学，陷入空虚之中，就必须先教之《小学》，使其在人伦物理、日用常行之中做工夫，便不会迷惑于佛氏的"空虚"之说。可见，如果说朱子主要是强调通过《大学》的"格物穷理"来救治佛氏之"空寂"，如其曰："释氏说空，不是便不是，但空里面须有道理始得。若只说道我见个空，而不知有个实底道理，却做甚用得？譬如一渊清水，清泠彻底，看来一如无水相似。它便道此渊只是空底，不曾将手去探是冷是温，不知道有水在里面。佛氏之见正如此。今学者贵于格物、致知，便要见得到底。"② 那么，在王建常这里，除了"穷理"之外，还要有《小学》工夫来救治"空虚"，这可以说是清初关学在三教思想上的一个新内容。

二　《小学》《论语》为"穷理"之始

　　张秉直（1695—1761），字含中，号萝谷，陕西澄城人，是乾隆时期关学的一位重要学者。他十四岁时从学于韩城的吉儒宗，后又师从郃阳的康无疾，并前往户县向王心敬问学。张秉直不喜欢科举制艺，三十多岁时就不再参加科举考试，从此一心于濂洛关闽之学的学习。陈宏谋（榕门，1696—1771）任陕西巡抚时曾向朝廷举荐他，但张秉直坚决推辞不出。

　　张秉直生活的年代，尽管考据训诂之学流行，但以张秉直为代表

---

① 王建常：《王建常集》，第311页。
② 黎靖德编：《朱子语类》，第3015页。

的关学学者仍坚持提倡和宣传程朱理学，体现了这一时期关中思想学术的特点。而张秉直也非常重视《小学》和《论语》的学习。他认为，孔子是万世之师，学圣人即要学孔子；而朱子则得孔子之真传，故学孔子要以朱子为学。而《论语》和《小学》则分别是学孔子和朱子的入门之书。张秉直说：

> 孔子，万世之师也，学圣人者宜学孔子；《论语》，孔子教人之书也，学孔子不读《论语》，不得其门而入矣。朱子，孔子之真传也，学孔子者宜学朱子；《小学》，朱子教人之书也，学朱子不读《小学》，不得其门而入矣。《论语》《小学》多下学之旨，学者有可持循。要之，明理尽性，希圣达天，俱不外是，舍是他求，不入于卑近，则流为空虚。①

不过，相较于《论语》和其他儒家经典，张秉直更强调《小学》，认为其是"初学第一紧要之书"。他说：

> 杂学之兴，总由古礼烬灭，学者入手无一定工夫，故卑者陷于功利，高者流入虚无，向使三百三千之仪具在，上无异教，下无异学，其流失未必至此极也。今当以《小学》为初学第一紧要之书，而《论》《孟》次之，《礼经》次之，《学》《庸》、"六经"又次之，则庶乎学有渐次，或不至叛吾道而入于异端也乎。②

从引文中可以看到，张秉直将《小学》在儒家经典的重要性提到了一个新的高度，认为杂学之兴，以及功利之习、空虚之弊都是由于学者无《小学》工夫，并认为如果学者能从《小学》入手，渐及于其他儒家典籍，就会做到"上无异教，下无异学"。

---

① 张秉直：《开知录》，清光绪元年（1875）三原刘传经堂刻本，卷一。
② 张秉直：《开知录》，清光绪元年（1875）三原刘传经堂刻本，卷一。

总而言之，对张秉直来说，《小学》的重要性主要体现在：

一是《小学》与《论语》一样，讲的都是下学工夫，而下学的重要性就在于它使学者能实实在在地去体认心性与天道，而不仅仅是停留在口耳谈论。故张秉直说："大抵后儒闻道不难，难在体道耳。须着力从下学做起，方可望有成就，不然，纵闻得性道，却与自家无实得也，不济事。"① 因此，张秉直自始至终都主张从下学工夫做起，以"变化气质为初学入手第一功夫"②。他还反复说明孔子、曾子之学与子思、孟子之学的不同之处，从而强调大本大原、天道性命并非初学所宜究。其曰：

> 后儒尽宗思、孟，不看学者气质何如，便说拍头大话，此大不是。为学须从卑迩积起，教人只应因材成就。子思是明天道、人道全功，孟子是振作衰世人心，言各有为，不可为教人常法。舍《论语》而宗思、孟，后儒之过也。③

> 曾子之学，只是随事精察力行，及其真积力久而后豁然贯通耳。若平居无实落功夫，偶悟大本，不入于禅，必流为狂。曾点已见大意，后却临丧而歌，不几于狂而荡乎？陆王之禅也，是于大本大原处遽有所见，故敢倡为邪说耳。然后知夫子教不躐等，真万世无弊之道，而子思、孟子之言，决非初学所宜究也。④

张秉直指出，子思是明天道、人道全功，而孟子是要振作衰世人心，属于言各有为，并非教人之常法。更何况，平时若没有实落功夫，而偶然于本体有所见，则不是流于禅，便流于狂，所以子思、孟子之说并不适合初学者，学者还是应当从下学做起。

---

① 张秉直：《开知录》，清光绪元年（1875）三原刘传经堂刻本，卷一。
② 张秉直：《开知录》，清光绪元年（1875）三原刘传经堂刻本，卷一。
③ 张秉直：《开知录》，清光绪元年（1875）三原刘传经堂刻本，卷一。
④ 张秉直：《开知录》，清光绪元年（1875）三原刘传经堂刻本，卷一。

二是张秉直认为，学者之所以要以《小学》与"四书"作为学问之根本和基础，因为这是圣贤之言，最能够引导、启发此心之知，使心知不陷于一偏。他说：

> 《小学》、"四书"、"六经"、《史》、《鉴》、名儒言行者，皆格物之书，而必以《小学》、"四书"为根柢。盖吾心之灵，虽莫不有知，而所以知之不谬者，必资圣训以发其端也。不然，吾心之知先陷于一偏，其何以格事物之理哉！①
>
> 古今学术之偏，皆吾心之知陷于一偏有以害之也。以《小学》、"四书"栽培吾心之知，是亦致知在格物之义。吾学虽未知"道"，然或不背于圣人者，其原实基于此也。②

在这里，张秉直把《小学》和"四书"都看作是"格物"之书，指出人心之灵，虽莫不有知，但由于受到情感、物欲、气习等因素的影响，容易陷于一偏。因此，如果学者能够以《小学》和"四书"为根底，得到圣贤之言的启发、引导，那么其学也不会陷入偏颇，而有悖圣人之道。显然，张秉直的这一看法是继承、发挥了张载与朱子的思想。张载在批评佛氏以山河大地为幻妄时，便指出这正是由于佛氏不知"穷理"而导致的认识上的错误。他说："万物皆有理，若不知穷理，如梦过一生。释氏便不穷理，皆以为见病所致。"③ 也正是由于佛氏不知"穷理"，故不知"性"，因而其说不可推行。张载说："儒者穷理，故率性可以谓之道。浮屠不知穷理而自谓之性，故其说不可推而行。"④ 朱子也继承了张载的这些看法，强调"格物穷理"的重要性，曰：

---

① 张秉直：《开知录》，清光绪元年（1875）三原刘传经堂刻本，卷一。
② 张秉直：《开知录》，清光绪元年（1875）三原刘传经堂刻本，卷一。
③ 《张载集》，章锡琛点校，中华书局1978年版，第321页。
④ 《张载集》，第31页。

> 圣贤教人所以有许多门路节次，而未尝教人只守此心者，盖为此心此理虽本完具，却为气质之禀不能无偏。若不讲明体察，极精极密，往往随其所偏，堕于物欲之私而不自知。是以圣贤教人，虽以恭敬持守为先，而于其中又必使之即事即物，考古验今，体会推寻，内外参合。盖必如此，然后见得此心之真，此理之正，而于世间万事、一切言语无不洞然了其黑白。①

朱子指出，人心虽然是"万理具备"，但由于受到气禀清浊、昏明等的影响，故而此理不能直接显现出来，因而需要格物穷理的工夫来明察此心所具之理，否则就会因气禀的偏颇而堕于物欲之私。学问也是如此，在朱子看来，禅学和陆氏之学也是"不明此理而取决于心"②，"合下只守此心，全不穷理"③，而真正的"儒者之学，大要以穷理为先。盖凡一物有一理，须先明此，然后心之所发，轻重长短，各有准则"④。可见，格物穷理对于吾心之知正确与否极其重要。也正是因为如此，张秉直强调《小学》与《论语》一样，都是圣贤之言，都是能端正心知之书。

张秉直之后，关学学者仍继承了前期关学重《小学》之教的这一为学特点，如乾隆中后期的武功学者孙景烈（酉峰，1706—1782）在主讲关中书院时就"教人专心《小学》、'四子书'"⑤。其临潼的弟子王巡泰（零川，1722—1793）也以《小学》《近思录》为入门之书，认为《大学》是初学入德之门，而《小学》则是入《大学》之

---

① 朱熹：《晦庵先生朱文公文集（肆）》，《朱子全书》（修订本）第23册，上海古籍出版社、安徽教育出版社2010年版，第2543页。
② 朱熹：《晦庵先生朱文公文集（肆）》，《朱子全书》（修订本）第23册，第1733页。
③ 朱熹：《晦庵先生朱文公文集（肆）》，《朱子全书》（修订本）第23册，第2543页。
④ 朱熹：《晦庵先生朱文公文集（肆）》，《朱子全书》（修订本）第23册，第1313页。
⑤ 冯从吾：《关学编（附续编）》，第110页。

门，《小学》与《大学》道理相同，工夫也紧密相连。其曰：

> 朱子辑《小学》一书，极有功于后学。《大学》三纲领八条目，《小学》三纲领九条目，《小学》是《大学》的胎子，学《大学》之道，必自《小学》始。①
>
> 《大学》是初学入德之门，《小学》又是入《大学》之门。《小学》《大学》工夫紧相连接，士希贤，贤希圣，端必由此。②

从王巡泰的思想来看，他重视《小学》之教，主要在于《小学》讲的是下学功夫，而他也主张，"上的道理只在下中，达的工夫只在学上"③。王巡泰说："上达之理即天也，天理只在人事上。事在此，理便在此，理在此，天便在此，不分两时两境，故下学人事，自然上达天理。"④"事之所在，即理之所在，尽得这个事，便见得这个理；理之所在，即天之所在，透得这个理，便达通这个天。"⑤

三 儒者学术正与不正，即看尊信《小学》与否

进入嘉庆、道光年间，虽然中国社会已开始走向近代，但关学学者提倡朱子学、重视《小学》之教的特点不仅没有丝毫减弱，反而越发显得突出。当时关中著名的朝邑学者李元春（时斋，1769—1854）即认为要端正学术，维护世道人心，必须尊崇朱子之学，最好是每家都祭祀、崇敬朱子。他说："以为端学术、卫世道计，莫如使学者知尊朱子。而欲使学者尊朱子，莫如家举朱子而尸祝之。……今予将仿宁人、山史之事，建祠于予里，四方君子皆知向学，虽不学亦愿其子

---

① 王巡泰：《四书劄记》，清光绪九年（1883）刻本，卷一。
② 王巡泰：《四书劄记》，清光绪九年（1883）刻本，卷一。
③ 王巡泰：《四书劄记》，清光绪九年（1883）刻本，卷二。
④ 王巡泰：《四书劄记》，清光绪九年（1883）刻本，卷二。
⑤ 王巡泰：《四书劄记》，清光绪九年（1883）刻本，卷二。

弟之学。"① 因此，在强调"主敬""穷理"的同时，李元春还主张士子要先读《小学》。他说："朱子谓先读《大学》，次读《论语》《孟子》，然后读《中庸》。予谓当先读朱子《小学》，次读《大学》，次读《中庸》，则功夫道理一一见得纲领条目，然后读《论语》《孟子》乃有法矣。"② 而李元春自己更是在每年年初都要先温习《小学》一遍，然后才开始其他书的阅读。李元春说：

> 许鲁斋教人先读《小学》书，未读者亦使补读之。吾年二十方补读《小学》，后每岁自元旦至十五日，人皆闹节，吾温习《小学》书一过方起一岁功课，愿诸生亦然。《小学》立教，明伦敬身、嘉言善行，当与朱子《白鹿洞书院条规》及《读书法》《敬斋箴》时时参验于身心。③

李元春对《小学》的态度，后来被其弟子贺瑞麟（复斋，1824—1893）等人所继承，而贺瑞麟不仅在教授弟子时强调《小学》的学习，他还多次刊刻《小学》及相关方面的著述，从而形成了晚清关学的一个显著特点。

在贺瑞麟那里，《小学》的重要性主要体现在：

第一，《小学》是始学之基，为学当从《小学》和《近思录》入手。

> 学者不从《小学》《近思录》入手，虽穷高极远，终是无根底。④
> 为学不从《小学》书入手做工夫，则学无基本；不熟究《近

---

① 《李元春集》，第 378 页。
② 《李元春集》，第 832 页。
③ 《李元春集》，第 846 页。
④ 《贺瑞麟集》，第 974 页。

思录》，则异说有时而惑之，学术必不精纯。①

在贺瑞麟看来，《小学》一书讲的是心性修养，学者如果一开始就从《小学》入手做工夫，就不会汲汲于词章、利禄之学，便可以做到父子、君臣、夫妇、长幼、朋友各尽其道，并且能够多识古人言行来蓄德，这样也就不会被佛老、陆王等学说所迷惑。他说："凡为异说惑者，皆是于《小学》《近思录》二书不曾用功，无个定见，如何能不为引去？"②又说："依《小学》《近思录》做得工夫真，陆王、佛老之说自惑不得。"③

第二，《小学》和《近思录》是学习《大学》与"四书""五经"的入门之书。

> 今更有《小学》《近思录》二书，则又《大学》之基址，"四书"之阶梯，而不先读乎此，立身必无规矩，学术必至偏枯。④

> "四书""六经"义理宏阔，造道之极；《小学》《近思》语意亲切，入德之阶，不先二书真知而实好之，其有得于"四书""六经"难矣！⑤

贺瑞麟指出，《小学》《近思录》与"四书""五经"一脉相承，如果为学不先读这两本书，则"立身必无规矩，学术必至偏枯"，也难以真的理解"四书""五经"中所讲的道理。

第三，是否尊信《小学》《近思录》，是学问偏正纯驳、浅深得失的重要原因，这一点也是晚清关学《小学》之教的一个突出表现。

---

① 《贺瑞麟集》，第1044页。
② 《贺瑞麟集》，第890页。
③ 《贺瑞麟集》，第1033页。
④ 《贺瑞麟集》，第464页。
⑤ 《贺瑞麟集》，第27页。

论清代关学的《小学》之教

贺瑞麟说：

> 元明以来，儒者学术正与不正，即看尊信《小学》与否。如许鲁斋、薛文清、胡敬斋、陆稼书皆极尊信《小学》，所谓为醇儒。王学诸人固不消说，即本朝陆桴亭是何等人，却说《小学·外篇》可为幼子日记典故之资，《内篇》则皆经书已见者，可不必作，所以其人品所不易，及其学毕竟有差处，如吾关中李二曲亦然，他皆不以《小学》为然。①
>
> 《小学》、《近思录》、"四书"这三部义理旨趣无穷。许、薛、胡、陆诸大儒皆是从此发轫，故所造纯粹。国朝若顾宁人、黄梨洲辈，虽学问该博，经史贯穿，只缘于这三书无工夫，学终是粗。②

在这里，贺瑞麟断言，元代之许衡，明代之薛瑄、胡居仁，清初之陆陇其等人之所以被称为醇儒，就是因为他们都尊信《小学》；而顾炎武、黄宗羲和陆世仪等人虽学问该博，贯通经史，称得上是大儒，却由于不尊信《小学》，故其学"终是粗"或"毕竟有差处"；至于王学诸人，以及关学前贤李二曲等人则都不以《小学》为然，故其学并非儒家正学。贺瑞麟甚至还认为，"朱子后得道统之传者，未有不本于尊信《小学》、'四书'者"③，认为"朱子而后，凡所谓正学纯儒未有不本于尊信此书而能成者也。苟为不然，虽其资禀之高，学力之勤，不入于异、流于杂者，盖寡焉"④。

贺瑞麟主张学者要尊信《小学》，并将其与学问纯正与否相联系，这与他极力提倡和宣扬程朱理学，并以此来挽救世道人心的观念相关。他曾指出：

---

① 《贺瑞麟集》，第889页。
② 《贺瑞麟集》，第904页。
③ 《贺瑞麟集》，第971页。
④ 《贺瑞麟集》，第8页。

今日洋务，此事大关世变，中外大闲已驰，不知后更有甚事出来。我中国不但变唐虞三代之局，且已变汉唐宋明之局，千古未有者今皆有之，奇异日兴，伊于胡底，杞人私忧，何日能已？要之，总由正学不明，人事不立，三纲五常几无人讲，几何不为夷狄禽兽之归耶？可胜叹哉！①

可见，即使当时中国已经是"不但变唐虞三代之局，且已变汉唐宋明之局，千古未有者今皆有之，奇异日兴"，但在贺瑞麟看来，这种变化的原因却是"总由正学不明，人事不立，三纲五常几无人讲"，故贺瑞麟在那时既不讲科举制业，也不讲考据训诂，更不讲西学或陆王之学，而是大力提倡程朱理学，因为在他看来，唯有程朱之学才是儒家之"正学"，才是孔孟以来相传之道。他说：

朱子之道，孔子之道也；朱子之学，孔子之学也。欲知孔子之道与学，当明朱子之道与学。②

余谓要学孔孟，惟有坚守程朱。程朱盖真学孔孟者也，舍程朱而欲学孔孟，必非孔孟。陆王皆是好高，谓欲直捷学孔孟，便不肯向程朱脚下盘旋，所以卒不免自是自大。③

孔、孟、程、朱本是一脉相通，若不守定程朱门户，亦寻不着真孔孟。④

而《小学》作为朱子所辑之书，则被贺瑞麟看作是朱子"传授圣贤心法，以适于'六经''四书'者也"⑤，是终生不可离的，故他说："程朱而后，凡属纯儒，无不于《小学》《近思录》二书笃信而

---

① 《贺瑞麟集》，第844页。
② 《贺瑞麟集》，第32页。
③ 《贺瑞麟集》，第439页。
④ 《贺瑞麟集》，第901页。
⑤ 《贺瑞麟集》，第47页。

深好之，以为下手工夫。其余偏杂甚或阳儒阴释皆是此处例多忽略，全不做得基址，故到底无救处。学术要辨明路途，不可一毫差异。"①

第四，重视《小学》及相关著述的刊刻，以便更多的人去学习《小学》。据《清麓年谱》记载，贺瑞麟对《小学》的刊刻有以下数次：

光绪三年（1877）夏，重刻《小学》《近思录》成。②

光绪十二年（1886）秋九月，重刻《小学》《近思录》成。先生于二书尊信之至，自课教人皆必先此二书，而后渐及"四书""六经"。③

光绪十三年（1887），序刻《小学集解》、仪封张伯行著。《小学浅解》，芮城薛于瑛著。④

光绪十五年（1889），序刻《小学韵语》。先生谓《小学》"内篇"采《十三经》之要义，"外篇"摘《十七史》之精华，真可传之万世。是书提要钩元，较朱子原本十之一耳，尤便乡童讽诵。⑤

另外，贺瑞麟自己还辑有《女小学》一书，书后并附有女教八纲，于光绪五年（1879）刊刻。⑥ 而大量刊刻《小学》书及其相关著作，可谓是晚清关学的一个重要特点。

四 结语

从以上所述可以看到，对于清代关学来说，《小学》之教在其思

---

① 《贺瑞麟集》，第 195 页。
② 《贺瑞麟集》，第 1108 页。
③ 《贺瑞麟集》，第 1117 页。
④ 《贺瑞麟集》，第 1119 页。
⑤ 《贺瑞麟集》，第 1121 页。
⑥ 《贺瑞麟集》，第 111 页。

想体系中具有重要的地位和意义。这种重要性主要体现在：一是在读书次第上，改变过去以《大学》为先的传统做法，转为以《小学》为先，并把《小学》看作是入《大学》之门的必读之书；二是强调《小学》在儒家修养工夫中的基础性地位，不管是把《小学》看作是"存心养性"之书，还是"穷理"之书，或是强调其讲的是下学而上达的道理，都反映了清代关学崇尚工夫实践的思想特点；三是凸显《小学》的始学意义，这一意义在于把是否尊信《小学》与学术纯杂以及儒佛之辨联系起来，成为判断学问是否为儒家"正学"的一个重要标准。

总之，对《小学》之教的重视既反映了清代关学的实践品格，同时也反映了其思想中的传统性与保守性，特别是到了晚清时期，当这种重视变得有过之而无不及的时候，这种保守性就越发显得突出。

[原载《宝鸡文理学院学报》（社会科学版）2021年第4期]

书 评

关学经典校理与历史重构的集大成之作
——陈俊民教授撰著和校编的《关学经典集成》简评

林乐昌*

2020年是北宋理学的共同创建者和关学宗师张载（1020—1077，字子厚，学者称横渠先生）诞辰1000周年。为了向张载千年诞辰致敬，中华书局、陕西师范大学出版社、三秦出版社等多家出版社陆续推出了数量可观的张载哲学思想研究著作、关学史研究著作和关学文献整理著作。其中，最引人注目的是由陈俊民教授所撰著和校编的《关学经典集成》（以下简称《集成》）。2020年7月，《集成》由陕西新华出版传媒集团三秦出版社出版。令人惊叹的是，这是一套以一人之力完成的大型丛书。这套丛书共十二册，以校编关学文献整理著作为主，另外还包括辑校关学文献著作和关学史研究著作。《集成》的这十二册内容分别是：第一册"导读"，内容是研究专著，题目是《关学经典集成与关学历史重构》；第二册"张载卷"，《张载全集》，是张载著作集校编；第三册"正蒙诠释卷"，内容是《正蒙》的宋明清注本三种，包括南宋朱熹《正蒙释论》、明代刘玑《正蒙会稿》、清代王植《正蒙初义》；第四册"蓝田吕氏卷"，内容是《蓝田吕氏遗著辑校》；第五册"吕柟卷一"，内容是《泾野先生文集（上）》校编；第六册"吕柟卷二"，内容是《泾野先生文集（中）》校编；

---

* 林乐昌，陕西师范大学哲学学院教授，博士生导师。

◎ 书 评

第七册"吕柟卷三",内容是《泾野先生文集(下)》校编;第八册"吕柟卷四",内容包括《横渠张子抄释》《泾野子内篇》《泾野先生四书因问》三种典籍的校编;第九册"韩邦奇卷",内容包括《苑洛集》《正蒙拾遗》二种典籍的校编;第十册"冯从吾卷",内容包括《冯少墟集》《元儒考略》二种典籍的校编;第十一册"李颙卷",包括《二曲集》《四书反身录》二种典籍的校编;第十二册"关学人物卷",内容包括《关中三李年谱》《关学全编》二种文献的校编。总之,《集成》作为十二册六百六十多万字的鸿篇巨制,共包括关学研究著作一种,关学经典校编著作和辑校著作十七种,是作者对关学历史重构的深刻总结,更是对关学经典的广泛搜辑和精心校理。《集成》的学术贡献,主要表现为两大突破:一是关学经典校理的突破,二是关学历史重构的突破。

一 关学经典校理的突破

陈俊民教授是从校理关学经典入手,以此为基础进入张载关学思想世界和历史世界的。在《关学研究与古籍整理》一文中,他说:"古籍整理要比编写几本专著更重要。"① 《集成》在关学经典校理方面的突破,主要表现在陈俊民教授从事关学经典校理工作最早,而且所取得的成果最多、质量最高。

第一,陈俊民教授是学界最早从事校理关学经典的学者。早在20世纪80年代初,陈俊民教授就已开始点校整理关学文献,包括明代冯从吾的《关学编》,清代吴怀清的《关中三李年谱》等。直至二十多年后,才有其他学者校理的关学经典成果陆续问世;三十多年后,校理关学文献成果才以丛书的形式出现。完全有理由认为,陈俊民教授是关学经典校理工作的拓荒者和引领者。

第二,陈俊民教授是学界校理关学经典成果最多的学者。陈俊民

---

① 陈俊民:《三教融合与中西会通》,陕西师范大学出版社2002年版,第234页。

教授校理关学经典不仅最早，而且其成果也最多。以《关学编》的校理为开端，其后他对关学经典的校理便一发而不可收，陆续校理出版了《二曲集》《蓝田吕氏辑校》等多种，直至 2020 年《集成》的出版，该书收入的关学经典校理著作近 20 种。这是对陈俊民教授三十多年关学经典校理所取得成果的一次巡礼。

第三，陈俊民教授所校理的关学经典成果质量最高。这从陈俊民教授对关学经典校理的以下特点可以得见。首先，版本珍贵。陈俊民教授是罕见的有心人，数十年来，他利用在新加坡、美国、德国讲学和访问的机会，从多家外国图书馆中用心搜求，获得不少国内已不可见的善本乃至孤本。这是他从事关学经典校理的一大优势，为其他校理者所难以具备。其次，校点精审。陈俊民教授秉持严谨的科学态度，综合运用对校、本校、他校和理校等校勘方法，对关学经典的校理精益求精，大大提升了张载著作集和其他关学经典的文本质量。最后，质量可靠。由于陈俊民教授在关学经典整理方面积累了三十多年的丰富经验，用力最久最大，从 20 世纪 80 年代初期开始陆续整理出版的一系列关学经典成果，为《集成》的出版做好了铺垫。古籍整理，看似简单，其实需要经验积累和专业功力，也需要高度的责任心和甘于寂寞的耐心，不是任何临时操刀、仓促上阵的生手便可以做得好的。

二 关学历史重构的突破

作为《集成》"代序"的《关学经典集成与关学历史重构》(《集成》第一册)，是陈俊民教授对自己独立研究张载关学近四十年的全面总结。一个有学术价值的历史重构，其中往往蕴含着重要的突破。陈俊民教授对张载关学历史的重构，取得了以下多方面的突破。

第一，开启了关学历史研究的论域。学术界的张载哲学研究一直是存在的，然而，关学历史研究则是陈俊民教授"自选"并率先进行

◎ 书 评

"独立研究"的新论域。他不仅是关学经典校理的拓荒者,而且还是关学历史研究论域的先行者。

第二,第一次为"关学"概念做了明确的界定。早在 1986 年,陈俊民教授就把"关学"定义为"宋明理学思潮中由北宋哲学家张载创立的一个重要的独立学派,是宋元明清时代今陕西关中的理学"。事隔 34 年之后,他在《集成》中对这一定义再次加以确认。针对有关张载关学没有"师承"和"继传"的批评,陈俊明教授对自己的观点做了重要补充,提出明清关学学者与张载之间虽无"师承",却有"学承"。他认为,"在'关学'及整个宋明理学的传衍中,每个理学家的学承,实际要比其师承更重要"。

第三,第一次为关学历史提供了多层次的定位说明。以冯从吾《关学编》"关中理学"的界定为依据,陈俊民教授重构了关学历史的框架①,并进一步为关学历史提供了关学史脉络三个层次的定位说明。第一个层次,是把宋代关学定位为张载创立的道学(理学)学说及其学派;第二个层次,是把元明关学定位为吕柟、韩邦奇和冯从吾为代表的"关中理学";第三个层次,是把清代关学定位为由李二曲、王心敬转型的"关中儒学",以及继王征之后,由杨双山、刘古愚实现变轨的"关中新学"。

第四,在明代"关学"首要代表吕柟研究方面提出了新观点。在新书《历史重构》中,陈俊民教授用两章篇幅重点探讨吕柟的"明代关学重构"(第四章),提出,吕柟是以"新仁学定位"重构"张载关学"(第六章)的。认为,吕柟修正了朱熹的理气论,强调"天命只是个气",进而得出了"毕竟是气即理也"的结论。还强调,"吕柟'气即理'的命题,无疑是对张载'气本气化'论的继承和发展,也是对明代气论的创新。可惜后代学者只注意到吕柟'尚行'

---

① 陈俊民:《关学经典集成与关学历史重构》,《关学经典集成》第 1 册,三秦出版社 2020 年版,第 171 页。

'礼教'的工夫论,而很少有人看到他的这一创新之说"①。基于这一评价,以及其他论析,陈俊民教授甚至认为,吕柟"无疑超越了张载"。这是"有明关学一种独特的哲学形态"②。

陈俊民教授近四十年艰苦卓绝的学术奋斗,以一人之力完成了十二卷本的《集成》,这是一个学术奇迹。《集成》的出版,为张载哲学和关学历史研究提供了权威而且可靠的精品,必将推动当代张载哲学研究和关学历史研究更上层楼。

---

① 陈俊民:《关学经典集成与关学历史重构》,《关学经典集成》第1册,第38—39页。
② 陈俊民:《关学经典集成与关学历史重构》,《关学经典集成》第1册,第44页。

学人传

陈俊民：尽横渠意蕴，续关学学脉

常 新[*]

学人小传

陈俊民，1939年生，陕西华阴人，著名中国哲学史家、关学研究专家。1964年毕业于陕西师范大学并留校任教，1989年受聘为浙江大学教授，至今一直从事中国哲学的教学、科研工作。先后任陕西师范大学副校长、教授、关学研究室主任、校出版社社长兼总编辑、"中国哲学"博士生导师，浙江大学哲学系主任、中国思想文化研究所所长、校文科指导委员会主任、校学位委员会委员，并兼任中国哲学史学会常务理事、中华孔子学会副会长、美国国际中国哲学会（ISCP）中国大陆学术顾问等职。1985年至今，曾先后应聘客座讲学研究于新加坡东亚哲学研究所、德国慕尼黑大学、特里尔大学、哥廷根大学、美国普林斯顿大学、台湾"中央研究院"、政治大学、武汉大学、陕西师范大学等国内外著名学府，并指导国内外硕士、博士研究生多名。主要著作有《张载哲学思想及关学学派》

---

[*] 常新，西安交通大学哲学系教授，博士生导师。

◎ 学人传

《吕大临易学发微》《中国哲学研究论集》《三教融合与中西会通》《张载关学的历史重构》及《朱子文集》《关学经典集成》等十多种。现承担教育部哲学社会科学研究重大课题攻关项目《儒藏》精华编"集部北宋"主编、校点整理工作。陈俊民先生见证、参与了改革开放以后中国哲学领域的重大学术活动，开创了新时期张载关学研究的论域与范式，为中国哲学史与关学研究做出了突出的开创性贡献。

隆师取友，转化思维

华阴自古有"三秦要道、八省通衢"之称，历代才人辈出，著书立说者层出不穷，被汉相张良誉为"物华天宝，地灵人杰"之地。1939年，抗战已经进入最艰难的时刻，陕西华阴已是抗战的前沿。俊民先生就出生在华阴的一个贫苦农民家庭，父亲从军驻泰安，曾任冯玉祥将军警卫，是地下党员。俊民先生自5岁起，随舅父在私塾读《四书白话解说》《论说精华》《左传易读》等，到1949年十岁，转入"华阴县三完小"，1954年考入华山中学读书，在那里感受过顾炎武重修《朱子祠》的史迹，接触过前届道教协会会长闵智亭在华山玉泉院修道的经历。1957年考入渭南师范学校，分科专修中国语言文学，由于品学兼优，1960年被保送陕西师范大学政治教育系学习马列主义理论，尤其对中国哲学史产生了浓厚的兴趣。

"独立之精神，自由之思想"一直是中国近现代知识分子的学术追求。俊民先生常以此自勉，在其读书与研究的生涯中始终保持了对学术事业的执着与敬畏。

20世纪60年代初，中国学术界曾开展过一场关于"一分为二与合二而一"哲学问题的大讨论，还是学生的俊民先生发表了《"合二而一"绝不是辩证法的同一性》文章，在学术上初露头角。"文革"时期他潜心苦读《通鉴》、"四史"和关中文献数年，有机会接触到《张子全书》与《李二曲先生全集》，这为俊民先生后来从事张载关学研究播下了种子。"文革"结束后,他为历史系高年级学生开设《中国古代思想史》,又为政教系哲学研究生开设《中国哲学史》,这两门课程在陕西师大以前没有老师系统开设过,没有教案可以借鉴,俊民先生以他20余年的读书积累,为两系学子系统讲述了这两门课程,得到本科生和研究生普遍好评。在讲课过程中俊民先生仔细甄别了思想史与哲学史在选择问题意识、运用逻辑思维及方法论方面的差异,逐渐从以往的政治思维转变为学术思维,又从学术思维转变为哲学思维,开始运用哲学思维开启了张载关学研究。

2007年,俊民先生为祝贺他的知音老友汤一介80华诞曾赋诗感言:"劫后踏破燕园尘,陋室闻道始觉新。翠竹青青开风气,亦友亦师释古今。"这首诗既回顾了他与汤一介先生的师友之情,更是蕴含了二人在中国改革开放后对中国哲学学科构建方面开风气之先的学术勇气与魄力。改革开放初期,全国经历了上下拨乱反正、解放思想、改革开放大潮的洗礼,哲学界迎来了学术独立发展的春天,中国哲学史、思想史研究也逐渐从苏联日丹诺夫"唯物—唯心"对立斗争的"哲学史定义"束缚中解放出来,开始探索一条符合中国哲学逻辑发展实际的新道路与新模式,俊民先生亲自见证、参与了这一重要的学术实践活动。

"五四"新文化运动以后,儒家思想受到严重冲击,尤其是"文革"期间,作为儒家思想的开创者孔子更是被污名化。俊民先生以一个知识分子应有的理性考察了儒家思想演变与发展,于1976年在病榻上完成了《孔子儒家考辨》,认为孔子儒家之儒"是中国专制政体形成过程中产生的中国第一代知识阶层(儒士)","儒家的形成是中国社会的一大进步",为孔子儒家的身份进行了正名,这在当时来说需要极大的学术勇气,这正是俊民先生在学术上所追求的"独立之精神,自由之思想"的体现。

1979年以后,全国哲学界开展了哲学史方法论讨论。先是在太原举行了"文革"后全国哲学社会科学界和中国哲学史教学研究工作者

◎ 学人传

首次关于"中国哲学史方法论"研讨的盛会，俊民先生为会议提交了《历史上的哲学与哲学发展的历史》（载 1980 年《中国社会科学/未定稿》），被推选为新成立的"中国哲学史学会"西北区唯一的常务理事。随后，俊民先生独具慧眼，连续发表了两组哲学史方法论方面的论文，一组是《论〈庄子·天下篇〉的思想史方法论意义》《论荀学体系结构及其思想史观》《中国传统哲学逻辑范畴研究的历史必然性》等，一组是《唯心主义平议》《论中国哲学史的基本特征及其研究方法》《论中国哲学史研究的对象问题》《论中国哲学史的逻辑体系问题》《论哲学史研究的"党性原则"问题》等（均收入《中国哲学研究论集》和《三教融合与中西会通》），从理论和历史两方面全方位探讨了中国哲学史研究应该选择的正确方向和方法。1983 年 11 月，俊民先生与汤一介、萧萐父、庞朴、方克立、金春峰等学者在中国哲学史学会会长张岱年先生指导下，历经两年的学术探讨和酝酿，在西安亲自主持召开了一次有美国学者杜维明教授参加的"全国中国哲学范畴学术讨论会"，他发表了《张载哲学逻辑范畴体系论》长文（见《哲学研究》1983 年第 12 期），受到会议好评。今天毫不夸张地说，这是中国至今唯一的一次哲学范畴高端论坛，会后由人民出版社出版的《中国哲学范畴论集》就是明证，学界认为，这是"具有现代学术史意义"的会议和论集。俊民先生为此做出了学术贡献，也为中国哲学逻辑范畴研究提供了学术范例，影响了尔后的中国哲学史研究。

中国哲学在进行当代重构的同时，开始和西方"中国学"界交流互动、与时俱进地推动了中国哲学与世界哲学的交流与对话。1985 年，国家教委（今教育部）以不公开组团的形式，首次派遣以汤一介为团长，俊民先生和萧萐父为组员的"中国哲学家代表团"应邀赴美国纽约州立大学石溪分校参加"第四届国际中国哲学会"，这是"文革"以后中国哲学家正式参加"国际中国哲学会"学术活动的开端。俊民先生为会议提交了他积五年关学研究之成果的《张载关学导论》

陈俊民：尽横渠意蕴，续关学学脉

专著，出乎意料地受到大会专家学者的赞赏，大会主席、华盛顿天主教大学的柯雄文（Antonio S. Cua）教授特地索要一本送予美国国会图书馆收藏，费城天普大学傅伟勋教授主编的"世界哲学家丛书"中《张载》一书，还将它列为"主要参考书目"。俊民先生让张载关学研究走出了国门，其学术影响力超越了国界，受到国际汉学界的重视，成为世界哲学研究领域之一。

1986—1987年，俊民先生应邀在新加坡东亚哲学研究所作儒学研究，完成了《蓝田吕氏遗著辑校》，出版了《吕大临易学发微》专著，把张载关学推介到新加坡及东亚地区。其间又应德国慕尼黑大学东方研究所鲍威尔（Wolfgang Bauer）教授之邀，为他的博士生郎宓榭（Lackner）、傅敏怡（Friedrich）等讲授张载《正蒙》，并协助指导他们完成《正蒙》德文译本的最后审定工作，为该书撰写了《中德文化哲学交融的新篇章》序言，该书于1996年由出版过《黑格尔全集》的德国麦那（Meiner）出版社正式出版。德文版《正蒙》的出版发行，为张载思想进入德语世界提供了便捷。其后俊民先生又指导德国一位学者从事晚明关学代表人物冯从吾研究，并完成了《冯从吾的伦理哲学》博士学位论文。这样，俊民先生的学术传播，使得以张载为代表的关学真正走向世界。此后，俊民先生还先后以"高级研究

◎ 学人传

员"或"客座教授"身份长期或短期讲学、研究于德国特里尔、哥廷根、马尔堡等大学，美国普林斯顿、夏威夷等大学，台湾"中央研究院"、政治大学、台湾大学、辅仁大学和武汉大学、陕西师范大学等，从而更加广泛地结识了海内外一大批学界同行友人，不知不觉给自己营造了一个互通中西的"学术群体"和良好的学术环境。正是这些内外"学术群体"友人之间的经常性的学术交流，不断唤起他的学术创作灵感，激发着他的学术求知探索欲望，促使他自觉置身于学术研究的前沿，始终不懈怠。也使他在不断地吸收各家之长中，逐渐形成了他"自得"的学术路径。

关学研究，古籍整理

俊民先生常以张载"文要密察，心要弘放，如天地自然"自励，他将自己的书室命名为"心弘文密斋"。他六十初度时出版了自己的第二本论文集《三教融合与中西会通》，曾这样概括他的学术生涯："不烧铅汞不逃禅，不爱乌纱不要钱；步前贤之后尘，走自得之路径。"又有"四书道经起信论，亦师亦友释古今"诗句，说明引导他进入学术殿堂的三种书籍和国内外师友，其终身学术研究的范围和方向是"三教融合"与"中西会通"。这是俊民先生基于对中国哲学、中国思想文化的基本认识，在每个领域他都有"自得"之作问世。

俊民先生在其由中华书局新近出版的专著《张载关学的历史重构》《自序》中开宗明义："一世寂寞校遗经，圣路悠悠日三省。忽闻长安洛纸贵，关学读本寄乡亲。"这首诗是他有感于完成"关学经典读本"而发，也说明俊民先生为学一生，心中只系张载关学研究与理学古籍整理两件大事。从 1979 年 1 月发表《孔子儒家考辨》，至 2020 年 7 月《张载关学的历史重构》和《关学经典集成》出版，俊民先生撰著与校点整理的所有成果，不仅是为开拓张载关学研究园地，也是为扩展中国哲学研究论域，奉献出了宝贵的学术财富。

在理学文献整理方面，陈俊民先生以一己之力完成了《朱子文集》《关学经典集成》和《儒藏》精华本"集部北宋"主编、校点工程。

《朱子文集》是俊民先生应中国台湾德富文教基金会之托，在浙江大学从考订版本、通校勘误、标点断句、适当分段，到撰写校记、通读、编次，整整历经五载独立完成的新式标点本。他以明嘉靖本为底本，主要校以南宋浙监本、余谦重修本及元刊本，同时参校了贺瑞麟"清麓"本、涂氏"求我斋"本等国内外共十二个版本而成，全书共计增补遗阙文字百余处，近千余字。余英时先生受邀专为《文集》写《序》称："这部《朱子文集》是根据现存最好的几种版本，精心校勘标点的。为这样一部重要的经典写序，我不敢不敬慎从事。"余因写序激发思绪，下笔不能自已，历经三载，稿成千余页、50万余言的《朱熹的历史世界》，并获得了号称"人文诺贝尔"的格鲁克奖，而且给世人留下了中国近代学术史上继梁启超《清代学术概论》之后，又一"以序为书"的学术佳话。

《朱子文集》出版后，中国台湾相关部门请台湾大学几位资深教授对《朱子文集》进行鉴定，一致认为《朱子文集》更符合古人的辞气，优于其他同类校点本，成为台北"中央研究院""汉籍全文资料库指定版本"，也是至今海外汉学研究通行的版本。十多年来，《朱子文集》连同《朱熹的历史世界》均得到国际学术界的普遍赞誉，于是，俊民先生曾即兴赋诗感叹这段具有现代学术史意义的"学术因缘"："千家注杜百家韩，如何未老校晦庵？欲知其中甘苦味，百年之后当纸钱。"

对《朱子文集》的出版，俊民先生既得以安慰，又如履薄冰，时时担心总有一天会因校点失误在世人面前"出丑"，曾多次暗下决心：今后不再做这种费力不落好的"难事"（鲁迅语）。可是，几年过后，他为了完成《关学经典集成》这一终身使命，当汤一介约请他承担《儒藏》"北宋集部"主编、校点任务时，他二话不说，一作又是十

◎ 学人传

四五年。至 2017 年汤一介去世三周年之际,他不仅如期完成了他所承担的《击壤集》《元公周先生文集》《张载全集》《蓝田吕氏遗著辑校》《泾野先生文集》《冯少墟集》《二曲集》等十多种与"关学"相关文本的校点整理任务,而且他主编的"北宋集部"二十一种文集已全部交稿,经层层严格审稿付梓,已于 2019 年全部出齐,可告慰老友于九泉安息。

俊民先生是开启张载关学研究的第一人。他根据自己长期读书所了解的中西方哲学思想传统演进的不同特点:西方哲学思想传统大致总是和科学或宗教结合一起发展的,可谓"以思驭学",而中国思想传统则是"学中寓思",始终环绕着经典文献而形成和发展。所以,他从20世纪七八十年代间开启关学研究，就把张载关学定位在中国哲学学科，自始至终从精选、研读、整理关学经典文献入手，特别注意利用学术交流之便，从国内外有关图书馆搜集关学经典珍本。在此基础上，开始点校整理出了第一批关学经典，先后在中华书局出版了《关学编》（1987）、《蓝田吕氏遗著辑校》（1993）、《二曲集》（1996），在陕西师范大学出版社和台北允晨文化公司出版了《关中三李年谱》（1992）。在以上四种关学经典的校点整理中，用力最勤者当属《蓝田吕氏遗著辑校》，因为，蓝田诸吕的遗著仅有吕大临的《考古图》、吕大钧的《吕氏乡约·乡仪》和吕大防的《杜工部年谱》完整地流行于世，其余文本早已不复见，但其部分或大部分却被收集条疏于宋人诗文集及各类总集、类编中，俊民先生花费了五年课余时间从上述有关资料中甄别、辑校出蓝田三吕遗著中属于理学的部分，以《蓝田吕氏遗著辑校》为书名，列入中华书局"理学丛书"系列，受到国内外学者的赞许和珍重，成为一些博士学位论文唯一的文献依据。

在完成上述关学经典的校点整理基础之上，俊民先生根据他自己所理解诠释的"能在关中理学家中一代一代不断被阐释、被激活、被继承、被创新"的"经典"标准，遵照他所确立的"精其选、明其义、实其名（真正符合'关学'之名）"的研读关学文献之法，参同勘异，辨章学术，积十年之功，为关学研究、爱好者编纂了《关学经典集成》，遴选关学经典20余种，为关学研究提供了入门读本；并撰写了《关学经典导读》（两书均于2020年7月、9月由三秦出版社先后出版），将宋代"关学"定位为由张载创立的"道学（理学）学说及其学派"，将元明"关学"定位为以吕柟、韩邦奇、冯从吾为代表的"关中理学"，将清代"关学"定位为由李二曲及其亲炙弟子王心敬开始转型的"关中儒学"。从中揭示了张载关学以传承"儒之正学"为方向、世代"皆以躬行礼教为本"的优良传统及其真精神。成为当代关学研究最可靠的文献依据，也为中国传统思想文化增添了

◎ 学人传

新式文本资源，余英时先生称赞此为惠及后代的"不朽之盛业"。

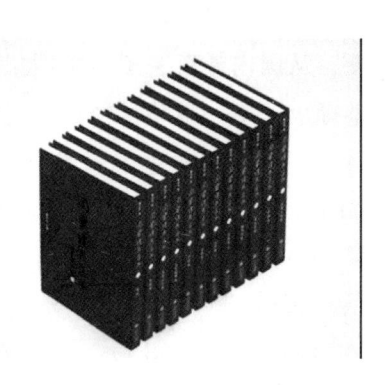

在著作方面，《张载哲学思想及关学学派》（人民出版社，1986年；台北学生书局，1989年）为陈俊民先生的代表作，这部专著的核心内容是"关学源流辨析"与"张载哲学逻辑范畴体系"，该著确立了在中国哲学史的教学与科研中开启关学研究的学术方向。《吕大临易学发微》（新加坡东亚哲学研究所，1987年），该专著是对吕大临《易章句》发其微意，把握张载以后关学在宋明理学思潮里的发展趋向，阐发了吕大临"天人本一"的易学大义与"居尊守中"的政治关怀，分析了蓝田吕氏对张载与二程思想的拣择与继承。该书被海内外学者视为"迄今研究吕大临思想的第一本专著"。《中国哲学研究论集》（台北商务印书馆，1994年）是俊民先生十五年来对中国古代思想史、哲学史研究方法问题尽心探索历程的展示，凸显出俊民先生"视学术为目的，以学术之独立，思想之自由为最高理想追求的"研究情怀，为中国哲学研究领域的拨乱反正与推陈出新做出了可贵的贡献。《三教融合与中西会通》（陕西师范大学出版社，2002年）的重点是探索中国哲学及其方法论的研究论集，所选择的研究对象是唐宋以后至近现代以"三教融合""中西会通"标宗的新儒学和新道教，对20世纪中国哲学的定位、重构和创造性转化进行了思考。《张载关学的历史重构》（中华书局，2020年）是俊民先生对关学研究四十年间曲折探索历程的纪实与学术总结，明确了"关学"在宋元明清不同时代的学术定位,从而重构了张载关学传承的历史脉络、道统地位、学统框架及其精神命脉。显示出陈俊民先生带着重构中国传统哲学逻辑发展的现代诠释体系这一理想目标而从事关学研究的学术旨趣。

濯旧启新　学贵自得

当代中国正处在百年未有之大变局演进的新时代,在思想文化领域面临传统与现代的冲突与转型,时势要求每一位思想文化工作者必须要有守正与创新的能力。俊民先生多半生的学术研究,一直强调"文化自觉""学贵自得"与"转识成智",其"自觉""自得"就是对他自己从业的中国哲学思想传统有"自知之明",力求深刻了解它的过去、现在与未来,通过认真地反思,并持之以恒、循序渐进、默识心通,而达到心领神会、自成一说的学术境界。俊民先生求知为学大半生很好地继承了传统思想文化,对传统哲学思想做出了符合时代发展要求的转化与诠释,在中国哲学研究方法论、张载关学研究诸多方面都做出了开拓性的贡献,推动了当代中国学人对中国哲学史与张载关学的研究,而今国内外一大批"张载关学"研究者几乎都同他的学说传承和影响有关。现举二例如下:

首先是推动中国哲学研究方法论的转变。自20世纪50年代以来,中国哲学界受苏联日丹诺夫"哲学史定义"的影响,用"唯心主义"与"唯物主义"这一对子结构作为中国哲学史的理论架构和主导方法,很少从"历史与逻辑相统一"的原则和方法论意义上,考察哲学发展的内在理路及其与外在社会历史变革的辩证发展逻辑,导致中国哲学研究的教条化。如上所述,"文革"之后,中国哲学界解放思想,拨乱反正,展开了一场关于"哲学史方法论"的学术讨论。1980年初,俊民先生以极大的理论勇气,敢开风气之先,首先在他的母校《陕西师大学报》第1期上发表了《唯心主义平议》,随后,其

◇ 学人传

主要部分被《新华文摘》第 16 期转载。他认为，哲学史是人类认识的历史，是"关于人的思维的历史发展的科学"，而列宁的"哲学党性原则"不是评价唯心主义的论据；他又用历史事实证明了哲学上的"唯心或唯物"同政治上"进步或反动"无有必然的联系，甚至认为"这两名词以及两个派别的全部对立"，从一定意义上说，在社会的政治层面"已经失去了任何意义"。他有破有立，又接连发表了如上两组"哲学思想史方法论"论文，尤其是以《张载哲学逻辑范畴体系论》为个案实验，为重构中国传统哲学逻辑发展的现代诠释体系提供了"典范"，从而将自己的中国哲学史研究方法概括为"历史与逻辑相统一""哲学概念分析与历史地理重构并进"的方法论。这一方法论已为尔后多数学者认同和接受。但在改革开放之初，要这样敢破敢立，确实难能可贵，没有一定的哲学文化"自觉自信"，是绝不可能提出如此《平议》和《体系论》的。

其次是重构关学历史传承，奠定关学研究范式。1983 年，俊民先生《关学源流辨析》正式在《中国哲学》发表，其针对侯外庐主编的《中国思想通史》"北宋亡后，关学就渐归衰熄"的传统结论，提出了"北宋之后，关学虽然衰落，但并未熄灭"的论断。认为"关学不只是一个'张载思想'，它同宋明理学思潮相联系、共始终，也有一个相对独立的发展史"。此文层层推演，论辩清晰，一扫学界迷雾，再为关学奠基，受到学界称许；可是却一直被某些学者质疑，甚而否定他开启关学研究的正当性[①]，这便促使他先后遍访了冯友兰、张岱年、张恒寿、侯外庐、牟宗三、任继愈等前辈学者，受到了首肯和支持，得到了"开创者难为功"的鼓励和嘱托。因此，他便把"张载关学的历史重构"作为他总体研究课题的基本问题意识及研究所达之目标，而"关学经典整理"自然成为他欲完成这一课题与实现此目标必须同时进行的文献研读校点工作。而且，首先积五年之功完成了《蓝田吕氏遗著辑校》，揭示出张载之后，虽"再传何其寥寥"，但"横渠遗风"，传续不绝，蓝田吕氏"守横渠学甚固"，不仅传承了张载"先识造化""天人一气""民胞物与"的宇宙本体意识，特别是将张载"以礼立教""知礼成性"的道德修养论，转化为移风易俗、稳定社会秩序的《乡约》《乡仪》。虽然，金元时代关学"百年不闻学统"，但在原来从儒业的关中学者中却兴起了以王重阳为代表、以"三教融合"标宗的"全真"新道教；明代吕柟撰《横渠张子抄释》，行《吕氏乡约》，承袭"横渠、蓝田之学"，以"横渠同党"自居；冯从吾撰《关学编》，重构宋明"关学史略"；李二曲撰《四书反身录》，沿"横渠正学"之方向，重构清代儒学，从而形成了关学独有的学术文化传统，亦体现了中国儒学的真精神。正是在这一研究基础上，俊民先生进一步精准地将他原来的"关学定义"具体化为宋代"张载关学"、元明"关中理学"、清代转型的"关中儒学"和"关中新学"这三个层次的对象定位，这无疑是对"关学史"研究的重大突破，将张载关学思想传承的历史"时间"性与关中地域的"空间"性有机地统一于他的张载关学研究之中，为当代关学研究奠定了理论范式。

俊民先生六十初度时，曾自诩毕生是"为学术的生命"与"注生命的学术"。他以自强不息的精神在学术领域已耕耘了数十年，但他

[①] 参见吴友能《陈俊民教授与关学论争》，台北"中央"研究院《中国文哲研究通信》"研究动态"专栏，1998年第1期。

◎ 学人传

不是一个毫无趣味、不食人间烟火的单调书生,而是有多方面兴趣,充满着生活情趣,且有一定艺术造诣的学者。青少年时,不仅登台表演过贺绿汀《牧童短笛》钢琴曲,而且在舅父的启蒙下,学习书法。随后,遍临名帖,形成自己独有的书体,其书法作品,用笔浑厚,圆润饱满,碑帖融合,真气弥散,充满了书卷气,多幅作品被杭州西泠印社、陕西师范大学和学界亲友收藏。

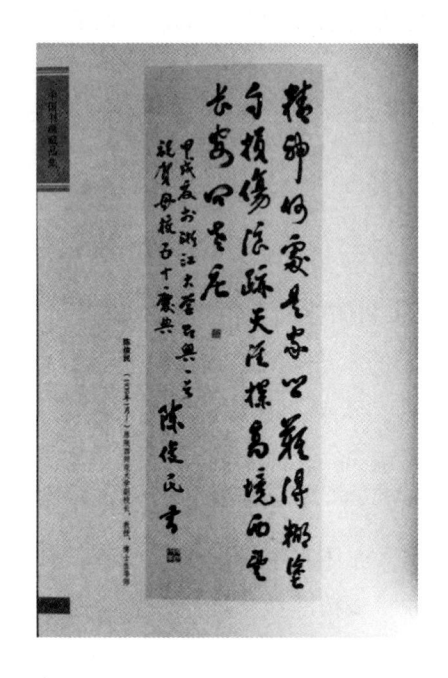

俊民先生对西方的古典音乐与歌剧情有独钟,海顿、贝多芬、莫扎特、柴可夫斯基等人的音乐作品伴随至今,他还将学术研究的心得与西方交响乐联系起来,从对西方古典音乐到浪漫派、现代派的音乐鉴赏中,来体悟中西哲学会通的可能与途径。

俊民先生视学术为一生"志业"与内心的召唤,认为学术追求的终极关怀在于真善美相统一的精神境界与理想人格。他以对学术的执着,在中国哲学,尤其是关学领域辛勤耕耘五十余年,见证、参与了中国哲学学术转型的重大历史时刻,形成了"欲求创新,必先传承;

学贵探索，更贵自得"的自得之学的为学风格，为当代中国哲学研究做出了贡献。真是"老骥伏枥，志在千里；烈士暮年，壮心不已"。2020年是张载诞辰千周年，为纪念这位关学奠基者，俊民先生以八十岁之高龄，推出十二巨册的《关学经典集成》和《关学经典导读》，对其四十余年关学研究进行了总结，特在中华书局出版了专著《张载关学的历史重构》，惠及学林。八十初度，他进一步将张载关学"观书自得，隆师取友，变化气质为本"概括为他一世间的为学为人之道，以诠释他四十年来是如何"步前贤之后尘，走自得之路径"的，这既是他的学术研究实际，也是他终其一生的学术理想追求。

"桃李不言，下自成蹊"，中国哲学学界将会记住这位为中国哲学奉献了学术生命的陈俊民先生。

《关学与理学》稿约

一、《关学与理学》是由陕西师范大学关学研究院主办的专业学术辑刊,计划每年两辑,旨在主要刊登张载理学研究、关学文献研究、关学史研究、宋明理学研究等方面的原创性学术论文以及反映相关学术动态的访谈、书评和会议综述等信息。

二、本刊常设张载研究、历代关学研究、宋明理学研究、研究生论坛、书评等栏目。

三、来稿具体要求:

(一)来稿以10000—15000万字为宜(特稿字数不受此限),请附摘要(200—300字)、关键词(3—5个)和作者简介(姓名、出生年,工作单位、职称)。属于基金项目的论文,也请标明。另,来稿同时请附详细通信地址、邮政编码、手机号和电子邮箱等联系方式。

(二)注释:

本刊注释采取页下脚注的形式,格式如下:

古籍类:

常用古籍《论语》《孟子》《庄子》等,可随文夹注。

整理本的引用,格式如下:

张载:《张载集》,章锡琛点校,中华书局1978年版,第1页。

著作类:

林乐昌:《张载理学与文献探研》,人民出版社2016年版,第2页。

论文类：

丁为祥：《张载对"形而上"的辨析及其天道本体的确立》，《哲学研究》2020年第8期。

四、来稿请遵守学术规范，尊重前人学术成果，并请仔细核对引文。

五、投稿方式

本刊只接受原创稿件，优稿优酬。

投稿电子邮箱：guanxueyanjiu@126.com

邮件主题请采用"姓名+论文题目"的形式。

六、期刊地址

地址：陕西省西安市西长安街620号，陕西师范大学关学研究院《关学与理学》编辑部

邮编：710119